成年後見読本

第2版

田山輝明 著

三省堂

第2版　はしがき

　日本のような高齢社会においては、成年後見制度は、実務の世界で極めて重要であることは、改めて指摘するまでもないことである。したがって、そのための有益な出版物も多く存在している。しかし、私のような研究者の立場でこの分野の問題に取り組んでいる者としては、法制度が正しく利用されるために、その歴史や制度の本質について、多少でも噛み砕いて述べる必要があるし、そうすることが、制度の改善等をする場合に、有益なのではないかと考えている。

　本書の初版を執筆する際には、後見制度の明治以来の沿革と第2次大戦後の社会福祉の基礎構造改革の影響が最も重要な要素であった。特に前者は、実務にとっては直接に重要であるとは思われなかったが、後見が後見人にとって「自益後見」であってはならないということを説くためには意味があったと思っている。能や歌舞伎の「後見」について言及したのも同様な意味を有している。

　その後にも、多くの重要な社会的変化はあったが、2013年の障害者権利条約の批准は何と言っても最大の変化であったと言えよう（この点については、田山編著『成年後見制度と障害者権利条約』三省堂、2012年　参照）。知的障害者、精神障害者および認知症高齢者の権利保障にとってきわめて重大な影響を及ぼす条約であるからである。成年後見制度が民法上の制度として定められている以上、同条約によって、民法の改正が必要になることは避けられない。本書が入門書的な著書でありながら、「民法の改正試案」を述べているのもそのためである。

　　2015年10月
　　　　比較後見法制研究所理事長・早稲田大学名誉教授

　　　　　　　　　　　　　　　　　　　田山　輝明

初版はしがき

　成年後見法（中心部分は民法上の規定）は、その名のとおり法律的なシステムであり、2000年3月までは禁治産制度と呼ばれていたものを抜本的に改正し、同年4月から施行されたものである。特別法を含めて成年後見法と呼ぶのが一般である。したがって、それ自体が決して理解の容易なものであるとはいえない。これを必要とするような年齢になってから学ぼうとしても、しばしば難しすぎるのである。だから、高齢者と呼ばれる少し前に、ぜひとも勉強しておいてほしいと考えている。高齢者と呼ばれる年代になると、身体面でも精神面でも個人差が極めて大きくなる。その差は、幼稚園や小学校の時代よりもはるかに大きいのではないだろうか。そのような意味では、高齢になってからでも、この程度に難しい本を理解できる人がいることは決して否定するものではない。

　成年後見のための準備のみならず、遺言などもそうであるが、青年・壮年時代に準備する人は少ない。認知症に対する配慮も多くの人にとってはそうなのではないだろうか。そこで本書は、初老にさしかかろうとしている方々を読者に想定して叙述してみた。タイトルは『成年後見読本』としているが、「熟年のための」という気持ちで執筆してみた。しかし、ここでいう「熟年」とは、熟年の方々という意味だけではなく、エイジングという意味も含ませているつもりである。つまり、高齢化のための準備という意味を持たせているのである。

　なお、本書の出版に際しては、三省堂出版局の福井昇氏にお世話になり、様々なアドバイスもいただいた。記して感謝申し上げる。

　2007年10月

　　　　　　　　　　　　　　　　　　　　　　　　　　　田山　輝明

目　次

はしがき　*i*

第1章 ● 高齢社会と福祉法

1　はじめに ………………………………………………… *1*
2　人口構造の変化——平均寿命と家族形態 ……………… *2*
3　社会福祉のあり方の変化——基礎構造改革 …………… *5*
4　社会福祉の担い手——行政上のマンパワー …………… *6*
5　社会福祉と成年後見 …………………………………… *7*
6　成年後見の担い手 ……………………………………… *8*
　(1) 成年後見人等と本人との関係について　*8*
　(2) 世話人と本人との関係——ドイツの場合　*9*
　(3) 成年後見の社会化　*10*

第2章 ● 1999年民法改正までの後見法の歴史

1　明治期までの後見制度 ………………………………… *11*
2　明治民法の後見規定 …………………………………… *13*
　(1) 明治民法と行為能力規定
　　——禁治産・準禁治産宣告および妻の無能力制度　*14*
　(2) 後見と禁治産の分離　*17*
3　未成年後見の法形態 …………………………………… *19*
4　後見と親権の区別 ……………………………………… *20*
5　後見の開始事由 ………………………………………… *21*
6　後見人選任の基準 ……………………………………… *21*
　(1) 未成年後見の場合　*22*
　(2) 禁治産後見の場合　*22*
7　一人後見人 ……………………………………………… *24*
8　後見人の負担と辞任事由 ……………………………… *25*
9　後見人の欠格事由 ……………………………………… *26*
10　後見人の事務 …………………………………………… *28*
　(1) 後見人就任に際しての事務　*28*

(2) 後見人の在職中の事務——後見人の基本的権限と義務　*29*
　　(3) 後見人の事務処理の方法と注意義務　*31*
　　(4) 利益相反行為の禁止　*32*
　　(5) 後見人の義務履行の担保　*33*
　　(6) 被後見人の戸主権および親権の代行　*33*
11　後見報酬——後見事務の有償性 ･････････････････････････ *34*
12　後見の終了事由と後見消滅の効果 ･････････････････････ *35*
　　(1) 管理計算義務　*35*
　　(2) 未成年後見終了後、計算終了前の後見人との間の法律行為　*36*
　　(3) 計算後の返還金と利息　*36*
　　(4) 事務終了の通知義務　*37*
　　(5) 後見に関する債権の短期消滅時効　*37*
13　後見監督の機関 ･･ *37*
　　(1) 後見監督人の必置　*38*
　　(2) 後見監督人の欠格事由　*39*
　　(3) 後見監督人の職務　*40*
　　(4) 後見監督人の職務違反とその効果　*40*
14　親族会 ･･ *41*
　　(1) 親族会の目的と構成　*41*
　　(2) 招集手続　*41*
　　(3) 会員の数・資格および遺言による選定　*41*
　　(4) 議事手続　*42*
　　(5) 無能力者のための親族会　*42*
　　(6) その他　*42*
15　裁判所 ･･ *43*
16　明治民法の後見規定に関するまとめ ････････････････････ *44*
　　(1) 他益後見の確立と「家」制度との調和　*44*
　　(2) 後見監督人の必置　*45*
17　現行憲法の制定と民法の改正 ･･････････････････････････ *45*
　　(1) 新憲法の制定と民法改正　*45*
　　(2) 一般条項的規定の整備　*46*
　　(3) 妻の「無能力」制度の廃止　*46*
　　(4) 「法定後見」理念の転換　*46*
　　(5) 夫婦間における後見人の選任　*46*
18　旧禁治産制度の欠陥——1999年の法改正の理由 ･･････ *47*
　　(1) 行為能力の制限　*47*

(2) 戸籍への記載　47
　(3) 資格制限　48
　(4) 手続の厳格さ　48
　(5) 夫婦間の後見　48
　(6) 申立権者の限定　48
　(7) 後見人の数　48
　(8) 鑑定費用　49

第3章 • 成年後見法の理念

1　法定後見の概念内容と法的構成 ･････････････････････････ 51
2　翻訳との関連における「後見」 ･･･････････････････････････ 51
3　ローマ法・ドイツ法・フランス法における後見の形態と理念 ･･･ 52
4　もう1つの後見理念 ･･･････････････････････････････････ 53
5　成年後見と類似概念の対比 ･････････････････････････････ 54
　(1) 行為能力と成年後見人の権限　54
　(2) 未成年後見との対比　54
　(3) 財産管理と身上配慮　56
　(4) 成年後見と権利擁護に関する一般原則　57
6　後見概念の理念型 ･･･････････････････････････････････ 58
　(1) 家族・封建制度と後見　58
　(2) 家長権の崩壊（親権・夫権の確立）と家族のための後見　59
　(3) 近代市民社会における個人法的後見　60
　(4) 後見の法形態　61
7　成年後見の社会化と私的自治 ･･･････････････････････････ 62
8　成年後見制度と無産者 ････････････････････････････････ 64
9　後見の法的性質──支配権・用益権・管理権 ････････････････ 64
　(1) 後見の理論的構成　64
　(2) 後見人の特別な権限　65
10　後見監督機構の変遷 ･････････････････････････････････ 65
　(1) 必置機関としての後見監督人　65
　(2) 任意機関としての後見監督人と裁判所による監督　66
　(3) 後見監督の社会化　66
11　事実上の成年後見 ･･･････････････････････････････････ 66
12　成年後見法と社会福祉関係法の理念の交錯 ････････････････ 67
　(1) 法の理念における相違点と類似点　67

(2) 法適用上の留意点　*67*
13　任意後見法の理念 ・・・・・・・・・・・・・・・・・・・・・・・・・・・・・・・・・・・・*68*
　　(1) 私的自治と後見　*68*
　　(2) 「コモンロー」上の原則と委任契約　*68*
　　(3) 「任意」後見における監督と国家──法定後見との接点　*69*

第4章・介護保険法の同時施行と地域福祉権利擁護事業の位置づけ

一　成年後見法の成立と介護保険法との同時施行── *71*

1　はじめに ・・*71*
2　契約を媒介とする社会福祉サービス ・・・・・・・・・・・・・・・・・・・*73*
3　介護と後見の区別──理念と現実 ・・・・・・・・・・・・・・・・・・・*75*
4　介護保険 ・・*77*
　　(1) 介護保険制度の仕組み　*78*
　　(2) 低所得者の利用者負担軽減措置の主なもの　*80*
5　介護保険制度で利用できるサービス ・・・・・・・・・・・・・・・・・*80*
　　(1) 要介護1から5の場合　*80*
　　(2) 要支援1・2の場合　*81*
　　(3) 認定結果が「非該当」などの高齢者　*81*

二　地域福祉権利擁護事業等の位置づけ ── *82*

1　地域福祉権利擁護事業と事業主体 ・・・・・・・・・・・・・・・・・・・*82*
　　(1) 事業の意義──契約的基礎　*82*
　　(2) 社会福祉協議会　*83*
2　地権事業の仕組みと成果 ・・・・・・・・・・・・・・・・・・・・・・・・・・・*83*
3　司法制度と福祉制度 ・・・・・・・・・・・・・・・・・・・・・・・・・・・・・・・*85*
4　成年後見制度と地権事業の関係 ・・・・・・・・・・・・・・・・・・・・・*85*
　　(1) 地権事業の利用を中止する場合　*86*
　　(2) 施設入所者と地権事業の利用　*86*
　　(3) 成年後見人の任務と地権事業の利用　*86*
5　地権事業利用契約と判断能力 ・・・・・・・・・・・・・・・・・・・・・・・*87*
　　(1) 判断能力の意義　*87*
　　(2) 法律行為の有効要件としての意思能力　*87*
　　(3) 遺言能力　*89*
　　(4) 地権事業の利用に必要な判断能力など　*89*

目　次　vii

　　(5)　精神医学と判断能力理論　*90*
6　地権事業によるサービスの具体化················*91*
7　社協が担当するもう1つの権利擁護事業
　　——福祉サービス苦情解決事業················*92*
8　社協以外の苦情解決機関······················*92*
　　(1)　事業者段階に第三者が加わった仕組みの整備を示した国の指針　*92*
　　(2)　東京における苦情対応の仕組み　*93*
　　(3)　苦情解決制度における社会福祉事業と介護保険事業との関係　*94*
9　社協以外の権利擁護「センター」など············*94*
　　(1)　地域包括支援センター　*94*
　　(2)　福祉事務所　*95*
　　(3)　民生委員　*95*

第5章●「高齢」へ向けての準備（法的側面）

1　生活基盤の確立——保険を含めて··············*98*
　　(1)　年金　*98*
　　(2)　配偶者の老後保障　*99*
　　(3)　後継者への資産譲渡契約における配偶者への配慮　*99*
2　遺言による方法·····························*99*
　　(1)　遺言の意義　*99*
　　(2)　遺言の種類　*100*
　　(3)　遺言執行者　*101*
　　(4)　相続分の指定　*101*
　　(5)　「介護」に対する配慮（遺言）　*101*
3　遺言信託と遺言代用信託······················*102*
　　(1)　遺言信託　*102*
　　(2)　遺言代用信託　*102*
4　任意後見契約の締結能力
　　——公正証書遺言における遺言能力との比較······*103*
　　(1)　前提状況（相続関係等）について　*104*
　　(2)　判断能力の有無についての確認の慎重さ　*105*
　　(3)　遺言内容の単純さ・複雑さ　*106*
　　(4)　寄与分（904条の2）の解釈　*107*

5 介護のための労働契約 ・・・・・・・・・・・・・・・・・・・・・・・・・・・・・・・・107
6 契約による「後見」委託 ・・・・・・・・・・・・・・・・・・・・・・・・・・・・・・・108
   (1) 契約の趣旨と問題点　*108*
   (2) 監督機能の確保　*109*
7 リヴィングウィルの成年後見版 ・・・・・・・・・・・・・・・・・・・・・・・・・110
   (1) 任意後見契約との相違点　*110*
   (2) 典型的内容——世話に関する処分証書（ドイツの例）　*110*
   (3) 成年後見における「本人意思の尊重」との関連　*111*
8 高齢者ホームへの入居契約 ・・・・・・・・・・・・・・・・・・・・・・・・・・・・112
   (1) 高齢者ホーム　*112*
   (2) 事務処理を独自にできる場合、後見的配慮のみを必要とする場合　*112*
   (3) 現に介護を必要としている場合　*113*
   (4) 入居契約締結上の問題点　*113*

=== 第6章・任意後見制度 ===

1 はじめに ・・・114
2 手続——公正証書の利用など ・・・・・・・・・・・・・・・・・・・・・・・・・114
3 任意後見の優先 ・・・・・・・・・・・・・・・・・・・・・・・・・・・・・・・・・・・・・115
4 任意後見の利用状況に応じた3つのタイプ ・・・・・・・・・・・・・・115
5 任意後見監督人の欠格事由 ・・・・・・・・・・・・・・・・・・・・・・・・・・・117
6 任意後見契約の解除と任意後見人・任意後見監督人の解任 ・・117
7 法定後見制度との違い ・・・・・・・・・・・・・・・・・・・・・・・・・・・・・・・118
8 任意後見監督人の職務 ・・・・・・・・・・・・・・・・・・・・・・・・・・・・・・・119
9 任意後見人による本人の取消権の行使 ・・・・・・・・・・・・・・・・・120
10 任意後見発動段階における本人意思の尊重 ・・・・・・・・・・・・・121
11 法定後見制度との関係 ・・・・・・・・・・・・・・・・・・・・・・・・・・・・・・122
12 任意後見制度の一般的問題点 ・・・・・・・・・・・・・・・・・・・・・・・・123
13 移行型契約の問題点 ・・・・・・・・・・・・・・・・・・・・・・・・・・・・・・・・123
   (1) 「移行」前における監督の必要性　*123*
   (2) 任意後見受任者兼委任契約受任者の報酬問題　*124*
   (3) 移行型契約に関する問題解決に向けて　*125*

第7章●法定成年後見制度

1 はじめに ……………………………………………… *126*
2 成年後見制度に向けた改正 (2000年) の必要性 ……… *126*
3 関連法律改正の骨子 …………………………………… *127*
  (1) 適切な法定後見人の選任　*127*
  (2) 戸籍に代わる後見登記制度　*128*
  (3) 区市町村長の申立権　*129*
4 2000年の民法改正の概要 ……………………………… *129*
  (1) 補助 (新設)　*129*
  (2) 保佐 (旧準禁治産の改正)　*130*
  (3) 後見 (旧禁治産の改正)　*130*
  (4) 監督体制の充実　*131*
5 成年後見人等の報酬 …………………………………… *131*
6 親族や施設による介護や見守りと成年後見制度の必要性 … *131*
  (1) 在宅の場合　*132*
  (2) 施設入所の場合　*132*
  (3) 高額財産の管理　*132*
  (4) 申立てなどの手続　*135*
7 保佐、補助と地権事業との重複 ……………………… *136*
8 親族申立て、区市町村長による申立て ……………… *136*
9 後見人とその権利・義務 ……………………………… *137*
10 後見人の公的性格 ……………………………………… *139*
  (1) 後見人の公的性格の意味　*139*
  (2) 親族後見人への就任とその公的任務　*139*
  (3) 具体的事例　*140*
11 成年後見人の辞任 ……………………………………… *141*
12 成年後見監督人 ………………………………………… *141*
13 後見登記等に関する法律の概要 ……………………… *141*
  (1) 登記所　*141*
  (2) 後見等の登記等　*142*
  (3) 任意後見契約の登記　*143*
  (4) 登記事項証明書の交付等　*144*
  (5) 成年後見登記の機能　*145*

第8章・法人後見・複数後見

1 はじめに ・・・ *146*
2 法人後見 ・・・ *146*
   (1) 法人後見の意義と要件　*147*
   (2) 成年被後見人と社協・社協職員の関係　*148*
   (3) 法人後見人（社協）等の事務の内容・範囲　*151*
   (4) 社協の性格との関連　*152*
   (5) 地権事業との関係　*152*
3 複数後見の意義と形態 ・・・・・・・・・・・・・・・・・・・・・・・・・・・・・・・・・ *153*
   (1) 複数後見の意義　*153*
   (2) 複数後見の形態　*154*

第9章・成年後見審判等の区市町村長による申立て

1 はじめに ・・・ *158*
2 区市町村への相談 ・・・・・・・・・・・・・・・・・・・・・・・・・・・・・・・・・・・・・・ *158*
3 区市町村による調査——後見申立ての必要性について ・・・・・・・ *159*
   (1) 本人の判断能力　*159*
   (2) 本人の資産状態の調査　*160*
   (3) 申立人の探索　*160*
   (4) 助成執行伺いなど　*161*
   (5) 区市町村長による申立手続の開始　*161*
4 区市町村長による申立ての決定 ・・・・・・・・・・・・・・・・・・・・・・・・・ *162*
5 後見開始審判等の申立て ・・・・・・・・・・・・・・・・・・・・・・・・・・・・・・・ *163*
6 後見開始等の審判 ・・・・・・・・・・・・・・・・・・・・・・・・・・・・・・・・・・・・・ *164*
   (1) 申立人と調査官の関係　*164*
   (2) 鑑定料の支払い　*164*
   (3) 費用の負担と求償　*164*
   (4) 家裁調査官による調査　*165*
   (5) 家裁調査官によるその他の調査および要請　*166*
   (6) 鑑定　*166*
   (7) その他の留意点　*167*
7 審判と裁判所からの告知・通知 ・・・・・・・・・・・・・・・・・・・・・・・・・ *167*
8 法定後見の開始 ・・・・・・・・・・・・・・・・・・・・・・・・・・・・・・・・・・・・・・・ *168*
9 区市町村長による申請制度の課題 ・・・・・・・・・・・・・・・・・・・・・・・ *169*

(1)　申請の準備から審判までの所要時間　*169*
　　(2)　成年後見制度利用援助のための助成制度と問題点　*172*
　　(3)　3つの特別法の要件を満たさない場合　*173*

第10章・外国の成年後見制度（概説）——日本との比較

1　はじめに ·· *174*
2　フランス ·· *174*
　　(1)　民法典における成年後見制度　*175*
　　(2)　精神病者の監置制度　*191*
　　(3)　障害者権利条約への対応　*191*
　　(4)　改正民法による関連規定の構成　*192*
3　オーストリアの代弁人制度 ·· *194*
　　(1)　成年後見と代弁人　*195*
　　(2)　代弁人選任の要件　*196*
　　(3)　行為能力の制限　*196*
　　(4)　被代弁人の選挙権　*197*
　　(5)　身上監護に対する配慮　*198*
　　(6)　代弁人の適性　*198*
　　(7)　代弁人資格の消滅　*198*
　　(8)　被代弁人の遺言方法　*199*
　　(9)　未成年者の遺言　*199*
　　(10)　7歳以上の知的障害者の行為能力　*199*
　　(11)　代弁人の任命手続　*200*
　　(12)　代弁人法の改正　*203*
4　ドイツ ·· *204*
5　コモンロー系の国 ·· *204*
　　(1)　大陸法系とイギリス法　*204*
　　(2)　コモンローと議会制定法　*204*
　　(3)　成年被後見人の選挙権　*205*

第11章・ドイツの成年後見（世話）制度

1　世話法の制定とその後の改正 ·· *207*
2　ドイツ法の特徴——行為能力の不制限 ·· *208*
3　世話制度の概説 ·· *210*

(1) 世話法の制定　210
   (2) 世話が命じられるための要件　212
   (3) 世話決定の効果　215
   (4) 世話人の選任をめぐる問題　217
   (5) 世話人の任務　220
   (6) 個人的事務における保護　222
 4 **世話人の注意義務** ……………………………… *230*

第12章・高齢者の取引と法的保護（民法）

 1 **意思能力**――契約の締結と判断能力 ……………… *231*
 2 **行為能力**――判断能力の不十分な者の定型的保護 ……… *232*
 3 **詐欺・強迫**――判断の瑕疵 ……………………… *233*
 4 **意思表示の要素に錯誤を生じた場合** ……………… *233*
 5 **判断能力の不十分な者に対する詐欺・強迫** ……… *234*
   (1) 詐欺・強迫を理由とする民法による取消し　234
   (2) 消費者契約法による無効・取消し　235
   (3) 特定商取引法　235
   (4) 任意後見人を無視して本人が契約をした場合　235
 6 **制限行為能力者制度と相手方の保護** ……………… *236*
   (1) 制限行為能力者の類型と詐術　236
   (2) 制限行為能力者制度と取引の安全　237
   (3) 判例に現れた詐術と被保佐人（旧準禁治産者）　238
   (4) 詐術をめぐる問題点の整理　241
   (5) 心神耗弱（事理弁識能力の不十分）である旧浪費者と詐術　243
   (6) 詐術の要件――学説の状況　245
   (7) 詐術に関する判例の動向の評価　246
   (8) 旧準禁治産者制度の問題点　247

第13章・高齢者の取引と法的保護（特別法）

 1 **はじめに** ……………………………………… *250*
 2 **割賦販売法** …………………………………… *250*
 3 **特定商取引法**（訪問販売法）……………………… *251*
 4 **特定商取引法による契約の解除の場合**――裁判例の検討 … *253*
 5 **消費者契約法** ………………………………… *254*

- (1) 契約の取消し　255
- (2) 契約の無効主張　255
- (3) 事業者に対する差止請求　256

6　消費者被害の実態調査 ··· 256
- (1) 認知症であることや判断能力不十分の証明　256
- (2) 消費者契約法を活用した事例　258
- (3) クーリング・オフを活用した事例　259

第14章・成年後見制度と障害者権利条約

1　はじめに——成年後見制度の現状 ······························· 261
2　権利条約の求めているもの ····································· 261
- (1) 権利条約第12条　262
- (2) 権利条約と法定代理制度　263
- (3) 権利条約25条　264

3　医療代諾権 ·· 265
- (1) 障害者と医療代諾権　265
- (2) 本人以外の者による医療同意（代諾）を認めるべきか。　266
- (3) 成年被後見人の意思と医学的判断——立法的課題　270

4　法律行為と代理・同意 (特に、医療同意) ······················ 271
- (1) 意思表示による法律行為　271
- (2) 同意の法的性質と代理　272

5　現行制度の具体的検討 ··· 273
- (1) 補助制度　273
- (2) 保佐制度　274
- (3) 成年後見制度　275
- (4) 法定代理制度のまとめ　276
- (5) 医療代諾権制度のまとめ　276

6　条文の改正 (私案) ··· 279

第15章・認知症高齢者と成年後見制度

1　はじめに ··· 281
2　認知症とは——広義の認知症についての類型的理解 ······ 281
3　医学と法律学の接点——論理的整理 ························· 282
4　成年後見制度の利用前の段階 ································ 283

(1) アルツハイマー型認知症　*283*
　　　(2) 多発硬塞性認知症（まだらボケ）　*284*
　　　(3) レビー小体型認知症　*286*
　　　(4) 統合失調症（精神分裂病）　*286*
　　　(5) 肝不全・肝癌による肝不全症状・貧血その他　*287*
　　　(6) 年齢と判断能力　*290*
　5　重度の認知症による徘徊等と監督者の
　　　責任を想定した法律の規定 ································· *291*
　　　(1) 重度の認知症高齢者と責任能力　*291*
　　　(2) 夫婦間の監督義務者　*291*
　　　(2) 特別法——精神障害者福祉法とその沿革　*292*
　6　成年後見問題の家族・親族的側面と
　　　社会的・公的側面 ··· *294*
　　　(1) 少子化と高齢社会の到来　*294*
　　　(2) 介護・後見問題の本質　*294*
　7　認知症高齢者をめぐる私法上の問題
　　　——名古屋地裁・高裁判決をめぐって ················· *295*
　　　(1) 事実上の後見　*295*
　　　(2) 上記判決の事実の概要　*296*
　　　(3) 責任無能力者と不法行為　*296*
　　　(4) 法定監督義務者（714条）と現実の監督者　*296*
　　　(5) 714条の責任と709条の責任　*297*
　　　(6) 賠償義務者がいない場合　*298*
　　　(7) 名古屋高裁判決の特徴——地裁判決との理論構成の違い　*299*
　8　成年後見人の場合 ··· *300*
　　　(1) 介護や後見の現実を直視することの必要性　*300*
　　　(2) 成年後見人の身上監護義務——見守り義務　*300*
　9　まとめ ··· *302*
　　　(1) 成年後見人自身の生活　*302*
　　　(2) 成年後見人としての善管注意義務——見守り義務の具体化　*302*

第16章・まとめ——成年後見制度の課題

　1　親族後見人の確保 ··· *304*
　2　成年後見人のサポートをどうするか ····················· *305*
　3　法人後見制度の評価 ··· *305*

4 知的障害者、精神障害者の権利擁護の課題 ･････････････････ *307*
　(1) 親なき後問題　*307*
　(2) 精神障害者と後見　*308*

5 マンパワーの確保 ･････････････････････････････････････ *308*

6 予想される民法後見関連規定の改正 ･････････････････････ *309*
　(1) 成年後見人による郵便物等の管理に関する規定　*309*
　(2) 成年被後見人の死亡後の成年後見人の権限
　　（873条の2の新設）　*309*

　あとがき　*311*

　事項索引　*313*

法令の略称について

　本書で扱う主な法令の条数表記については、以下の略称を用いた。なお、現行の日本民法、外国の法制度解説中の各国民法典については、略称を付さずに条数のみを示した。

明民	明治民法（明治29年4月27日法律第89号、明治31年6月21日法律第9号）
人	旧民法（明治23年法律第28号。いわゆるボアソナード民法）の人事編
財	旧民法（同前）の財産編
取	旧民法（同前）の財産取得編
担	旧民法（同前）の債権担保編
旧	民法旧規定（当該箇所に示した時点の民法の規定）
任	任意後見契約に関する法律
後登	後見登記等に関する法律
家事	家事事件手続法
家事規	家事事件手続規則
非訟	非訟事件手続法
介	介護保険法

装丁＝志岐デザイン事務所（萩原　睦）
組版＝木　精　舎

第1章

高齢社会と福祉法

1 はじめに

　本書において、高齢者とは、65歳以上の者をさす。一般的には、65歳以上75歳未満の者を前期高齢者、75歳以上の者を後期高齢者という。すでに、日本の高齢者人口は3200万人を超えている（高齢化率：26％）。国連などでは、高齢者人口の割合が全体の7％を超えると、高齢化社会、14％を超えると高齢社会と定義している。

　高齢社会における介護や後見の問題を検討するに当たって、説明を具体的にするために、まず、高齢社会を代表しうる家族ないし親族関係の典型例をあげておこう。2夫婦（A・B、C・D夫婦とも子どもは1人とする）につき3世代の範囲でみた場合には、高齢者は4人（前記2夫婦）、その子どもはそれぞれ1人（E・Fとし、夫婦とする）、その子どもも1人（G）である。Gは20歳、E・F夫婦は平均50歳、A・B、C・D夫婦は平均80歳と想定しておこう。

　少子化傾向を前提として、1組の夫婦が平均1人の子どもを産むものと仮定すると、図1のような家族構成となる。現実には、1人の女性は平均的に、1.4人の子どもを産むとされているが（2014年度の合計特殊出生率は1.42である）、日本社会が図1のような家族構成に向かっていることは確かである。

　男女で差はあるが、平均寿命を80歳強とすると、高齢者A、B、C、

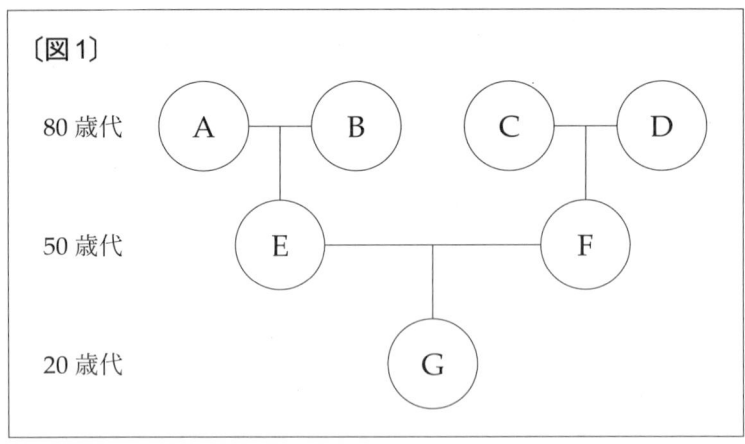

Dのうち、平均的には2人は生存している計算になる。自らの身体も無理がきかなくなり始める50歳代の夫婦が複数の老親介護をすることは、実際には困難である場合が多い。「これから定年後の第2の人生を楽しむ」等と優雅なことは言っていられない。還暦を過ぎた夫婦を待っているのは、老親介護という重労働のみということになりかねないのである。還暦前後の夫婦E・Fに有意義な余生を送ることを保障するためにも、高齢者のための社会的サポート・システムが不可欠である。

2　人口構造の変化──平均寿命と家族形態

　日本の人口構造を、年齢を縦軸とし左右に男女数を示すグラフにしてみた場合に、富士山型ないしはピラミッド型を示しているのは、1920年頃である。現在では、逆三角とまでは言えないが、若年層に裾野のような広がりはみられない（図2参照）。

　前述のように、1人の女性が一生に産む子どもの数（合計特殊出生率）も1.4前後であるが、これを、仮に1.0として、冒頭の例で考

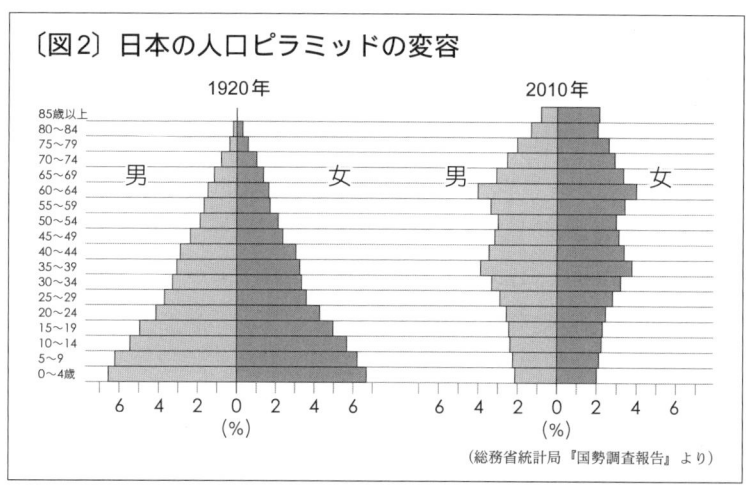

(総務省統計局『国勢調査報告』より)

えてみよう。A・B、C・D夫婦全員が生存していて、そのうち介護を必要とする者がそれぞれ1人いるとして、それぞれの配偶者が介護できるうちはよいが、それが困難になった場合に、他の家族ないし親族が介護することは可能であろうか。Gはまだ学生か、そうでなくても自分の生活を確立するのが精一杯で、本格的な介護は困難であろう（少なくとも2人の祖父母の介護は困難である）。E・F夫婦は未だ定年退職前であり、場合によっては社会（または会社）において最も責任ある立場にある年齢である。だとすれば、E、Fが介護のために割ける時間は多くはないであろう。その他の親族にも、多くを期待することは通常は困難である。

ここで、家族形態についても一瞥しておくべきだろう。第2次大戦直後の民法改正により「家」制度が廃止されるまでは、3ないし4世代同居の家族形態も少なくなかった。これを前提として、子どもの数が3ないし4人であれば、少なくとも、高齢者の「見守り」については、家族に任せても問題なかったであろう。しかし、戦後の核家族化を前提とすると、A・B、C・D夫婦は成人した子どもや

孫とは別居しているから（しかも、日本の住宅事情から考えて、通常は「スープの冷めない範囲」に老親が居住することは希望しても難しい）、これらの親族による見守りも介護も通常は困難である。

　それにもかかわらず、80歳を過ぎた高齢者は着実に介護を必要とするようになる。そのときは、A・B、C・D夫婦の介護は誰が担うべきであろうか。A・B夫婦は蓄えによって介護に必要な費用を負担できるが、C・D夫婦は必ずしも十分な蓄えがないという場合を仮定すれば、A・B夫婦は、自己資金により家族外の介護サービスを調達することが可能であろうが、C・D夫婦については、介護保険を前提としても、重い経済的負担を伴う介護サービスを受けることは困難である。さらに、いずれの夫婦についても、認知症等により、その介護サービスを独力でアレンジすることが困難である場合には、経済的な問題以前に、誰によって介護サービスの調達を得られるのかが問題となる。

　後に述べるように、社会福祉における措置制度が基本的に廃止された今日においては、介護福祉は原則として契約を媒介とすることになっているから、成年後見人などがついている場合は別として、訪問看護や入浴サービスなどに関する契約は、誰かの援助を得ながら、本人が締結しなければならない。家族が近くに住んでいれば、そのような援助も可能であるかもしれない。例えば、たまたま、E・F夫婦はA・B夫婦の近くに住んでいたので可能であったとしよう。ところが、遠方に住んでいるC・D夫婦も介護を必要としているのである。E・F夫婦に、可能な範囲内で両親の介護をする意思があったとしても、これは事実上不可能なことである。

　昨今のような、核家族化を前提とした少子・高齢社会においては、高齢者介護を家族の領域の問題としてとらえて解決をはかろうとすることは、ほとんど不可能であり、そのような発想からは問題の根本的解決の糸口を見出すことすらできないのである。

なお、民法上の扶養との関連は重要な課題であるが、本書では独立のテーマとしてはとりあげない（後掲参考文献参照）。

3　社会福祉のあり方の変化——基礎構造改革

　第2次大戦後の社会福祉は、戦争被害者や中国（満州等）などからの引揚者に対する政策から始まった。当時は、これらの人々に対する住居や食料の提供が基本であり、施設入所等による社会復帰までの生活支援が中心であった。その後も、社会福祉は社会的弱者や経済的困窮者に対するサービスを中心に展開してきた。この場合には、社会福祉行政は、一定の要件を満たす者に対して、措置により対応すればよかったし、それが合理的でもあったであろう。

　すなわち、社会福祉を担当する行政庁が、社会福祉の対象となる者に対して、各福祉関係法の規定に基づいて援護・育成・更生にかかわる行政処分を行ってきたのである。例えば、親族などの援助が得られない困窮者や高齢者については、生活保護を支給したり、福祉施設に措置入所させたりしたのである（措置の場合には、施設には措置費等が支払われた）。また、高齢者や知的障害者等に対しても措置によって対応するという点では同様であった。

　しかし、戦後半世紀以上が経過する中で、社会の高齢化や前述のような家族形態を含む社会構造の変化により、市民のニーズは質・量ともに変化した。また、生活水準の一般的向上により、経済的には困窮していない者も、高齢などにより自らの日常生活を維持するために援助（福祉サービスのアレンジのための援助）を必要とする場合が多くなった。

　同時に、核家族化と少子化は独居の高齢者を増加させつつあり、この傾向は、厚生労働省の調査によっても、今後も高まるものと推測されている。このような高齢者の中には、自分の定年退職後の生

活を考えて、相当な蓄えをしてきた者もいるが、体力や判断力の衰えにより、その蓄えを自分のために有効に利用できない場合が生じているのである。福祉行政は、介護保険システムの利用を前提として、このような市民に対しても社会福祉上のサービスを提供すべきである。

このような一般市民が誰でも福祉サービスに対するニーズを有しうる新しい社会情勢に対応して、一定の費用（介護保険料等）の負担を前提として、受給者がそのニーズに応じて給付を選択できるようなシステムが望まれるようになった。この場合には、介護給付も、行政による措置によってではなく、受給者がサービス提供者（業者）との間で契約を締結することによって、初めて可能となる。

しかも、介護給付については介護保険にまかせることによって、介護費用の租税による全面的負担から介護保険システムへと移行した（もちろん、租税による負担部分もある）。具体的には、介護施設への措置入所から契約入所（この場合にも、介護保険給付によるサポートは前提）へと移行したのである。在宅の場合にも、措置によるサービスから介護保険に基づくサービスに移行したのである。

このように、高齢者のための社会福祉システム全体が、措置から契約へと移行したのであるが、100％移行したわけではなく、若干の例外（緊急の場合における措置入所など）は残されている。とはいえ、社会福祉のあり方（基礎構造）が根本的に変革されたことの意義は大きい。知的障害者については、支援費制度への移行がこれに相当する。さらに、2006年4月からは障害者自立支援法（2012年に、障害者総合支援法と名称変更）が施行されている（後述4も参照）。

4　社会福祉の担い手——行政上のマンパワー

認知症高齢者、知的障害者、精神障害者などが、契約を媒介とし

たサービスを受給するための手続を自分ですることは必ずしも容易ではないから、まず、手続などのための支援者が必要である。2000年4月に実施され始めた「社会福祉の基礎構造改革」に際して、その前から活動していた社会福祉のマンパワーが、このような新しいシステムに十分に対応することができるか、が問われた。福祉行政は原則としてサービスの前面から徐々に撤退したが、民生委員や福祉事務所のケースワーカーは本来の任務を遂行してきた。しかし、受給者本人が契約を結ぶ際に、本人に契約締結のための判断能力があるならば側面から援助するだけでよいが、単に介護関連契約のみならず、消費者契約についても、本人が自分に不利な契約を結んでしまったような場合には、困難な問題が生じる。これらの福祉サービスの領域の援助者には契約締結のための法定代理権（特に、本人が判断能力を有しない場合に必要）はないし、本人が締結してしまった契約を取り消す権限もないからである。代理権や契約等の取消権を有する成年後見人等が必要とされるゆえんである。

5　社会福祉と成年後見

　社会福祉サービスが契約を媒介として実現されるようになると、少なくともその実現のための援助が必要になる。本人のために契約を締結するからといって、必ずしもその援助者は法律家である必要はない。しかし、本人が高額の財産を有しているような場合には、その適切かつ安定的な管理のために法律的知識が必要とされることが少なくない。このような場合には、弁護士や司法書士、税理士などが成年後見人として期待されるであろう。

　ここで注意しなければならないのは、成年後見人の任務は、財産管理のみではなく、身上監護も含まれるという点である。もちろん、成年後見は介護とは異なるのであり、成年後見人は自ら成年被後見

人を介護する義務を負っているわけではなく、日常的な見守りを前提として、本人が必要な介護サービスを取得できるように配慮する義務を負っているにすぎない。介護との関係では、要介護認定を含む介護保険関係の手続を行い、各サービス提供業者との契約を締結することなどが主要な任務である。もちろん、日常の見守りは、完全に他人にまかせてしまうことはできない成年後見人の基本的な任務であると解すべきである。

　法律の専門家も、成年後見人を引き受ける以上、これらの社会福祉や介護保険のシステム等を理解している必要があるから、福祉に関する研修が必要とされている。かつて、ドイツにおいて弁護士が数百件もの「禁治産後見人」を引き受けて、財産管理のみをやっていた例があり、ドイツの世話法制定の際（1990年代の初め）に批判の対象とされたことがあるが、これは忘れてはならない経験である。

　日本では、民法改正後、各単位弁護士会（オアシス、しんらい、ゆとりーな等）や司法書士会（リーガルサポート）などの各職能団体が、一定の研修を受けた者を成年後見人候補者として裁判所に推薦する等の方法を講じているが、適切な配慮である。

　福祉の専門家については、逆に、成年後見制度の趣旨や関連法律に関する研修が必要とされよう。日本社会福祉士会などの職能団体が、すでにこの課題に取り組んでいる。

6　成年後見の担い手

(1)　成年後見人等と本人との関係について

　誰が成年後見人になっているかについては、最高裁（事務総局家庭局、平成26年度）の以下の資料を参照。

　　○成年後見人等（成年後見人、保佐人および補助人）と本人の関係
　　　をみると、子、兄弟姉妹、配偶者、親、その他の親族が成年後

見人等に選任されたものが、平成26年度には、全体の約35.0％（前年は約42.2％）を占めている。その割合は平成18年度を例外として年々減少傾向にある。

○親族以外の第三者が成年後見人等に選任されたものは、全体の約65.0％（前年は約57.8％）である。前年までは平成18年度を例外として年々増加傾向にある。その内訳は、弁護士が6,961件（前年は5,870件）で、対前年比で約18.6％の増加、司法書士が8,716件（前年は7,295件）で、対前年比で19.5の増加、社会福祉士が3,380件（前年は3,332件）で、対前年比で1.4％の増加となっている。また、法人が成年後見人等に選任されたものは1,836件で、そのうち、社会福祉士法人が697件である。

前年に引き続き、親族以外の第三者が成年後見人等に選任される件数は増加していることが注目される。親族以外の第三者としては、弁護士、司法書士、社会福祉士、税理士等が選任されている。ただし、広義の成年後見の申立件数が対前年度比で、0.5パーセントの減少になっていることと関係すると思われる。

本人の男女別割合は、男性が約40.0％、女性が60.0％である。

男性では、80歳以上が最も多く全体の約34.5％を占め、次いで70歳代の約24.0％となっている。

女性では、80歳以上が最も多く全体の約63.0％を占め、次いで70歳代の約19.3％となっている。

本人が65歳以上の者は、男性では男性全体の約67.8％を、女性では女性全体の約86.3％を占めている。

(2) 世話人と本人との関係――ドイツの場合

ドイツでは、2011年には、世話人の新規任命（24万件余）に際して、名誉職的世話人が、62.17％であり、そのうち、非親族は5.58％であった。つまり、親族世話人は56.59％である。これに対して職業的世話人の任命は、37.83％であったが、そのうち協会世話は

5.85％、官庁世話は0.32％、自由業的世話人は31.67％であり、そのうち非弁護士世話人が25.31％で、弁護士が6.36％であった（出典：http://www.bundesanzeiger-verlag.de/betreuung/wiki/Betreuungszahlen)。

(3) 成年後見の社会化

ドイツでも、1992年の世話法施行の直後には、親族世話人が約80％を占めていたが、20年以上が経過する中で、次第にその割合は低下してきた。日本においても、同様の傾向にある。これは、広い意味で成年後見の社会化ということができよう。

〈参考文献〉
- 宮島洋『高齢化時代の社会経済学』（岩波書店、1992年）
- 桑原洋子『社会福祉法制要説（第5版）』（有斐閣、2006年）
- 堀勝洋・岩志和一郎編『高齢者の法律相談』（有斐閣、2005年）
- 額田洋一編『よくわかる成年後見と介護・相続の法律百科』（三省堂、2004年）
- 米倉明「老親扶養と民法」『家族法の研究』所収（新青出版、1999年）

第2章

1999年民法改正までの後見法の歴史

1 明治期までの後見制度

　先人の研究によれば、後見という言葉は、「大鏡」や「源平盛衰記」等の古典にも現れている。必ずしも後見（こうけん）と言っていたわけではなく、「うしろみ」とも言っていたが、特に法的・制度的意味はなかったようである。

　武士の社会になり、広義の家制度が発達した段階に至って、家長や領主が幼少であったりすると、家の財産を管理し、一族や家臣を統率するために、年長の親族等が後見人になるようなことが行われたようである。

　明治の初期に行われた調査結果である「全国民事慣例類集」には、様々な場面で後見人が登場してくる。隠居制度（家の事務を処理することができなくなれば隠退し、新家長の庇護を受ける制度）との関連もあろうが、高齢者のための後見人の例よりも、未成年後見のほうが目立っている。明確な区別はわからないが、家長となるべき者（長男など）が未だ幼少であった例や、知的障害者や精神障害者のために後見人を置いたという例も少なくない。しかし、現代のような意味における未成年後見（未成年者のための後見）ではなく、「家」のための後見であった。

　これらの後見人の立場は明確ではないが、少なくとも財産管理に

ついてはほぼ全面的な代理権ないし代表権を有していたと思われる。被後見人（本人）の生活への配慮や身上監護は、むしろ家制度に基づいて行われていたと解すべきだろう。つまり、後見人が家の統括者として、本人を含めて家族を養うという関係であったのである。後見人に対するチェック機能が働いていたとすれば、事実上の親族会（明治民法制定以後は、正式なものとなる）などによる監視であったと思われる。

　この時代においては、本人のための後見というような観点はみられない（個人的な愛情のレベルは別である）。むしろ、「家」財産を保持するための不可欠の制度であったと解すべきであろう。家の財産はその一族の経済的後楯であったから、その維持は一族の重大関心事であったのである。家の財産が一時的に後見人の支配下に属することがあっても、最終的には家（本来の承継者）に復帰することが保障されていたと考えてよい。このことは、後見制度と並んで、「仲継ぎ相続」が広く行われていたことからも十分に理解することができる。仲継ぎ相続とは、戸主となるべき者が幼少である場合に、他の者が一時的にその家を相続し、幼少の戸主候補者が成人後に次の相続人となる方法である。このような場合には、後見も仲継ぎ相続も、「家」財産の維持・承継という点で共通の目的を有していた。

　明治期における後見に関する諸規定が、上記のような後見制度を多かれ少なかれ承継していたことは否定できないであろう。明治期に入ってから、家長（戸主）の姉妹のために後見人を置こうとして認められなかった例があったとされているが、これは後見が個人のための制度ではなく、家ないし家長のための制度であったことを意味すると解されている[注2]。

　支配体制としての封建制が崩壊し、それに伴って家長権が衰退し、親権と夫権が強化されると、子や妻は直接的には家長よりも親や夫の保護を受けるようになり、また、独自の財産を有する場合に

は、財産管理はそれぞれ親や夫に委ねられることとなった。親や夫がいない場合でも、後見人の選任は家制度の枠内で行われ、後見人には被後見人の扶養義務が課されることもあった。つまり、後見人とは、親族の中で特別な義務を負う者であったのである。この点は、民法典の編纂作業において、後見を総則編などの財産法領域ではなく、扶養義務などを定めている親族編に位置づけるための理論的根拠となりうることであった。

　もう1つ、この時代の後見の特徴は、後見人には被後見人の財産に対して強力な支配権が認められていた点である。つまり、後見人は、被後見人の財産からの収益を自分で獲得してよいとされていた（自益的後見）。この制度のもとでは、後見人への報酬問題は発生せず、むしろ、後見人には被後見人を扶養する義務が課されていたのである。後見人の報酬請求権は、歴史的にも自益的後見の否定の上に成り立つものであったと考えてよい。

　家長権に代わる夫権は、妻に対する広義の後見として具体化した。明治民法における妻の制限能力制度（従来は妻の無能力制度と呼ばれた）もその1つである。これは、第2次大戦直後まで続いたが、財産管理などに関して、妻を準禁治産者に準じた地位に置くものであったので、新憲法の理念と矛盾するものであり、新憲法の制定に伴う民法改正により廃止された。

2　明治民法の後見規定

　すでに述べたように、後見概念は日本固有のものが存在したが、法典編纂期において、後見という語がヨーロッパ法の翻訳語として用いられるようになったのは、司法省蔵版「法律語彙」（明治12年刊）が最初ではないかと思われる（第3章2参照）。これによれば、ラテン語のTutelleの訳語として用いられ、「保護スルノ義」とされてい

る。さらに、「無能力者ノ身並ニ財産」を支配させるために設けた民法上の義務であり（身とはここでは身上のことと思われる）、また、「其家ノ身並ニ財産」を支配する能力を有しない人の「形状」、すなわち、幼者の後見、受禁者の後見、罪人の後見をも意味するとされていた。ここでも、ローマ法の概念がフランス法を経由して日本に継受されたのである。

明治民法の第2次大戦後の改正までの行為能力と後見関連の規定は、大旨、以下のような内容であった。現行法の基礎をなすものであるから、詳しく紹介しておこう。

(1) 明治民法と行為能力規定
—— 禁治産・準禁治産宣告および妻の無能力制度

明治民法[注3]は現行民法と類似する規定も多いが、以下に関連条文を紹介しておこう。各条文紹介の後の（ ）内の数字は、明治民法と旧民法[注4]（人＝人事編、財＝財産編、取＝財産取得編、担＝債権担保編）の該当条文である。なお、刑事上の禁治産は、当時の刑法改正により廃止されることを見越して、民法の規定からは除外されている。

禁治産宣告に関する条文は、以下のような内容であった。

「心神喪失ノ常況ニ在ル者ニ附テハ裁判所ハ本人、配偶者、四親等内ノ親族、戸主、後見人、保佐人、又ハ檢事ノ請求ニ因リ禁治産ノ宣告ヲ爲スコトヲ得」（明民7条、人222条、223条）。

檢事が請求権者に入っている趣旨は、旧民法と同様に公益代表としてである。本条は、草案では第12条であったが（以下の資料でも12条となっている）、本条以下数か条を、能力に関係がないという理由により、総則から削除して親族編なりに移すべきであるとの提案が岸本辰夫によりなされた。これに対して、梅謙次郎は、主査会での議論を前提にした上での提案である旨を述べた後で「妻ノ事ヤ未成年者ノ事ノ如キモ其能力ニ直接ノ關係アル事ハ皆此處ニ書キマシタ 乍併未成年者ノ後見ノ規定或ハ妻ノ婚姻ノ規定ノ如ハ此處ニハ

書カナイ　何故カナレバ夫レハ能力ニ関係ガナイ　尤モ後見ノ方ハ多少關係ガアルガ併シ夫レハ間接ノ關係デアッテ直接デナイ　加之後見ト云フモノハ單ニ財産上ノ爲メニ置イタノミデナク未成年者の身體ノ爲メニモ置タノデアル　即チ親權ノ一部ヲ行フモノデアル故ニ之ハ親族編ニ置ガ適當デアラウト思ヒマシタ　又婚姻ハ親族ノ大ナル一ノ事柄デアルカラ親族ニ掲ゲル　然ルニ禁治産ニ至ッテハ親族ノ関係ハ少モナイ全ク能力ノミニ關係ガアル　即禁治産ノ處分ヲ受ケタ者ハ無能力者デアル　其無能力者ト云フノハ何レダケノ無能力デアルカト云フ事ヲ此處ニ規定シタマデデアリマス　就テハ第十二條ノ如多少手続ニ關係ヲ持ツ様ナ事ハ総則ニ入レルノハ望マシクナイト言ハレルカモ知レマセヌガ他ニ入レル處ガナイ　親族編ニ入レル譯ニハ無論イキマセヌ　左レバト云フテ他ニ掲ケル所ガナイ

夫レデ能力ト云フ事ガアレバ禁治産ト云フモノハ無能力ノ一ノ關係デアルカラ此所ニ掲ゲルガ適當デアラウト云フ考デ此所ニ掲ゲタノデアリマス　故ニ何ウカ削除説ハ通ラザル事ヲ希望シマス」（句読点の代わりに1字分空けた——筆者、以下同様）と反論していた。[注5]

　結局は、このようにして関連規定を総則編と親族編に分属することにしたことが、後見法をわかりづらいものにすることとなった。

　民法はさらに、「禁治産者ハ之ヲ後見ニ附ス」（明民8条、人224条）と定めた。後見人によって、その身体の保護、監督およびその財産の管理をさせる必要があるためであった。それでも、禁治産者が契約締結などの法律行為をした場合には、取消権の付与により、それによって生ずる不利益から保護する必要があった。そこで、民法は、「禁治産者ノ行爲ハ之ヲ取消スコトヲ得（明民9条、人230条、財547条2項）と定め、意思無能力を理由とする無効に委ねるのではなく、行為無能力による取消事由として明確に規定したのであった。[注6]

　なお、同条の原案においては、「但本法ニ反對ノ規定アルモノハ

此限ニ在ラス」となっていた。磯部四郎が、未成年者と同様に社会にいる禁治産者は法律行為をするのだから、「禁治産者ガ自分ノ爲ニ必要ナ行爲ヲシテモ夫レハ取消ス事ヲ許スト云フ御積リデアリマスカ」と質問したのに対して、梅は「其行爲ガ實際ニ必要デアッタト云フ證明ガ出来　而シテ其必要ト云フ度ガ其金ヲ使ッタ丈ケニ必要デアッタナレバ夫レヲ取消ス事ハ出来マスマイ」と答えていた。約100年も後のことになるが、1999年の民法改正（現行法9条ただし書）の可能性はすでに示されていたといえよう。

　準禁治産者には保佐人が付されることになっていた。すなわち、「心神耗弱者、聾者、唖者、盲者及ヒ浪費者ハ準禁治産者トシテ之ニ保佐人ヲ附スルコトヲ得」（明民11条、人232条1項）と規定されていた。

　浪費者については、家産維持という目的があったと思われるが、「浪費者モ亦一種ノ精神病者ニシテ假令他ノ知能ニ缺クル所ナキモ理財ノ一事ニ至リテハ」常人に及ばないからであると説かれていた。[注7]しかし、他の文献では、梅は「是ハ主トシテ親族ノ保護ノ爲　例ヘバ其子トカ其他ノ親族ガ浪費者ノ爲メニ家産ヲ失フト云フコトヲ避クル爲ニ之ヲ準禁治産者トシタ」というのが理由であると述べていた。[注8]

　現在の人権感覚からすれば、表現の拙劣さは否定できないが、法典調査会では、山田喜之助が「元来之ハ當リ前ノ人間デ唯ダ金ヲ使ヒ過ギルト云フ丈デアルノニ法律ガ干渉シテ所謂馬鹿物ヲ利口ニスルト云フ事ハ出来ナイ　之ハ無用ナ事デアロウ」と述べて、浪費者を削除するように提案していた。[注9]しかし、これは否決されている。なお、同時に、聾者、唖者、盲者を削除する提案（菊地武夫）も否決されていた。

　妻の行為無能力に関しては、次のような規定が置かれていた。「⑴妻カ左ニ掲ケル行爲ヲ爲スニハ夫ノ許可ヲ受ケルコトヲ要ス、

①第十二條第一項第一號乃至第六號［重要な法律行為］ニ掲ケタル行爲ヲ爲スコト、②贈與若クハ遺贈ヲ受諾シ又ハ之ヲ拒絶スルコト、③身體ニ覊絆ヲ受クヘキ契約ヲ爲スコト、(2)前項ノ規定ニ反スル行爲ハ之ヲ取消スコトヲ得」(明民14条)。

　本条につき、梅は次のように述べていた。つまり、「婦人ハ婦人トシテ無能力ナルニ非ス故ニ処女及ヒ寡婦ハ男子ト異ナルコトナキヲ原則トス　唯妻ハ妻トシテ無能力ナリ　其理由ハ天ニ二日ナク国ニ二王ナキト一般家ニ二主アリテハ一家ノ整理ヲ為スコト能ハス故ニ今日ハ家ニ必ス戸主アリ」と述べた上で、しかしながら「世ノ進運ト共ニ家族制ハ漸次親族制ニ進化シ来ルコト古今ノ沿革ニ徵シテ争フヘカラサル所ナルカ故ニ　戸主ノ権ハ復昔日ノ如ク強大ナルコト能ハス漸ク親權、夫權ノ発達ヲ見ルニ至レリ……夫權ハ妻ニ対シテ行ハル」[注10]という流れの中で説明していた。

(2) 後見と禁治産の分離

　旧民法の制定を契機として行われた、「民法出て忠孝滅ぶ」をスローガンとした民法典論争の後に、新たに、ドイツのパンデクテン方式（総則・物権・債権・親族・相続の5編構成）を取り入れた民法典が編纂されたが、その内容の重要部分は旧民法典（フランス人法学者・ボワソナードによって編纂され、その構成と内容はフランス民法に似ている）から承継された。禁治産後見は、部分的に後見法（親族編）から民法総則に移されて、行為能力制度との関連で規定されたため、前述のように、禁治産後見は法領域上分裂することとなった。

　梅は、この点につき、次のように述べている。「本章ハ人事編ノ第十章ト略同シイモノデアリマスガ唯ダ違ウ所ハ第一ニ人事編ノ第十章ハ未成年者ノ後見ノ事ノミニ付テ規定シテアリマス　所ガ今度ノハ禁治産者ノ後見ノ事モ併セテ規定ヲ致シマシタ　夫レカラ準禁治産者ノ保佐ノ事マデ序デニ規定ニ爲ツテ居リマス　此理由ト云フ

モノハ先ヅ此禁治産者ノ方ノ規則ハ後見ニ付テハ未成年者ノ規則ヲ準用スルコトニ爲ツテ居ツテ今ノ人事編ニ於テモ第二百二十六條ニ其明文ガアル位デアリマス　其二百二十六條ニ『未成年者ノ後見ニ係ル規定ハ禁治産者ノ後見ニ之ヲ適用ス』トアリマス　デ少々違ウ所ハアリマスガ夫レハ極僅カデアツテ虚々ニちょい々々々（ママ）ト規定ヲ置クト跡ハ総テ同ジデ往クノデアリマス　夫故ニ之ヲ別ニ規定スルノハ煩シイノデ一緒ニ規定スルノガ便利ト思フテ今度ハ分ケナイコトニシマシタ　準禁治産ノ方ハ之ハ理論上カラ言ヘバ此処ニハ當ルベキモノデナイ　第一ニハ之ハ後見デナイ　第二ニハ之ハ全ク能力問題デアリマス　夫故ニ初メ民法ノ総則ノ案ヲ提出シタトキニ保佐ノ事ハあれ（ママ）ニ書テ出シマシタ　尤モ後見ノ所ノ規定ヲ適用スルコトヲ書テ出シマシタ　所ガ夫レハ親族法ノ所ニ入レタガ宜シイト云フコトデ議場デ削除ニ爲リマシタ　夫故ニ之ハ議場ノ命令デアツタノデアリマスカラ只今ニ爲ツテ理窟ガ合ハナイト云フヤウナ御攻撃ハ御免ヲ蒙リマス　尤モ夫レハ私共ノ説明ヲ免レル爲メト云フノデナイカラ説明ハ致シマス　詰リ夫レハ理由ノ無イコトモアリマセヌ　理由ハアリマス　便利上カラ言フト成程別段ノ規定ヲ置クノデナイ『是々ノ規定ハ保佐人ニモ之ヲ準用ス』ト書ケバ濟ムノデアリマス　サウ云フ例ハ是迄議決ニ爲ツタ部分ニモ幾ラモアリマス　例ヘバ終身定期金ノ契約ノ処ニ持ツテ往ツテ『本節ノ規定ハ修身定期金ノ遺贈ニ之ヲ準用ス』ト云フ事ガアリマス」と答弁した。[注11]後見という事柄のまとまりよりも、民法の体系との関連での論理性ないし体系性が重視されてしまったのである。

　このようにして、日本の後見制度は、民法典の上では分離させられたが、禁治産制度と一体のものとしてスタートすることとなった。これは、立法過程での議論から考えても、法制度としてはやむをえなかったといえよう。また、禁治産制度が犯罪者との関連でも利用されていたという不幸な事情もあり（まもなく廃止されたが）、

これが禁治産制度の当初のイメージを暗いものにしたことも否定できない。

3 未成年後見の法形態

民法上の制度としては、未成年後見と（成年）後見とは従来から区別されていた。言葉の上では、禁治産宣告を前提とする場合には、禁治産後見と呼んで未成年後見と区別するのが普通であった。つまり、禁治産後見制度は、禁治産宣告によって本人の行為能力を剥奪または制限し、その代わりに法定代理人を付するという発想に基づいていたのである。

これに対して未成年後見は、主として親権者が欠けた場合に開始するものとされた（明民901条）。しかし、前述のように、戸主権の衰退を背景として、親権が確立した。財産管理権については父が親権者となることを想定し、その財産と混同することとならないように一定の制限を設けるとしていた。未成年後見はそのような親権者が欠けた場合に開始するものであることから、未成年者のための後見としての要素が含まれており、それがしだいに強化されてきたといえよう。

親権の補充としての後見の法形態（広義の法定後見）は、今日までに次の3つのタイプが認められている。

(a) **一種の法定未成年後見人**　親権者が欠けたような場合に、最も近親の相続人が当然に後見人になった。本人に代わって、家族財産の管理を行うという機能を考えれば、納得できる仕組みである。

(b) **指定未成年後見人**　家長の遺言による指定等により親族等が後見人となった。

第2次大戦後の改正までの日本民法は家制度を維持していたか

ら、後見問題は上述の2つの制度に類似したものを利用して、基本的に家族内で処理すべきものとしていた。すなわち、最後に親権を行う者が遺言によって後見人を指定していなかった場合には、戸主が当然に後見人になり（明民901条、903条）、指定・法定の後見人が共にいないときは、親族会が選任すべきものとしていた（明民904条）。

(c) 官選未成年後見人　裁判所等の選任により後見人が誕生する場合もある（後述6(2)(d)参照）。日本では第二次大戦後の民法改正により、指定後見人がいないときは、家庭裁判所が適任者を後見人に選任すべきものとしている。これは親権（未成年後見）の社会化への第一歩を意味している。

4　後見と親権の区別

　親権と後見との内容上の区別は、未成年者に関する限り、内容において明確なものではなかった。旧民法では、親権は父が行うものとされていたが（人149条）、明治民法では、母も親権を行うものとされた。従来は、親権と後見に関する規定は未成年者に関するものとしたうえで、「瘋癲者」については全く未成年者と同一視していた。その他の精神上の疾病者についても未成年者と同様に後見人を付するものとしていた。[注12]明治民法も基本的にはこのような考え方に立っていたものと考えられる。

　また、禁治産者には後見人を付するものとしたが、未成年者の場合と異なる点もあった（明民9条、900条2号、902条、907条4号、922条参照）。例えば、前述の他の疾病者等は準禁治産者として保佐人を付することとしたが、保佐人に関する独自の規定は少なく、多くの場合に後見人に関する規定を準用していた（明民909条、9条、943条）。

すでに見てきたように、後見人は、明治初期の日本においては、幼年戸主のための制度であったが、民事訴訟法の施行（1890（明治23）年）以来、家族に後見人がないために不便をきたすことが多かったので、民法の制定により私法関係が整理されたことを契機として、戸主以外の家族にも後見人を付することができるようにしたようである。[注13]

5 後見の開始事由

後見が開始するのは、以下の3つの場合であった。すなわち、未成年後見については2つの場合、すなわち「①未成年者ニ對シテ親權ヲ行フ者ナキトキ又ハ親權ヲ行フ者カ管理權ヲ有セサルトキ、②禁治産ノ宣告アリタルトキ」であり、③禁治産後見については禁治産宣告が開始事由であった（明民900条）。

「親権者アレバ後見人ナシ」の原則に立って未成年者の後見開始事由が規定された。ただし、1号（前記①）の後段の場合には、後見人は財産管理権のみを有する。なお、親権を行う者が未成年者でも、その代行者がいる場合には、後見は開始しないと解されていた（大判大正3・12・10民録20輯1071頁）。900条は、その後の改正作業においても、具体的改正案は出されることなく、戦後の改正においても現代語に改められただけである（→838条）。

6 後見人選任の基準

後見の機関は後見人であり、その数は1人とされ（明民906条）、未成年後見と禁治産後見とでは、その選任の方法が異なっていた。その基準は以下のとおりである。

(1) 未成年後見の場合

　この場合は、次の規定に従って、原則として、指定後見人が就任する。「(1)未成年者ニ對シテ最後ニ親權ヲ行フ者ハ遺言ヲ以テ後見人ヲ指定スルコトヲ得但管理權ヲ有セサル者ハ此限ニ在ラス、(2)親權ヲ行フ父ノ生前ニ於テ母カ豫メ財産ノ管理ヲ辭シタルトキハ父ハ前項ノ規定ニ因リテ後見人ノ指定ヲ爲スコトヲ得（明民901条、人164条、165条）」。

　妻が未成年者であるときは、その夫が後見の職務を行った（明民791条）。前記2項の場合に、母に指定権を与えてはどうかとの意見もあったが、親権を「辞するような母」に指定権を与える必要はないとの意見もあった。[注14] 施設入所中の遺児などについては、公の施設（教育所）ではその所長、私的施設では地方長官の指定した者（明治33年法51号、同年内務省令11号）が後見人になった。なお、本条2項は、戦後の改正に際して、男女平等の観点からの改正がなされた（→839条［平成11年改正］）。

(2) 禁治産後見の場合

　この場合には、指定後見人はない。法律上、以下の者が、以下の基準にしたがって、後見人になるとされていた。

(a) 父母および配偶者——第一基準

　次の場合には、父母または配偶者が法律上（明民902条）当然に後見人となった（法定後見人）。

　「(1)親權ヲ行フ父又ハ母ハ禁治産者ノ後見人ト爲ル、(2)妻カ禁治産ノ宣告ヲ受ケタルトキハ夫其後見人ト爲ル夫カ後見人タラサルトキハ前項ノ規定ニ依ル、(3)夫カ禁治産ノ宣告ヲ受ケタルトキハ妻其後見人ト爲ル妻カ後見人タラサルトキ又ハ夫カ未成年者ナルトキハ第一項ノ規定ニ依ル」（明民902条、人224条2項）。

　原案では、「成年者カ禁治産ノ宣告ヲ受ケタルトキハ配偶者其ノ後見人ニ爲ル」であった。しかし、このように妻を夫と同等に位置

づけることに対しては、よそから来た者に対しては実権を与えないのが習慣であるという意見や、妻が夫の後見人となるのは夫の親を飛び越えることを意味するから「面白クナイ」、等の意見が述べられた。結局「妻後見人タラサルトキ」には、父母が後見人になるように条文上配慮したようである。さらに、配偶者後見を前提とすると、60歳を過ぎたような場合には、自分のことさえ十分にはできない場合があるから、他人のことまではできないであろう。そのような場合には、後見人の辞任事由として考慮すればよいとの考えも示されていた。

また、戸主に後見人を付するのはよいが、家族（妻）に後見人を付するのは習慣にあわないとの意見もあった。しかし、家族が訴訟の当事者となるような場合が生ずるのに応じて、後見人が認められるようになってきた。また、未成年後見の場合には親権の代わりだから家族でもよいとの意見もあった。

以上のそれぞれの場合において、第一基準（明民901条、902条）により後見人が決まらないときは、以下のような第二基準（明民903条）と第三・四基準（明民904条、905条）が適用された。戦後の改正により、明治民法902条全体が840条の夫婦法定後見制度に移行し（その中間に位置する人事法案では、本条の削除が検討されている）、1999年の改正で、再び抜本的な改正を受けることになる。

(b) 戸主後見——第二基準

後見の領域においても、次の規定に見られるように、戸主の役割は残っていた。「前二條ノ規定ニ依リテ家族ノ後見人タル者アラサルトキハ戸主其後見人ト爲ル」（明民903条、人166条、244条3項）。

大正14年の要綱では、「家に在る祖父母」が戸主に優先する地位を与えられていた。しかし、戦後の民法改正による戸主制度の廃止により、明治民法903条は削除された。

(c) 親族会による選定後見——第三基準

明治民法901条ないし903条の規定によって後見人が決まらない場合には、「後見人ハ親族會之ヲ選任ス」(明民904条、人167条、224条4項) とされていた。

戦後の改正により、親族会の機能の多くが家庭裁判所 (当時は、家事審判所) に移行した (→841条)。

(d) 裁判所による選定後見——第四基準

上記の規定によって後見人が決まらない場合には、最後に、次のような裁判所の介入を認めていた。

「母カ財産ノ管理ヲ辭シ、後見人カ其任務ヲ辭シ、親權ヲ行ヒタル父若シクハ母カ家ヲ去リ又ハ戸主カ隠居ヲ爲シタルニ因リ後見人ヲ選任スル必要ヲ生シタルトキハ其父母又ハ後見人ハ遲滞ナク親族會ヲ招集シ又ハ其招集ヲ裁判所ニ請求スルコトヲ要ス」(明民905条、人168条、224条4項)。

以上の規定から明らかなように、明治民法は祖父後見人を認めていない。法定の祖父後見人を認めても、老衰によってその任に耐えない場合も少なからずあるし、もしそうでなければ、親族会の選定後見人にすればよいとの考え方であったようである。[注20]

なお、戦後の改正により、上記905条は、男女平等と親族会の廃止を前提として承継された (→842条)。

7 一人後見人

明治民法においては「後見人ハ一人タルコトヲ要ス」(明民906条、人162条、226条) との規定が設けられたが、明治民法施行前においても、後見人は1人とされており (前述)、これは大審院においても確認されていた (大判明治28・12・3民録1輯1頁)。相前後して2人の後見人が選任されていた場合には、前の後見人のみが有効であ

り、同時に複数を選任した場合には、その選任は無効と解されていた。[注21]

しかし、原案では、数人の後見人を予定していた。その理由としては、①管理すべき財産が複数の場所に存在することがある、②身上権と財産管理権につき分掌する必要がある場合もある、③重大な事項は相談して行う方がよい、④行政上の扱いでは後見人は1人とされているが民事慣例では複数が認められている、⑤1人でないと意見の一致を欠くことがあるという意見は西洋の考え方が入ってきてから言われるようになったことである、⑥外国では複数後見人を認めるのが多数である等が述べられた。[注22][注23]

「後見人一人論」の根拠は、①重大で困難なことは自分のみでやらず他人に相談したり、専門家に任せたりすればよい、②複数にすると親類の各派が後見人を出して自分らの利益を主張し、本人の利益を考慮しない事態が生じうる、③1人でやった方が能率がよい、④財産が遠方にあるような場合に限って複数を認めればよい等であった。このような議論の結果、一人後見人制が確立したのである。[注24]

このような議論の末、事務の分掌の必要が在る場合には複数を認めることとして、後見人を1人とする原則が提案されたが、そのような必要がある場合には、他の者を用いて処理すればよいから例外は必要ないとの意見が多数を占めた。[注25]

戦後の改正では後見人一人制度が承継されたが（→843条）、1999年の改正で、成年後見については一人制は廃止され、2011年に、未成年後見人も複数制が可能となった。

8 後見人の負担と辞任事由

後見人に指定されまたは選任された者は、身分法的な強制負担として引き受けるべきものと解されていた。しかし、これを前提にし[注26]

て、以下のような辞任理由（明民907条）を定めてその緩和を図っていた。なお、後見人の辞任は単独行為と解されていた。

「後見人ハ婦女ヲ除ク外左ノ事由アルニ非サレハ其任務ヲ辭スルコトヲ得ス」として、具体的には、次のような事由を掲げていた（明民907条、人163条1項、178条、179条、225条、226条）。

「①軍人トシテ現役ニ服スルコト、②被後見人ノ住所ノ市又ハ郡以外ニ於テ公務ニ從事スルコト、③自己ヨリ先ニ後見人タルヘキ者ニ附キ本條又ハ次條〔注：欠格事由〕ニ掲ケタル事由ノ存セシ場合ニ於テ其事由カ消滅シタルコト、④禁治産者ニ附テハ十年以上後見ヲ爲シタルコト但配偶者、直系血族及ヒ戸主ハ此限ニ在ラス、⑤此他正當ノ事由」。

なお、「婦女ヲ除ク外」について辞任事由を制限した趣旨は、妻や母の地位を劣後させる趣旨であった[注27]。つまり、妻や母は後見人には相応しくないとの考え方があったためであろうか、妻や母は、事由がなくても辞任することができた。また、「公務」は後見人の仕事よりも大切であるとの認識があったようである[注28]。なお、弁護士の仕事は公務には該当しないと解されていた[注29]。

戦後の民法改正に際しては、この規定の趣旨が抽象化されて承継された（→844条）。

9　後見人の欠格事由

一般的に適格を欠く者（欠格者）について、以下のような規定が置かれていた（明民908条、人180条～182条、226条）。形式上は欠格に関する規定であるが、同条8号（後記⑧）は、解任規定としての機能を有するものであった。

「①未成年者、②禁治産者及ヒ準禁治産者、③剥奪公權者及ヒ停止公權者〔注：刑法施行法34条、36条参照〕、④裁判所ニ於テ免黜セ

ラレタル法定代理人又ハ保佐人、⑤破産者、⑥被後見人ニ對シテ訴訟ヲ爲シ又ハ爲シタル者及ヒ其配偶者並ニ直系血族、⑦行方ノ知レサル者、⑧裁判所ニ於テ後見ノ任務ニ堪ヘサル事跡、不正ノ行爲又ハ著シキ不行跡アルト認メタル者」との規定がなされていた。

　本条8号（上述⑧）は、裁判所の認定により、後見人の資格を失うという制度である。これは免黜（メンチュツ）の規定（意味については、後述10(1)(イ)参照）であると解されていたが、親族または検察官が免黜の申立てを行いうると解されていた[注30]。なお、同号の原案は認定権者が「親族会」となっていたが、「裁判所」に変更されたのは、事柄の重大性によると解されている[注31]。裁判所が免黜の権限を有することについての直接的規定はないが、権限を有すると解されていた[注32]。梅謙次郎も、除斥、免黜は不名誉の場合であるが、欠格は資格がないというだけであると述べている[注33]。908条の規定は後見人等になる場合の要件であるのみならず、後見人等であり続けるための要件でもあると解されていた[注34]。要は、前記①ないし⑧は欠格事由の内容を示すものである。

　免黜の場合には、法律上後見人になれないという点では、欠格と似ているが、親族会または裁判所によって免黜されることにより、そのときから後見人としての資格を失うことになっていた（明民911条、912条、917条3項、920条、908条8号参照）。当該条文の内容は、戦後の民法改正において845条と846条に分けられた。

　なお、以上の規定は、保佐人へ準用されていた（明民909条）。

　さらに、「保佐人又ハ其代表スル者ト準禁治産者トノ利益相反スル行爲ニ附テハ保佐人ハ臨時保佐人ノ選任ヲ親族會ニ請求スルコトヲ要ス」（明民909条2項、人217条、224条2項〜4項、225条、232条3項、233条3項）とされていた。

　戦後の民法改正で、親族会は家庭裁判所（当時は、家事審判所）に変更された。

10　後見人の事務

(1)　後見人就任に際しての事務

　後見人は、就職の当初において、以下の5つの事務（明民917条～924条）を処理しなければならなかった。なお、後見監督に関する910条ないし916条については後に **13** で述べる。

　(イ)　**後見人の財産目録の調製義務**　これについては、「(1)後見人ハ遅滞ナク被後見人ノ財産ノ調査ニ著手シ一个月内ニ其調査ヲ終ハリ且其目録ヲ調製スルコトヲ要ス但此期間ハ親族會ニ於テ之ヲ伸長スルコトヲ得、(2)財産ノ調査及ヒ其目録ノ調製ハ後見監督人ノ立會ヲ以テ之ヲ爲スニ非サレハ其效ナシ、(3)後見人カ前二條ノ規定ニ從ヒ財産ノ目録ヲ調製セサルトキハ親族會ハ之ヲ免黜スルコトヲ得」（明民917条、人183条、187条）とされていた。

　免黜（メンチュツ）は辞職を認めるのとは異なり、「役ニ立ヌカラ」または「不都合ナ人間」だから退けるのであり、官吏が免職されるのと同じであると、梅は述べていた。[注35] しかし、辞任したいが適当な理由がない場合に財産目録の調製をさぼることにより事実上の辞任を認めることにならないか、との疑問が出されていたが、少数意見に留まった。

　戦後の民法改正においても、本条は承継されたが（→853条）、前記第3項は削除された。

　(ロ)　**目録調製までの急迫必要行為**　これについても、以下のような独立の規定がおかれていた。「後見人ハ目録ノ調製ヲ終ハルマテハ急迫ノ必要アル行爲ノミヲ爲ス權限ヲ有ス但之ヲ以テ善意ノ第三者ニ對抗スルコトヲ得ス」（明民918条、人189条）と。本条は戦後の改正においても承継された（→854条）。

　(ハ)　**被後見人に対する債権・債務の申告義務**　これは、利益相反関係への配慮から、以下のように規定されていた（明民919条、

人188条)。

「(1)後見人カ被後見人ニ對シ債權ヲ有シ又ハ債務ヲ負フトキハ財産ノ調査ニ著手スル前ニ之ヲ後見監督人ニ申出ツルコトヲ要ス、(2)後見人カ被後見人ニ對シ債權ヲ有スルコトヲ知リテ之ヲ申出サルトキハ其債權ヲ失フ、(3)後見人カ被後見人ニ對シ債務ヲ負フコトヲ知リテ之ヲ申出テサルトキハ親族會ハ其後見人ヲ免黜スルコトヲ得」。

3項によって、後見人の免黜は親族会の権限とされたが、旧民法では、区裁判所の権限とされていた。戦後の民法改正においても、本条は承継されたが (→855条)、3項は削除された。

㈡ 包括財産の取得の場合　「前三條ノ親定ハ後見人就職ノ後被後見人カ包括財産ヲ取得シタル場合ニ之ヲ準用ス」(明民920条)とされていた。戦後の改正においても、本条は承継された (→856条)。

㈤ 歳費の予定　これについても、次のような規定が置かれていた (明民924条、人190条1項、209条、226条)。

「(1)後見人ハ其就職ノ初ニ於テ親族會ノ同意ヲ得テ被後見人ノ生活、教育又ハ療養看護及ヒ財産ノ管理ノ爲メ毎年費スヘキ金額ヲ豫定スルコトヲ要ス、(2)前項ノ豫定額ハ親族會ノ同意ヲ得ルニ非サレハ之ヲ変更スルコトヲ得ス但已ムコトヲ得サル場合ニ於テ豫定額ヲ超ユル金額ヲ支出スルコトヲ妨ケス」。

戦後の民法改正において、本条は、親族会の廃止を前提として承継された (→861条)。

(2) 後見人の在職中の事務——後見人の基本的権限と義務

後見人の基本的権限に関しては、まず、財産管理権について規定した後、未成年後見と禁治産後見について規定していた。

㈣ 後見人の財産管理権　これについては、次のように規定していた (明民923条、人186条)。

「(1)後見人ハ被後見人ノ財産ヲ管理シ又其財産ニ關スル法律行爲

ニ附キ被後見人ヲ代表ス、(2)第八百八十四條但書［親権者の権限］ノ規定ハ前項ノ場合ニ之ヲ準用ス」。

後見人は身分行為については代表しない旨を明確にしている。本条は、戦後の民法改正においても、承継された（→859条）。

(ロ) 未成年者後見人の権限　これについては、以下のように規定されていた（明民921条、人184条、185条）。

「未成年者ノ後見人ハ第八百七十九條乃至第八百八十三條［親権の効力］及ヒ第八百八十五條［未成年の配偶者が財産を管理すべき場合］ニ定メタル事項ニ附キ親権ヲ行フ父又ハ母ト同一ノ権利義務ヲ有ス但親権ヲ行フ父又ハ母カ定メタル教育ノ方法及ヒ居所ヲ変更シ、未成年者ヲ懲戒場ニ入レ、營業ヲ許可シ、其許可ヲ取消シ又ハ之ヲ制限スルニハ親族會ノ同意ヲ得ルコトヲ要ス」。

戦後の民法改正において、本条は親族会の廃止を前提として承継された（→857条）。

(ハ) 禁治産後見人の療養看護義務　これは、以下のように規定されていた（明民922条、人227条）。

「(1)禁治産者ノ後見人ハ禁治産者ノ資力ニ応シテ其療養看護ヲ為カムルコトヲ要ス、(2)禁治産者ヲ瘋癲病院ニ入レ又ハ私宅ニ監置スルト否トハ親族會ノ同意テ得テ後見人之ヲ定ム」。

戦後の民法改正において、本条は、親族会の廃止を前提として、字句訂正の上で承継された（→858条）。この規定は1999年の改正の際にも、議論された点である。

(ニ) 財産管理者　後見人には、有給の財産管理者を利用することが認められていた。

「後見人ハ親族會ノ同意ヲ得テ有給ノ財産管理者ヲ使用スルコトヲ得但第百六條［副代理人の選任］ノ適用ヲ妨ケス」（明民926条、人190条2項）。

これは有給者を利用する場合の手続であって、後見人の責任にお

いて無給の者を利用することは許されると解されていた。本条は、戦後の民法改正において、承継されなかった。

(3) 後見人の事務処理の方法と注意義務

被後見人が包括財産を取得した場合の申告義務など（明民920条）については、すでに述べた。後見人の善良なる管理者の注意義務を前提として、次のような具体的義務が規定されていた。

(イ) 受領した一定金額の寄託　これについては、以下のように規定されていた（明民927条、人191条）。

「(1)親族會ハ後見人就職ノ初ニ於テ後見人カ被後見人ノ爲メニ受取リタル金銭カ何程ノ額ニ達セハ之ヲ寄託スヘキカヲ定ムルコトヲ要ス、(2)後見人カ被後見人ノ爲メニ受取リタル金銭カ親族會ノ定メタル額ニ達スルモ相當ノ期間内ニ之ヲ寄託セサルトキハ其法定利息ヲ払フコトヲ要ス、(3)金銭ヲ寄託スヘキ場所ハ親族會ノ同意ヲ得テ後見人之ヲ定ム」。

本条は、戦後の民法改正において、承継されなかった。

(ロ) 財産状況報告義務　これについては、以下のように規定されていた（明民928条、人192条、226条、228条）。

「指定後見人及ヒ選定後見人ハ毎年少クトモ一回被後見人ノ財産ノ状況ヲ親族會ニ報告スルコトヲ要ス」。

戦後の民法改正において、本条は、親族会の廃止を前提として承継された（→863条）が、その際に親族会に代わる家庭裁判所の権限が著しく強化された。

(ハ) 営業に関する許可　これについては、以下のように規定されていた（明民929条、人193条、194条229条）。

「後見人カ被後見人ニ代ハリテ營業若クハ第十二條第一項［保佐人の同意を要する行為］ニ掲ケタル行爲ヲ爲シ又ハ未成年者ノ之ヲ爲スコトニ同意スルニハ親族會ノ同意ヲ得ルコトヲ要ス但元本ノ領収ニ附テハ此限ニ在ラス」。

なお、本条は、戦後の民法改正において、承継された（→864条）。

㈡　後見人の注意義務　　後見人も善管注意義務等を負担するのは当然とされていた。

「第六百四十四條［受任者の善管注意義務］、第八百八十七條［親権者である母の同意］、第八百八十九條第二項［親権者である母の注意義務］及ヒ第八百九十二條［父または母が管理権を有しない場合］ノ規定ハ後見ニ之ヲ準用ス」（明民936条、人186条、197条、201条、財319条1項、547条1項）とされていた。

本条は、戦後の民法改正において、承継された（→869条）。

(4)　利益相反行為の禁止

本人と後見人との利益相反行為の禁止は、他益後見が原則となってからは、常に重要な原則とされてきた。

㈥　利益相反行為の効果　　後見人と被後見人との間の取引は、取消事由とされていた。

「(1)後見人カ被後見人ノ財産又ハ後見人ニ對スル第三者ノ權利ヲ譲受ケタルトキハ被後見人ハ之ヲ取消コトヲ得此場合ニ於テハ第十九條ノ規定［無能力者への催告］ヲ準用ス、(2)前項ノ規定ハ第百二十一條乃至第百二十六條［取消の効果など］ノ適用ヲ妨ケス」（明民930条、人195条、取37条、38条）。

本条は、戦後の民法改正において、承継された（→866条）。

㈣　被後見人の財産の賃借に関する同意　　これについても、次のように規定されていた（明民931条、人196条）。

「後見人ハ親族會ノ同意ヲ得ルニ非サレハ被後見人ノ財産ヲ賃借スルコトヲ得ス」。

これも利益相反行為と解した上で、主として、賃料額を適正にするための担保であると解されていた[注36]。本条は、戦後の民法改正において、承継されていない。

(5) 後見人の義務履行の担保

(イ) 臨時管理人の選任　この点については、「後見人カ其任務ヲ曠〔ムナシ〕クスルトキハ親族會ハ臨時管理人ヲ選任シ後見人ノ責任ヲ以テ被後見人ノ財産ヲ管理セシムルコトヲ得」(明民932条、人163条) と規定されていた。同条の「曠クスル」とは、おろそかにすることであるが、それが直ちに「解任」という方向で具体化されないのは、後見人に就任することは義務であると解されていたからであろう。理由もなく辞任することを認めず、臨時管理人を選任してでも、任務を果たさせるという考え方である。

臨時管理人の権限は後見事務では広すぎるので、「財産ヲ管理」とした。[注37] 本条は、戦後の民法改正において、承継されていない。

(ロ) 担保提供義務　この点については、「親族會ハ後見人ヲシテ被後見人ノ財産ノ管理及ヒ返還ニ附キ相當ノ擔保ヲ供セシムルコトヲ得」(明民933条、担204条1項2号、217条、227条) としていた。本条は、戦後の民法改正において、承継されていない。

(6) 被後見人の戸主権および親権の代行

後見制度は戸主のためのものとの考えによれば、次の934条は最も重要な規定の1つである。

「(1)被後見人カ戸主ナルトキハ後見人ハ之ニ代ハリテ其權利ヲ行フ但家族ヲ離籍シ、其復籍ヲ拒ミ又ハ家族カ分家ヲ爲シ若クハ廢絶家ヲ再興スルコトニ同意スルニハ親族會ノ同意ヲ得ルコトヲ要ス、(2)後見人ハ未成年者ニ代ハリテ親權ヲ行フ但第九百十七條 [財産目録の作成] 乃至第九百二十一條 [未成年者の後見人の権利義務] 及ヒ前十條ノ規定ヲ準用ス」(明民934条、人257条)。

本条については、戦後の民法改正において、家制度の廃止との関連で、戸主権の代行に関する本条1項は削除され、2項のみが承継された (→867条)。なお、親権代行者としての後見人の権限については、「親權ヲ行フ者カ管理權ヲ有セサル場合ニ於テハ後見人ハ財

産ニ關スル權限ノミヲ有ス」(明民935条) とされていた。

被後見人に贈与した者の権利については、明治民法936条により892条［贈与財産につき、父母の管理を回避しうる規定］が準用されていた。本条は、戦後の改正において、承継された（→867条、868条）。

11　後見報酬——後見事務の有償性[注38]

後見報酬の問題は、親族後見から社会的後見への大きな流れの中で考えてみなければならない。925条ただし書の意味は特に重要である。

後見を有償とするか、無償とするかについては、「親族會ハ後見人及ヒ被後見人ノ資力其他ノ事情ニ依リ被後見人ノ財産中ヨリ相當ノ報酬ヲ後見人ニ與フルコトヲ得但後見人カ被後見人ノ配偶者、直系血族又ハ戸主ナルトキハ此限ニ在ラス」と定めていた。

審議の過程で、後見監督人の報酬についての積極的意見が述べられたが、提案には至らなかった。戦後の改正においては、925条は親族会の廃止を前提として承継された（→862条）が、同条ただし書は承継されなかった。

(イ)　報酬規定のルーツ　梅・要義親族471頁によれば、「新民法ニ於テハ独法系ノ主義ヲ取リ配偶者、直系血族及ヒ戸主ヲ除ク外親族会ニ於テ相当ノ報酬ヲ後見人ニ与フルコトヲ得ルモノトセリ」とされている。

(ロ)　制定当初のドイツ民法1836条　「(1)後見は無償で行われる。ただし、後見裁判所は、後見人に対して、さらに特別な理由がある場合には、後見監督人に対しても、相当な報酬を許可することができる。当該許可は、被後見人の財産並びに後見事務の範囲及び意義が、それを正当化する場合に限りなされるものとする。報酬

は、何時にても、将来に向かって変更され、又は剥奪されることがある。(2)当該許可、その変更もしくは剥奪の前に、後見人は聴聞されるものとし、もし後見監督人が存在しもしくは任命されるべきときは、後見監督人も聴聞されるものとする。」

(ハ) 現行日本民法862条　「家庭裁判所は、後見人及び被後見人の資力その他の事情によって、被後見人の財産の中から、相当な報酬を後見人に与えることができる。〔親族に関するただし書は削除されている〕」。

12　後見の終了事由と後見消滅の効果

後見が終了するのは、禁治産後見の場合には被後見人の死亡、未成年後見の場合には被後見人が成年に達した場合または親権者を得るに至った場合、および未成年女子が成年男子と婚姻した場合（明民791条）である。他家に入籍しても法定後見人を有しない場合には、従来の後見が継続すると解されていた。戸主が後見人である場合には、戸主がその家を去ることが終了事由である。後見人に関する終了事由は、死亡、辞任、免黜（前述10）、その他資格の喪失、未成年者の禁治産（明民902条1項）の場合には父または母が家を去ること、戸主後見（明民903条）の場合には戸主が隠居をしたこと、である。

なお、禁治産後見の場合には禁治産宣告の取消しがなされると、後見は消滅する。さらに、法定代理人の基礎としての身分の消滅の場合にも、当該後見人につき後見終了事由となる。

後見の終了に関する具体的規定は、次のとおりである。

(1) 管理計算義務

この点については「後見人ノ任務カ終了シタルトキハ後見人又ハ其相續人ハ二个月内ニ其管理ノ計算ヲ爲スコトヲ要ス但此期間ハ親

族會ニ於テ之ヲ伸長スルコトヲ得」(明民937条、人205条、207条)とされていた。

上記の期間は3か月から2か月に修正された。後見人の任務が終了した場合には、速やかに事務の清算をしなければならないとの趣旨からである。本条は、戦後の民法改正において、承継された（→870条）。

なお、客観性を担保するために、次のように、後見の計算と後見監督人の立会いが定められていた。

「(1)後見ノ計算ハ後見監督人ノ立會ヲ以テ之ヲ爲ス、(2)後見人ノ更迭アリタル場合ニ於テハ後見ノ計算ハ親族會ノ認可ヲ得ルコトヲ要ス」(明民938条、人206条)。

本条は、戦後の改正において、1項のみ承継された（→871条）。

(2)　未成年後見終了後、計算終了前の後見人との間の法律行為

これは、利益相反を考慮して、次のように、取消事由とした。

「①未成年者カ成年ニ達シタル後後見ノ計算ノ終了前ニ其者ト後見人又ハ其相續人トノ間ニ爲シタル契約ハ其者ニ於テ之ヲ取消スコトヲ得其者カ後見人又ハ其相續人ニ對シテ爲シタル單獨行爲亦同シ、②第十九條及ヒ第百二十一條乃至百二十六條ノ規定ハ前項ノ場合ニ之ヲ準用ス」(明民939条、人208条)。

本条は、戦後の民法改正において、承継された（→872条）。

(3)　計算後の返還金と利息

この点については「(1)後見人カ被後見人ニ返還スヘキ金額及ヒ被後見人カ後見人ニ返還スヘキ金額ニハ後見ノ計算終了ノ時ヨリ利息ヲ附スルコトヲ要ス、(2)後見人カ自己ノ爲メニ被後見人ノ金錢ヲ消費シタルトキハ其消費シタル時ヨリ之ニ利息ヲ附スルコトヲ要ス尚ホ損害アリタルトキハ其賠償ノ責ニ任ス」(明民940条、人210条) と規定されていた。

本条は、戦後の民法改正において、承継された（→873条）。

(4) 事務終了の通知義務

後見人は、事務終了の通知義務を負っており、次のように定められていた。

「第六百五十四條［委任終了後の処分］及ヒ第六百五十五條［委任終了の対抗要件］ノ規定ハ後見ニ之ヲ準用ス」（明民941条、人202条～204条）。

本条は、戦後の民法改正において、承継された（→874条）。

(5) 後見に関する債権の短期消滅時効

「(1)第八百九十四條ニ定メタル時効ハ後見人、後見監督人又ハ親族會員ト被後見人トノ間ニ於テ後見ニ關シテ生シタル債權ニ之ヲ準用ス、(2)前項ノ時効ハ第九百三十九條ノ規定［前述］ニ依リテ法律行爲ヲ取消シタル場合ニ於テハ其取消ノ時ヨリ之ヲ起算ス」（明民942条、人211条）。

本条の趣旨は、未成年者と後見人との間で契約を締結してから10年後に契約を取り消した場合に、後見の終了後5年を経過していることがあるので、そのような場合についての配慮である。[注40]

本条は、戦後の民法改正において、承継された（→875条）。なお、942条1項の規定は、親族会員と準禁治産者との間の関係に準用されていた（明民943条）。管理計算の費用も上の債権に含まれる（大判大正7・5・23民録24輯1027頁）。本条は、戦後の民法改正において、承継された（→876条）。

13　後見監督の機関

明治民法における後見監督の機関は、親族会と後見監督人であった。前者は他の任務も有する機関であるから、**14**で述べることとする。後見人の監督を主要な任務とするのは後者であり、必置機関とされていた点も重要である。これに加えて裁判所も監督機関で

あった、というべきであろう。ここでは説明の都合上、条文上の順序を変えて、裁判所を後にして、前2者を連続して説明する。

(1) 後見監督人の必置

後見とその監督制度について、旧民法と明治民法との間における最大の相違点の1つは、後者が後見監督人を必置機関としたことであろう。

この制度は「従来ノ慣習ニ見サル所」であるが、後見制度を弊害なく実施するためには、後見人に対する監督を厳しくせざるをえないので、「欧州多数ノ例」にならって、これを必置の機関とした。旧民法からの方針転換である。

(a) **後見監督人の指定および選任** 禁治産後見については、監督人につき、指定権者はいない。以下の「指定」に関する規定は未成年後見人に関するものである。

(イ) 指定後見監督人 この点については、「後見人ヲ指定スルコトヲ得ル者ハ遺言ヲ以テ後見監督人ヲ指定スルコトヲ得」(明民910条、人169条2項) とされていた。

指定後見監督人を、正当の事由があれば、親族会は改選することができる旨の規定が原案にはあったが、親族間の争いの火種になりかねないとの理由で削除された。指定後見監督人の高齢等の場合には辞任により処理すればよいと考えられていた。

本条は、戦後の民法改正において、承継された (→848条)。大正14年の要綱等においても改正案は出されていない。

(ロ) 選定後見監督人 次のような規定があった。

「(1)前條ノ規定ニ依リテ指定シタル後見監督人ナキトキハ法定後見人又ハ指定後見人ハ其事務ニ著手スル前親族會ノ招集ヲ裁判所ニ請求シ後見監督人ヲ選任セシムルコトヲ要ス若シ之ニ違反シタルトキハ親族會ハ其後見人を免黜 [前述] スルコトヲ得。(2)親族會ニ於テ後見人ヲ選任シタルトキハ直チニ後見監督人ヲ選任スルコトヲ要

ス」(明民911条、人169条1項、2項、170条)。

本条は、戦後の民法改正において、他の制度改正を前提として承継された(→849条)。

本条に関連した法典調査会の議論においては、後見監督人必置論に対する反対意見は否決されている。[注43]

なお、「後見人就職ノ後後見監督人ノ缺ケタルトキハ後見人ハ遅滞ナク親族會ヲ招集シ後見監督人ヲ選任セシムルコトヲ要ス此場合ニ於テハ前條第一項ノ規定ヲ準用ス」(明民912条、人169条1項2項、170条)とされていた。

後見監督人は必置機関ではあるが、法定後見監督人が認められていたわけではなく、指定後見監督人または選定後見監督人のみが認められていた。また、人数については1人に限る規定はなかったので、必要に応じて複数でもよいと解されていた。[注44]なお、戦後の改正による849条を参照。

(b) **後見人の更迭と後見監督人の改選** この点については、「(1)後見人ノ更迭アリタルトキハ親族會ハ後見監督人ヲ改選スルコトヲ要ス 但前後見監督人ヲ再選スルコトヲ妨ケス、(2)新後見人カ親族會ニ於テ選任シタル者ニ非サルトキハ後見監督人ハ遅滞ナク親族會ヲ招集シ前項ノ規定ニ依リテ改選ヲ爲サシムルコトヲ要ス 若シ之ニ違反シタルトキハ後見人ノ行爲ニ附キ之ト連帯シテ其責ニ任ス」(明民913条)とされていた。

この規定は旧民法には存在しなかった。叔父が「後見人である甥」の後見監督人になっていたような場合に、後見人が交替したことにより年齢が逆転するようなこともあるので、そのような場合には後見監督人も改選できるようにしたものと説明されている。[注45]なお、戦後の改正による849条を参照。

(2) 後見監督人の欠格事由

後見人の欠格事由に関する908条(前述)が準用されている(明

民916条）ほか、次のような規定があった。「後見人ノ配偶者、直系血族又ハ兄弟姉妹ハ後見監督人タルコトヲ得ス」(明民914条)。

本条は、戦後の改正において、承継された（→850条）。大正14年の要綱等においては、本条に関する改正案はみられない。

(3) 後見監督人の職務

(a) **主要な職務**　「後見監督人ノ職務左ノ如シ」として次の4項目を定めていた（明民915条、人198条～200条）。

「①後見人ノ事務ヲ監督スルコト、②後見人ノ缺ケタル場合ニ於テ遅滞ナク其後任者ノ任務ニ就クコトヲ促シ若シ後任者ナキトキハ親族會ヲ招集シテ其選任ヲ爲サシムルコト、③急迫ノ事情アル場合ニ於テ必要ナル処分ヲ爲スコト、④後見人又ハ其代表スル者ト被後見人トノ利益相反スル行爲ニ附キ被後見人ヲ代表スルコト」。

旧民法に比べて、2号（②）ないし4号（④）が追加されていた。本条は、戦後の民法改正において、承継された（→851条）。その間の要綱等においては、本条に関する改正案は見られない。前述915条4号（利益相反行為）に反して後見人が行った行為は無権代理となる（大判大正7・5・23民録24輯1027頁）と解されていた。

(b) **後見監督人の後見事務への立会い**　後見人の後見事務の執行について、後見監督人の立会いが有効要件とされている場合がある（前述明民917条、919条、920条、938条参照）。

(4) 後見監督人の職務違反とその効果

明治民法は「第六百四十四條、第九百七條及ヒ第九百八條［後見人の欠格事由、裁判所による解任］ノ規定ハ後見監督人ニ之ヲ準用ス」（明民916条、人169条3項）とした上で、644条の準用により、後見監督人には善管注意義務が生じるので、これに違反すれば、損害賠償義務が生ずると解されていた。[注46]

後見監督人は親族会において解任できる規定はなく、裁判所による後見人の解任規定が準用されているのみであるから、裁判所によ

る解任のみが可能であった。本条は、戦後の改正において承継された（→852条）が、その間の要綱等においても、本条に関する改正案は見られなかった。[注47]

14 親族会

(1) 親族会の目的と構成

これは、明治民法（第7章）で規定されていた親族会議体であり、特定の人のために、または特定の家のために重要な事項を議決する目的をもっていた。重要な事項とは、家のためには戸主権の代行、家督相続人の選定などであり、「無能力者」のためには後見人・後見監督人・保佐人の選任・監督など、特に未成年の子のためには親権行使の監督、父母の同意権の監督・補充などであった。

親族会は親族全員が集って開くいわゆる親族会議ではなく、原則としては、裁判所が親族または縁故者の中から3名以上の親族会員を選任し（明民945条）、親族会を構成させて、これを招集するものであった（同944条）。

(2) 招集手続

これについては、「本法其他ノ法令ノ規定ニ依リ親族會ヲ開クヘキ場合ニ於テハ會議ヲ要スル事件ノ本人、戸主、親族、後見人、後見監督人、保佐人、檢事又ハ利害關係人ノ請求ニ因リ裁判所之ヲ招集ス」（明民944条、人172条、173条、176条、177条）と定められていた。国会と同じで、一度開会されたら継続するという意味である。[注48]

(3) 会員の数・資格および遺言による選定

これについては、「①親族會員ハ三人以上トシ親族其他本人又ハ其家ニ縁故アル者ノ中ヨリ裁判所之ヲ選定ス、②後見人ヲ指定スルコトヲ得ル者ハ遺書ヲ以テ親族會員ヲ選定スルコトヲ得」（明民945条、人171条1項、174条）とされていた。

会員以外でも一定範囲の関係者には会議の通知をして意見を述べることを許していた（明民948条）。親族会の議事は会員の過半数で決する（同947条）。不当の決議に対しては会員その他の者から不服の訴えを提起することができた（同951条）。

(4) 議事手続

これについては、「(1)親族會ノ議事ハ會員ノ過半數ヲ以テ之ヲ決ス、(2)會員ハ自己ノ利害ニ關スル議事ニ附キ表決ノ數ニ加ハルコトヲ得ス」（明民947条、人175条）とされていた。なお、非会員の意見陳述権については、「(1)本人、戸主、家ニ在ル父母、配偶者、本家並ニ分家ノ戸主、後見人、後見監督人及ヒ保佐人ハ親族會ニ於テ其意見ヲ述フルコトヲ得、(2)親族會ノ招集ハ前項ニ掲ケタル者ニ之ヲ通知スルコトヲ要ス」（明民948条、人171条2項）とされていた。

(5) 無能力者のための親族会

これについては、「(1)無能力者ノ爲メニ設ケタル親族會ハ其者ノ無能力ノ止ムマテ継續ス、(2)此親族會ハ最初ノ招集ノ場合ヲ除ク外本人、其法定代理人、後見監督人、保佐人又ハ會員之ヲ招集ス」（明民949条、人172条）とされていた。

(6) その他

(イ) 欠員補充義務　「親族會ニ缺員ヲ生シタルトキハ會員ハ補欠員ノ選定ヲ裁判所ニ請求スルコトヲ要ス」（明民950条）とされていた。

(ロ) 親族会の決議と不服申立て　「親族會ノ決議ニ對シテハ一个月内ニ會員又ハ第九百四十四條ニ掲ケタル者ヨリ其不服ヲ裁判所ニ訴フルコトヲ得」（明民951条）。

親族会は明治民法の下で重要な機能を果たしていたが、その規定は簡単で不備な点が多かつた。それゆえにしばしば決議の効力が争われ健訟濫訴の弊を生ぜしめたが、しかしまた、一面ではそのために判例が条文上の不備欠点を補い、親族会制度の確立を助ける大き

な役割を果たすことになった。現行法では親族会が廃止され、親族会のもっていた広義の後見的任務は、主として家庭裁判所がこれを受けもつことになった。すなわち、本章（親族会）は、戦後の改正において、削除された（親族会の廃止、昭和21年の要綱「三一」後述 **17(1)**参照）。

(ハ) 会員の辞任事由　これについては「(1)遠隔ノ地ニ居住スル者其他正當ノ事由アル者ハ親族會員タルコトヲ辭スルコトヲ得、(2)後見人、後見監督人及ヒ保佐人ハ親族會員タルコト得ス、(3)第九百八條［後見人の欠格事由］ノ規定ハ親族會員ニ之ヲ準用ス」（明民946条、人180条～182条）とされていた。

(ニ) 親族会の決議に代わる裁判　「親族會カ決議ヲ爲スコト能ハサルトキハ會員ハ其決議ニ代ハルヘキ裁判ヲ爲スコトヲ裁判所ニ請求スルコトヲ得」（明民952条、人176条）との規定があった。

旧民法は、親族会を設けることができない場合には、裁判所が親族会の権限をもつこととなるとしていた（人176条）。その意味では裁判所の権限が限定されていた。

(ホ) 受任者の義務規定の会員への準用　「第六百四十四條［善管注意義務］ノ規定ハ親族會員ニ之ヲ準用ス」（明民953条）とされていた。

15　裁判所

明治民法においては、裁判所が後見監督機関として独自の地位を占めていたとはいい難いが、前述のような規定によって、すなわち、親族会の招集（明民944条）、親族会員の選定（明民945条）、親族会員の欠員補充（明民950条）、親族会決議と不服申立て（明民952条）、親族会決議に代わる裁判（明民952条）によって、裁判所も後見監督的役割を果たすようになっていたということができる。

明治民法の編纂者が後見人の代理権を財産行為に限定したのは、主として、後見人が被後見人である戸主を他家の養子にしたり、廃嫡にすることをできなくするためであり、身上監護上の意味を有する医療契約などはほとんど念頭にはなかったと思われる。この問題は、現在では、重要な医療行為については、後見人の代諾権の問題であり、生命の危険を伴うような医的侵襲行為については、後見人の権限は及ばないと解されているが、これらの点は意識されていなかったと考えてよい。

16　明治民法の後見規定に関するまとめ

(1)　他益後見の確立と「家」制度との調和

明治民法以降の後見法は、ヨーロッパ法の影響の下で、他益後見の原則に立って近代的後見制度の確立へと向かったものと評価できるが、日本的家制度との調和も随所で図っている。特に、以下の2点が重要である。

(a)　戸主の後見（明民903条）　家族制度が前提である以上、家産の有する生活保障的意義をも考慮すれば、戸主は家産の管理に適した者がなるべきであった。その意味で、明治初期以降、議論されてきたように、やむをえず幼年者が戸主になる場合（血統の重視は家制度からの要請である）には、後見が必要とされたのである。もっとも、仲継相続のような方法もなかったわけではないが、法はこれを認めていなかった。

(b)　親族会の役割　これに関しては、明治民法912条［欠けた場合の後見監督人の選任］、913条［後見人の更迭による後見監督人の選任］、926条［財産管理者の使用に関する同意］、927条［後見人の金銭寄託額の決定］、931条〜933条［財産管理に関する監督］と第7章［親族会］全体が重要であった。

(2) 後見監督人の必置

　この点は、他益後見との関連でもきわめて重要な点であったと思われるが、後見監督人と親族会との併存という状況の下では、機能的に重複する場合もあり、制度としてはよい評価を得られていなかったようである。後見監督人の必置は、現在のように、親族会が存在しない状況の下では、第三者による監督という観点から、全く異なる評価がなされるべきものであろう。

17　現行憲法の制定と民法の改正

(1)　新憲法の制定と民法改正

　明治憲法に代えて1946年に制定された日本国憲法24条において、「家族に関するその他の事項に関しては、法律は、個人の尊厳と両性の本質的平等に立脚して」制定されるべきである旨規定された。これは、家族法の領域にとっては特に重要な意味を有していた。「個人の尊厳」と「両性の本質的平等」の2原則を含む内容こそが、従来の家族生活において最も欠けていたものであったからである。これを受けて、日本国憲法の施行に伴う民法の応急的措置に関する法律が、憲法の施行と同時に施行された。同法により、男女の本質的平等を守る立場から、①妻または母であることに基づいて、法律上の能力その他を制限する規定は、もはや適用しない（同2条）、②婚姻・離婚における平等の実現（同5条）、③父母共同親権の原則の確立（同6条）、さらに、個人の尊厳を貫く立場から、④戸主制度を廃止し（同3条）、⑤家督制度を廃止し（同7条、8条）、⑥成年子の婚姻・離婚・養子縁組・離縁につき父母の同意を不要とした（同4条）。これらの改正は、民法改正要綱を経て、本書で扱う領域についても、以下のような改正となって現れた。

(2) 一般条項的規定の整備

民法1条に、私権と公共の福祉、信義則および権利濫用に関する規定が置かれた。このような一般条項は、規定が存在しなくても、解釈上、認めることは不可能ではないが、明記することによって、法的安定性が確保されたといえよう。

また、個人の尊厳と両性の本質的平等について定めた1条の2（現行2条）は、家制度の廃止、妻の無能力制度の廃止と相まって、広義の後見法の領域においても、解釈上の指導理念の転換をもたらすものであった。

(3) 妻の「無能力」制度の廃止

改正法は憲法の精神に則って、妻の財産を妻が処分するのに夫の許可を要する旨の規定（明民14条ないし18条）を削除した。なお、婚姻生活の費用も各自「その資産、収入その他一切の事情を考慮して」公平に分担すべきものとされた（760条）。

(4) 「法定後見」理念の転換

法定後見人に関する明治民法の規定は、家のための後見という理念に貫かれていたが、その根本の趣旨において「被後見人のため」の制度に変更されたものと解すべきである。このような思想的転換について、当時の法改正に関与した者の一人は次のように述べている。「国が国民全体のものであるためには、先ず家族生活が家族各員全体のものでなくてはならない。家の中の奴隷が、公の政治を論じたり、選挙を行ったりするときにだけ、主人でありうるということはない。」[注49]と。これは、家庭生活の民主化こそがこの時期における最も重要な課題であることを述べた含蓄のある文章である。

(5) 夫婦間における後見人の選任

1948年の改正では、「夫婦の一方が禁治産の宣告を受けたときは、他の一方は、その後見人となる。」と定めた。これにより、夫婦間の平等原則が導入された。そしてこの原則規定によって後見人など

が定まらない場合には、廃止された親族会に代わって、家庭（事）裁判所が親族その他の利害関係人の請求によって、選任することとされた。しかし、この夫婦間法定後見制度に関する規定は「人生50年」の時代背景の下で制定されたものであったため、社会の高齢化等により半世紀後（1999年）に廃止を余儀なくされることになった。

なお、この民法の改正と同時に、「戸籍法」「家事審判法」「家事審判規則」などが修正ないし制定され、民法の施行と同時に施行された。

18　旧禁治産制度の欠陥──1999年の法改正の理由

(1)　行為能力の制限

（準）禁治産宣告制度は判断能力の衰えた人の行為能力を制限する代わりに、保護者を付けるという発想であった。これは、しばしば不必要に本人の行為能力を制限し、法律行為の自由を奪うことになりかねないものであって、真の意味での本人の保護とは言えないものであった。真の人権擁護を実現するためには、何が本人保護であるのかについての発想の転換が必要であった。具体例をあげるならば、ドイツの世話制度においては、旧来の発想を捨てており、世話人がついても、本人の行為能力は原則として制限されないのである。

(2)　戸籍への記載

（準）禁治産宣告がなされると、裁判所を通じて本人の本籍地の市町村長に通知され、宣告があった旨が戸籍に記載された。しかし、親族の中には、これを嫌う傾向もみられた。そのために宣告を受けようとしない事態を招来することも少なくなかった。現行の成年後見登記は、これに対する対応であった。

(3) 資格制限

特に、禁治産宣告がなされると、それを理由とする「欠格事由」が多くの法律において規定されていた。99年の改正に際してかなり削減されたが、選挙権がなくなるという点（公職選挙法旧11条1号）は、1つの問題点とされていたが、2012年に東京地裁の違憲判決を経て当該規定は廃止された。

(4) 手続の厳格さ

鑑定手続を含めて手続が厳格であり、宣告がなされるまでの期間が長かった。1年以上もかかる場合さえあった。裁判所手続、特に、鑑定の合理化が法律改正と併行して検討された。法改正後は、相当に改善された。

(5) 夫婦間の後見

2000年3月までの旧840条によれば、夫婦の一方に後見人が付される場合には、他方が後見人になるものとされていた。しかし、高齢化は適切な配偶者後見人の任命を困難にする場合を多くした。例えば、90歳と89歳の夫婦について考えてみれば、問題点の所在は明らかであろう。

(6) 申立権者の限定

少子化や核家族化などの事由により、4親等内の親族が宣告の申立てをすることができない事例が増えてきた。検察官も事実上申立てをしないという事情があったため、手続開始時点で困難をもたらす事例が増えた。手続の導入について裁判所の職権主義を導入する方法（ドイツ方式）か、申立権者を拡大する方法か、で検討がなされたが、特別法の活用を通じて後者が採用された。

(7) 後見人の数

成年後見の質が向上してくると、後見人として専門家が必要である場合が明らかになってきた。例えば、財産管理は法律家、身上監護は社会福祉士や看護師というように。これを実現するためには、

複数後見人制度が必要であった。

(8) 鑑定費用

旧禁治産制度においては、鑑定費用が30万円から70万円と言われていた。現在のやり方に比べて費用がかかる方法であったため、利用者にとっては大きな負担であった。鑑定方法の合理化（類型化を含む）により、費用の低額化が検討された。

〈注〉
1 戒能通孝「後見法」穂積重遠・中川善之助編『家族制度全集　法律篇第三巻　親子』（河出書房、1937年）289頁（以下「戒能」と略記）。
2 戒能312頁。
3 明治29年4月27日法律第89号、明治31年6月21日法律第9号。
4 ボアソナード民法。明治23年法律第28号。
5 法典調査会・民法総会議事速記録（法務大臣官房司法法制調査部監修『日本近代立法資料叢書第12巻』（商事法務研究会、1984年）所収）131頁（以下「総会議事速記録」と略記）。
6 梅謙次郎『民法要義　巻之一　総則篇』（有斐閣、1896年）24頁（以下「梅・要義総則」と略記）。
7 梅・要義総則27頁。
8 梅謙次郎『民法要義　巻之一　總則篇』〔復刻叢書法律学篇12-1〕（信山社、1992年）557頁。
9 前掲・総会議事速記録141頁。
10 梅・要義総則33頁以下。
11 法典調査会・民法議事速記録六（法務大臣官房司法法制調査部監修『日本近代立法資料叢書第6巻』（商事法務研究会、1984年）所収）842頁（以下「議事速記録六」と略記）。
12 梅謙次郎『民法要義　巻之四　親族篇』（有斐閣、1899年）397頁（以下「梅・要義親族」と略記）。
13 梅・要義親族397-398頁。
14 議事速記録六851頁。
15 議事速記録六874頁。
16 議事速記録六878頁。
17 議事速記録六878頁。
18 議事速記録六875頁。

19 議事速記録六876頁。
20 鈴木ハツヨ『子供の保護と後見制度』(創文社、1982年) 204頁 (以下「鈴木・子供」と略記)、議事速記録六855頁 (梅発言参照)。
21 法典質疑会編『法典質疑問答 第4編 民法 親族・相続』(日本立法資料全集別巻40、信山社、1994年) 108頁 (以下「質疑問答」と略記)。
22 議事速記録六884頁。
23 議事速記録六885頁。
24 議事速記録六889頁。
25 法典調査会・民法議事速記録七 (法務大臣官房司法法制調査部監修『日本近代立法資料叢書第7巻』(商事法務研究会、1984年) 所収) 31頁 (以下「議事速記録七」と略記)。
26 中川善之助責任編集『注釈親族法(下)』(有斐閣、1952年) 166頁。
27 議事速記録六878-879頁。
28 議事速記録六894頁。
29 議事速記録六895頁。
30 鈴木・子供205頁。
31 議事速記録七3頁。
32 質疑問答108頁。
33 議事速記録七2頁。
34 質疑問答109頁。
35 議事速記録七34頁。
36 梅・要義親族483頁。
37 議事速記録七75頁。
38 議事速記録七59頁。
39 質疑問答111頁以下。
40 梅・要義親族508頁参照。
41 梅・要義親族432頁。
42 議事速記録七5頁。
43 議事速記録七17-18頁。
44 質疑問答110頁。
45 鈴木・子供206頁、議事速記録七20頁 (梅発言)。
46 議事速記録七26頁。
47 質疑問答111頁。
48 議事速記録七112頁。
49 中川善之助『新民法の指標と立案経過の点描』(朝日新聞社、1949年) 166頁。

第3章

成年後見法の理念

1 法定後見の概念内容と法的構成

　成年後見の「理念」とは、ここでは、とりあえず、指導理念ということにしておこう。後見という概念の歴史は前述（第2章）のようなものであるが、現代社会における後見はどのように理解すべきであろうか。後見は、中世・近世において自益権的性格を強めるにしたがって、家の財産に対する用益権（利用して収益をあげる権利）的性格が顕著になってきた。

　しかし、近代社会においては、他益的（被後見人の利益のための）後見へと理念が転換されたため、財産との関連における後見人の権限の中心は他人（本人）の財産に対する管理権となった。この権利の法的構成としては、法定代理（大陸法系）または法定信託（主として英法系）として発達することとなった。

2 翻訳との関連における「後見」

　日本には、後見という言葉が古くから存在したことは前述のとおりであり、また後にも述べるとおりであるが、明治の初期においてヨーロッパの法文化が移入される際に、ヨーロッパ語の後見に相当する語にいかなる言葉を当てるかについては、翻訳上の苦労があっ

たと思われる。

　明治16年12月印行・司法省蔵版『法律語彙初稾』（背文字は「法律語彙」）によれば、後見はラテン語のTutelleの訳語として用いられ、「『保護スル』ノ義」とされている。さらに〔釈解〕として、「無能力者ノ身並ニ財産ヲ支配セシムルタメニ設ケタル民法上ノ義務ナリ又其自家ノ身並ニ財産ヲ支配スル能力ヲ有セサル人ノ形状ヲモイフ　即チ幼者ノ後見　受禁者ノ後見　罪人ノ後見ノ如キ是ナリ」とされていた。

　同書では、この後に、「法律上の後見」「親屬議定ノ後見」「自任ノ後見（Tutelle officieuse）」「後見人」「假ノ後見人」「別段ノ後見人」「後見監察人」「共同後見人」「准後見人」等の語が続いている。おそらくは、ローマ法にルーツを有するこれらの概念をフランス語等で理解して、「後見」等の漢字を当てたものと思われる。この辞書は、本来、大木喬任が文部省在職中に一般辞書の企画として提起したものであったが、果たせないうちに司法郷に転任したので、「法律字書」の編成を司法省に命じて作らせたものとされている（同書「例言」）。

3　ローマ法・ドイツ法・フランス法における 後見の形態と理念

　日本民法の制定に際して模範とされた諸外国、特にヨーロッパの後見制度の歴史に目を転じてみよう。

　ローマ時代から現代に至るまでの流れの中で後見の存在形態を概観すると、まず、ローマ社会の歴史の枠内においても、段階的な進化があったとされている。[注1]ただし、そこでの進化の原因は、被後見人保護の思想の興隆と相まって、国家権力が後見を自らの事務として考慮し始め、その結果、純粋に家秩序内の問題から国家的監督を

伴う公的義務となり、後見人と被後見人との間に法的請求権が生じたためであるとされている。

(イ) ローマ法では、未成熟者または婦女のための後見（tutela）とその他の要保護者のための保佐（cura）とが区別されていたが、後の禁治産後見と準禁治産保佐との区別とは異なるものであった。しかし、後に、tutelaとcuraは混淆され、統合されて各国法に継受された。

(ロ) フランス法では、禁治産のほかに、全面的に治産能力を制限することは過酷に過ぎるような者のために一部の治産能力を制限した準禁治産保佐の制度を採用した。日本の準禁治産制度はこれに由来する制度である。

(ハ) ドイツ法では、ローマ法上の未成熟者のうち、7歳未満の者と精神病を理由とする禁治産者は意思能力を有しない者とした（ド民104条）。その他の理由による（準）禁治産者は意思能力を有する未成年者と同一の能力を有するものとした（ド民106条、114条）。なお、1992年以降は、成年者世話法の施行により、成年者に関しては、原則として、行為能力の制限を前提としない全く新しい制度に移行した。

4 もう1つの後見理念

しかし、日本社会には、言葉としてみる限り、もう1つの後見の理念があったのである。それは能や歌舞伎に登場する「後見」である。これは、もちろん財産管理などとは関係のない世界で登場するのであるが、もっぱら本人のために機能する後見である。歌舞伎で後見を用いる慣習は、能から引き継がれたものであり、袴後見が本来の姿であると言われている。「登場人物の演技を後見し、装束を直したり作り物や小道具をわたしたりする役」とされており、本人

に事故あるときは本人を代理して舞うこともあったという[注2]。

後に述べる法制度としての後見人の心は、武家社会の自益後見人の「心」ではなく、他益後見を前提として、能・歌舞伎の世界における後見人の「心」であってほしいと思い、ここであえて言及した。

5 成年後見と類似概念の対比

(1) 行為能力と成年後見人の権限

日本民法は、行為無能力（取消権の付与）と意思能力との関連を明らかにしなかったため、それは学説に委ねられたが、それでも、行為無能力の本質が明確にされたわけではなかった。特に、保佐人の権限（取消権等）については多くの問題点を内蔵していたが、これも、2000年施行の民法改正によってある程度明確になった（13条、9条ただし書など参照）。

日本の民法においては、成年後見人としての法定代理人は、財産を管理し、かつ、その財産に関する法律行為について被後見人を代表するとしている（859条）。なお、後見人の財産管理権は、不在者の財産管理権や相続人不存在の場合における財産管理権と同様に、原則として通常の財産管理のみを行う権限であると解すべきであるから、特別な財産管理（例えば、成年被後見人の居住用建物の売却や同賃貸借の解除など）については、家庭裁判所の許可を必要としている（859条の3）。

また、成年後見人は、成年被後見人の身上配慮についても義務を負っているが（858条）、生命の危険を伴うような手術に関する代諾については、成年後見人の権限の範囲に入らないと解されている。

(2) 未成年後見との対比

家制度の下での未成年後見は、必ずしも未成年の戸主本人のためではなく、本質的にはその家の財産を適切に管理するための制度で

あった。しかし、個人を単位として構成される近代社会の成熟に伴って、家制度下の庇護を受けない無産の市民が多く生じたが、後見制度はさしあたり無産の市民にとって関心事ではなかった。たまたま財産を有する未成年者がいても、その管理者は戸主ではなく、親であると考えられるようになった。これが親権者である。親権者は子の監護および教育をする権利を有し、義務を負っており、財産管理権および法定代理権を有しているから（820条、824条）、その限りで後見人を必要としないのである。したがって、未成年者のための後見は、親権の延長線上においてとらえられることになり、主として親権者が欠けた場合に登場することとなる。ただし、成年に近い未成年者が知的障害者である場合には、成年後には親権者がいなくなるので、成年後見人の選任手続が必要とされる場合がある（現行法では、親権者としての親または未成年後見人が成年後見開始の審判の申立権者になっている）。

　3世代以上が同居する大家族が原則的形態であった時代においては、後見の法的規制は未成年後見を原則として、禁治産後見について特別規定を若干おく程度でよかったし、後見は家族ないし親族の課題であるとの認識を前提とすることが可能であった。しかし、前述のような家族形態の変化と少子・高齢社会の到来は、このような家族的後見制度を根底から揺るがせることとなった。つまり、成年後見制度の課題を家族ないし親族の問題としてではなく、社会問題として受けとめなければならないことになったのである。独居の高齢者のような場合には、成年後見人を親族から探すことはしばしば困難であり、またその必要もない。これは、実態として未成年後見と成年後見の分裂を意味している。もちろん、未成年後見の場合にも第三者が後見人になることは可能であるが、一般論としては、子の幸せのために、依然として親族が望ましいという事情はあろう。

　「個」が確立された市民社会においては、自己の事務は自分で処

理するのが原則である（私的自治の原則）。財産についても家の財産ではなく各個人の財産であるから、その管理人としての成年後見人は親族である必要はない。成年後見人は、必要に応じて本人の財産を管理・処分して、本人の生活維持に配慮しなければならないが、成年被後見人の扶養義務を負っているわけではない。成年後見人は、財産管理については、善良なる管理者の注意義務を負うと同時に、適切な額の報酬を請求することができる（862条）。ここでも有償契約の論理が浸透しつつある。ただし、報酬の決定は、現行法上、裁判所の権限である。

(3) 財産管理と身上配慮

後見人は、前述のように、被後見人の財産を管理し、かつ、その財産に関する法律行為について被後見人を代表する（859条）。これは、後見人が被後見人の財産管理権を有することを定めた規定である。代表するというのは、本人を代理して法律行為を行うことができることを意味している。

成年後見人は、他方で、成年被後見人の生活、療養看護および財産の管理に関する事務を行うに当たっては、成年被後見人の意思を尊重し、かつ、その心身の状態および生活の状況に配慮しなければならない（858条）。「生活、療養看護」に関する事務とは、成年後見人が自ら成年被後見人本人の生活の面倒をみることを前提とするものではなく、生活に必要な介護給付を受けられるようにサービス提供業者と契約し、病気などのために必要であれば医療が受けられるように配慮することである。その際に、本人はその種の契約を締結するために必要な判断能力を有しない場合であっても、希望などの意思の表明は可能である場合が多いから、後見人はその意思を尊重すべきである。「心身の状態及び生活の状況に配慮」するということは、日常的な生活の見守りをしっかり行うべきであることを明記したものである。

(4) 成年後見と権利擁護に関する一般原則

この分野における近時の諸改革は、以下のような諸原則に従ってなされている。

(イ) 自己決定権の尊重　いかに素晴らしい権利が障害者や高齢者のために保障されても、それが権利者の意思に基づいて行使されない限り、それは単なる押しつけに過ぎないのであり、権利擁護の名に値しない。

(ロ) 補充性（補足性）の原則　前述のように、近・現代社会においては、各市民は、自己の事務は自力で処理するのが原則である。しかし、それが困難である場合には、社会連帯の理念に基づいて（共生の社会の理念）、国家的ないし公的援助がなされなければならない。

(ハ) 必要性の原則　国家的援助等がなされる場合にも、真に本人が必要としている限りのものが給付される必要がある。本人が自力で生活しているのに、周囲が「配慮」して後見人等を付するようなことは誤りであるし、一般社会の利便さ（しばしば取引の安全と言われる）のために契約締結能力を画一的に制限することも、この原則に照らして許されるべきではない（第14章5(2)参照）。

(ニ) 個人的ケアの原則　この原則は、前述の3原則とは次元を異にするものであるが、ここで述べておく。ここで問題とされる後見や権利擁護の内容には財産管理も含まれる。その結果、不動産等の高価な財産の管理を1人の弁護士が数十人分もやるようなことがあったら、どうであろうか。純粋に財産管理に限定すれば、ミスなく管理ができても、本人の顔も見たことがないままに、本人のための財産管理（これには本人とって望ましい消費が含まれる）ができるわけがないのである。「顔の見える」ケアとしての財産管理でなければならない。後見は、介護との接点を有する領域であるがゆえに、この原則が重視されるべきなのである。

6　後見概念の理念型

　2000年4月に施行された民法などの改正を契機として、成年後見法が大きく変化している。人類社会の発展史において後見制度はどのような意味を担ってきたものであろうか。これまでの研究成果[注3]を基礎にしてその概要をまとめておこう。

　第2章の冒頭でも述べたように、日本の歴史を概観すると、「大鏡」や「源平盛衰記」に「ウシロミ」や「後見」という語が出ているが、当時の日本における後見概念は、特に法律的・制度的な意味はなかったと言われている。以下では、本書の目的を重視して「後見制度」を取り上げることとしたい。[注4]

　後見制度はまさにその時々の社会の在り方と密接な関連を有しているから、個別的な国や民族との関連で検討することが必要であるようにも思われるが、洋の東西を問わず、共通する面が多いと言われているので[注5]、その共通点に依拠して、初めに後見の理念型を人類社会の発展との関連において概観しておきたい。

(1) 家族・封建制度と後見

　どの国のいかなる時期であるかは問わないこととして、家族的共同生活がなされ、封建的主従の関係が社会において一般的であった時代に、後見を必要としたのは、家長や領主が幼少である場合であった。それ以外の者が後見を必要とする事態が生じた場合には、その者を保護するのは家長であり（実際上、家族に後見を必要とすることはあったが、それは当然に家長権の内容＝義務であった）、領土的財産のみが問題であれば、その管理上の保護者は上級の封建君主であったから、例えば、代官のような管理者には、特に役職上の後見制度の必要はなかったと考えられる。必要に応じて管理者の交代はなされたであろう。

　この時代（中世・近世）の後見は、家長自身の幼弱のみがその発

生事由であった。このような後見は、決して「本人の利益保護」のためではなく、むしろ「家」財産の保持のために不可欠な制度であったから、家財産が一時的に後見人の下に属しても、最終的には家の財産として本人に復帰することが制度的に保障されていたのである。そのためには、家長に対して最近位の相続権者が法定後見人として就任することが最も望ましいことであった。このように家の財産の保持が重要な課題であったことは、後見制度と並んで、仲継相続（戸主が幼少であるときは他の者が一時的に家を相続し、幼少の戸主候補者はその相続人となる——後述）が広く行われていたことからも十分に推測できることである。

　日本の明治初期（近代黎明期）において、家長（戸主）の姉妹のために後見人を置こうとしても認められなかった例は、この時点の日本社会においては、家長のための後見理念が支配していたからであるとの解釈が有力である。[注6]

(2) 家長権の崩壊（親権・夫権の確立）と家族のための後見

　近代黎明期以降において、家長権が衰退すると、親権と夫権が相対的に強化されるようになった。すなわち、家長の支配が絶対的であった時代から、子や妻は家長よりもまずは親や夫の保護を受けるような時代になった。家長の制度は存続していても、その権力が衰退してくると、各家族が独自の財産を有するようになり、財産管理上の保護が必要となると、親や夫がその任にあたるようになったのである。

　この時代の後見は、親権的保護が欠けた幼者と、夫権的保護が欠けた女子のためにのみ開始されたということができる。しかし、「家」財産の保持という観点がなくなったわけではないから、後見人の資格は家族制度上の様々な拘束を受けていた。つまり、後見人になるには、一定の血縁関係が必要とされたり、後見人には被後見人を扶養すべき義務が課せられたりした。これは、後見人の資格と

して一定の親族関係が要求されていることを意味しており、法典編纂作業において「後見」が親族編に位置づけられる理論的根拠となる点でもあった。

その反面において、後見人には被後見人の財産に対して強力な支配権が認められていた。つまり、後見人は、被後見人の財産からの収益を自分が獲得してもよいとされていたのである（自益的後見）。これがある程度実現されている限り、後見人への報酬問題は発生しない。つまり、後見人からの報酬請求権は自益後見の否定の上に成り立つのである。

(3) 近代市民社会における個人法的後見

近代市民社会においては、各個人は市民として独自の法的地位を有する。もはや「家」財産を中心とした社会の単位はその意義を失い、個人を単位として構成される市民社会が、資本主義を経済的基盤としつつ次第に成立する。このような傾向は、近世後期においてすでに進行しており、このような社会の基礎構造の変化に伴って、子どもを含む無産の市民が多く発生するが、伝統的な後見制度はこのような無産者については興味はなかったのである。このようにして、子の監護権や財産管理権は家長の手から解放され、次第に親の下に移行した。ここに至っても、親権の保護下にある未成熟者については後見を必要としない。後見は親権の延長と解されていたから、親権者がいる限り、後見は問題とならなかったのである。

しかし、人権意識の向上に伴い、女子の地位は法の下の平等との関連等において強化され、女子後見は衰退ないし廃止されるに至る。明治民法で定められていた妻の無能力制度の廃止もこのような傾向と無関係ではなかった。

市民社会では、各市民は独自の判断で法律行為を行うのが原則（私的自治の原則）であるから（家制度＝「戸主による庇護」は後退する）、自己の事務の処理について適切な判断をするのに必要な精神

的能力を有しない者については、それに応じた保護（後見等）が必要になる（禁治産後見等の発生）。ここで問題になる財産は、必ずしも家の財産（親族が利害関係を有する）ではなく、個人の財産である場合も多いから、その管理にあたる後見人も親族である必要はなく、一種の財産管理人としての性格が強いものとなる。その結果、被後見人の財産からの収入を当然に取得する権限（自益的後見）を喪失すると同時に、その反面において、自益的後見の見返りに負担していた被後見人を扶養すべき義務を負担する必要はなくなる。後見人と被後見人との関係は、基本的には親族的関係から他人の関係に移行するから、財産管理については善管注意義務を負い、適切な報酬を受けることも可能となる（有償契約の論理の浸透）。同時に、財産目録の調製義務や担保供与義務等の規定もこれとの関連で理解することができる。

　しかし、他人（親族以外の第三者）による後見が可能であるとはいっても、親族的支援がもっていた様々な機能（身上監護など）を他人による個人的支援によって代替することは、しばしば困難である。親族的支援は広範であり、後見人の果たす機能には限られていなかったからである。例えば、後見人に対する監督機能（明治民法では親族会・親族を中心とした後見監督人等が行っていた）もその1つである。個人を単位とする市民社会にあっては、後見制度に関連して、他人による後見監督人の制度や後見裁判所制度（家庭裁判所）が発達せざるをえないのはそのためである。このような変化は、後見ないし後見監督の社会化であるといえよう。

(4) 後見の法形態

　制度としての後見のあり方を考える場合には、歴史的検討が必要になる。それなくしては、当該社会に定着しうるような制度の創設は困難だからである。

　後見の法形態（広義の法定後見）は、第2章3でも述べたように、

今日までに次の3つが認められている。すなわち、①一種の法定後見人（2000年3月までの旧840条）、②指定後見人（明民901条、903条、904条）③官選後見人、である。

7　成年後見の社会化と私的自治

　後見制が後見人の利益（自益的後見）である間は、後見人のなり手はいくらでもあった。むしろ、後見に関する規定の主要な役割は、後見人の順位を決定するなど、その運用を規制することにあったのである。近代的後見制度は、自益的後見としての性格を喪失していくに伴って、義務ないし負担としての性格が強くなる。後見関係に有償性の論理が浸透していない段階においては、この義務的性格は重要である。有償性の論理が浸透すれば、対価を得るということが仕事をすることの動機づけになるが、自益的後見から他益的後見への過渡期においては、社会的義務等の義務的要素がなければ、仕事の動機づけが困難だからである。

　近代法の衣をまとった後見法が妥当する社会は、一定の家族形態を前提としていると解すべきであろう。日本社会でいえば、第2次世界大戦の終了後間もなくの時点までがその時期であったのではないかと思われる。その後においては、核家族化が都市・農村社会を問わず全社会的規模において進行し、高齢者と若・壮年者の同居が基本的になくなり、他方では、少子化と高齢化が進行するような社会においては、近代法の衣をまとった家族的後見制は崩壊せざるをえない。特に少子・高齢化の傾向は後見制度を家族の枠組みから解放せざるをえないことになる。最近の統計によれば、1人の女性が一生に産む子どもの数は平均約1.3人弱であるという（2006年厚生労働省発表、14年度は1.4である）。高齢化のために80歳代の第1世代の3組6人の夫婦が健在であるとして、第2世代の数は4人であり、

第3世代の数は2人強である。この2人ないし3人は10人の尊属の老後をみることはほとんど不可能に近い。一般論としては、それは現実の介護が不可能であることを意味するばかりでなく、費用負担の面でも通常は困難を伴うであろうことが予想される。

このような状況は、後見と扶養と相続とがそれぞれ無関係なものとして規制されている「近代」法の弱点をさらけ出すことにもなっている。[注8]

まず、成年被後見人候補者が財産を有している場合には、多くの問題が解決可能である。有産の成年被後見人は、自分の財産で生活すればよいから、扶養義務は経済的負担としては問題にならない。自己の財産の適切な消費を援助してくれる者の確保が問題となるだけである。もっとも、自己の財産によって生活をするとはいっても、財産管理のための判断能力を有しない場合には、私的自治の原則が支配する社会では、補助者が必要になる。これを家族的後見の枠組みにおいて実現できるかというと、それは一般的には困難であろう。前述の第3世代の者（2人）が最大限10人の後見を行うことは実際上不可能だからである。仮に、第3世代の者が後見人となりうるときには、被後見人はすでに半数になっているとしても、困難さに変わりはない。ここにおいて後見の社会化（成年後見の家族的枠組みからの解放）の問題が生じる。

相続問題についても、有産者は報酬を支払って弁護士などの専門家に処理して貰えばよいから、死後の財産処分はそれ自体深刻な問題ではない。

しかし、遺言等の利用により、自己の死後の財産等の処分はできるが、自分が認知症になった後、死亡までの間の財産管理の問題は多くの者にとって深刻である。そこで、私的自治の原則の下で、任意後見契約（後述）等によりこれに対応することにならざるをえない。そのような意味でも、1999年の民法改正と同時に創設された

任意後見制度を大切に育成することが今後の重要な課題である。すなわち、成年後見の社会化を前提としたうえで、私的自治の制度化が新しい課題となるのである。

8　成年後見制度と無産者

しかし、問題は、有産者以外の場合においても生じている。それは、戒能通孝氏もいみじくも指摘されているように、財産を有しない者の後見制度のあり方である。同氏は「寧ろ財産の多寡に応じて後見人の為すべき事項に差別を設ける必要も少なくないであろうと思われる」[注9]と述べたうえで、形式上はともかく実質上扶養（介護を含む）をすべき者が欠けている、との指摘を行っているが、これは重要な観点である。現代社会においては、成年後見の社会化が問題であり、その現実的存在形態が問われている。「差別を設ける」という表現は、必ずしも適切ではないが、経済的・社会的実態に合致した制度を用意することは大切なことである。

この問題に対する答えは、広義の公的後見制度による対応しかないであろう。しかし、これを安易に導入することは問題の根本的解決にはならない。安易に導入された公的制度は、無制限に公的資金を必要とすることになりかねず、導入後間もなく財政的に破綻してしまうであろうからである（第11章3(6)(h)など参照）。

9　後見の法的性質──支配権・用益権・管理権

(1)　後見の理論的構成

後見が財産支配権的性格を有したものであったことは、すでに述べたとおりであるが、後見が中世・近世において自益的なものになるに応じて、用益権的性格が顕著になった。しかし、近代的後見は

次第に他益的後見となり、後見人の権限は他人の財産の管理権となったため、その法的構成としては、法定信託または法定代理の一種として発達することとなった。近代的信託においては、財産の形式的・対外的帰属と実質的・対内的帰属とを分け、前者の帰属主体が財産管理を行うという法的構成をとるのに対して、代理は、財産の帰属主体と管理主体とを分け、後者が管理行為として行った法律行為の効果は、直接に前者に帰属するという法的構成をとっている。[注10]

(2) 後見人の特別な権限

日本民法においては、後見による法定代理人は、財産に関する法律行為について被後見人を代表することとしている（859条）。なお、後見人の財産管理権は、不在者の財産管理権や相続財産の管理の場合と同様に、原則として通常の財産管理のみを行う権限であると解すべきであるから、特別な財産管理（例えば、成年被後見人の居住用建物の管理等）については、家庭裁判所の許可を必要とするのが望ましい（859条の3参照）。成年被後見人の生活環境に大きな影響を与えるからである。これも後見の社会化の一局面である。

10 後見監督機構の変遷

後見事務が適切に行われるためには、これを監督する機関が必要である。その1つが後見監督人であるが、後見制度におけるその位置づけも社会の変遷とともに変化している。

(1) 必置機関としての後見監督人

1947年の改正までの明治民法によれば、後見人には必ず1人の後見監督人を付することとし（明民910条〜913条）、後見人が重要事項を処理するときは後見監督人および親族会の監督に服し、その同意を要するものとしていた（明民921条、922条、929条、931条）。

(2) 任意機関としての後見監督人と裁判所による監督

　第2次大戦後の民法改正により、戸主および親族会は廃止され、後見監督人を任意機関とし、父母親権の同時・共同行使の原則を採用した。指定後見人がいない場合には、配偶者後見（2000年3月までの旧840条）の場合を除いて、後見人は家庭裁判所によって選任され、後見監督人がいない場合には、家庭裁判所の直接的な監督の下に置かれることとなった。

(3) 後見監督の社会化

　このように、後見制度が全体として親族的自治から解放され、積極的な官選後見制度の導入により、後見の社会化が飛躍的に進行し、それは家庭裁判所の監督によってさらに確実なものとなった。これは後見監督の社会化の第一段階と呼ぶことができよう。

　第2次大戦後に親族会等の監督が廃止されたことは、一面において重要な進歩であるが、他面において社会的経験を有する高齢者等による助言が得られなくなる等のマイナス面を認めざるをえない。したがって、成年被後見人の財産管理および身上監護を成年後見人に完全に任せてしまってよいかは、検討を要する点である。ここでは、特に、家庭裁判所の役割に注目しなければならない。

11　事実上の成年後見

　成年後見人の選任につき、申請主義をとっている場合には、近親者等によって事実上の後見が開始されても、司法上の手続を踏んでいないために、法的権限を有する後見人が存在しない場合が生じる。これは委任または他人の事務の管理（判断能力を事実上欠く場合）の関係であるから、これらの場合には、委任（643条以下）や事務管理の規定（700条、701条）をどこまで適用ないし類推適用できるかが解釈論上の問題点となる。明らかに法的対応が必要である場

合には、成年後見などの審判の申立てを勧め、申立権者などがアクションを起こさない場合には、市町村長申立ての制度（第9章参照）を利用すべきであろう。

旧禁治産宣告（現後見開始審判）が即時抗告により取り消された場合において、その間に後見人が行った法律行為の効力も問題である。旧人事訴訟法には「禁治産ノ取消前ニ於テ後見人力為シタル行為ハ其効力ヲ変セス」との規定（61条）があった。現在は、このような規定はないが、取引の安全のために表見代理の規定を類推適用すべきであろうか。

12 成年後見法と社会福祉関係法の理念の交錯

司法と社会福祉の協調の観点から、以下の点について指摘しておきたい。

(1) 法の理念における相違点と類似点

成年後見法は、現在のところ、民法の枠組み内に存在しているから、意思表示の補完のための制度であるといえる。

これに対して、社会福祉法においては、その主要な目的は社会福祉の増進である。制定法としての社会福祉法は、他の法律と相まって、その目的を達成しようとしている。成年後見制度に最も近接して存在しているのは、社会福祉法上の第2種社会福祉事業に位置づけられている「福祉サービス利用援助事業」（社会福祉協議会が行う場合には地域福祉権利擁護事業）である（最近では、日常生活支援事業という。第4章二参照）。

(2) 法適用上の留意点

例えば、法定代理権を有する成年後見人は、その代理権の範囲内であれば、必ずしも本人の意思を尊重しなくても、本人の利益を客観的に配慮していれば独自の意思で物事を決定してよいか、という

問題を考えてみよう。民法858条は、具体的な「事務を行うに当たっては、成年被後見人の意思を尊重し、かつ、その心身の状態及び生活の状況に配慮しなければならない。」と定めている。これは、通常の財産法上の善管注意義務の枠を超えた義務である。もちろん、民法が定めている義務であるから、民法上の義務であることに間違いない。しかし、このような本人意思の尊重という思想は、社会福祉法の世界と共通のものを有していると考えるべきである。

13 任意後見法の理念

(1) 私的自治と後見

自分の事務は自分で処理するという原則は、近代法上の私的自治の原則からすれば当然のことである。しかし、それができなくなる状況が生じることがあるので、前述のように、法定後見制度が用意されているのである。とすれば、そのよう事態を予測して、信頼できる他人との間において「後見」に関する民法上の事務処理契約を締結しておくことが考えられる。これは、本質的には委任契約の効力の問題である。このような契約も基本的には可能であると解することができるが、しかし、問題は残されている。

(2) 「コモンロー」上の原則と委任契約

日本の民法典にも委任契約が規定されており、これは、特に信頼関係に基礎をおく契約であると理解されている。自分が信頼している者に事務処理を依頼した場合に、その信頼が崩れればいつでも契約を解除することができるようになっているのもそのためである。つまり、受任者の権限濫用のようなことが生じないための担保は、委任者によるコントロールなのである。そうであれば、判断能力が低下して、受任者に対する適切なコントロールができない状態になった場合には、その委任契約が有効であるための基礎を失うとい

うように考えられなくもない。

イギリスの「コモンロー」によれば、このような場合には、委任契約は効力を失うのである。したがって、そのような事態を予想して、特に委任契約を結び、かつ、それを有効なものとするためには、制定法によって、監督などの面から一定の配慮を行う必要があった。日本の任意後見法（第7章参照）もそのために制定されたものであるから、そのような趣旨において、理解しなければならない。

(3) 「任意」後見における監督と国家——法定後見との接点

日本の法律でも、家庭裁判所が任意後見監督人を選任することによって、任意後見契約が機能するように仕組んであるのは、上記のような理由のためである。「任意」後見とは、本人の意思に基づくものという意味であるが、そこに国家が関与すること（任意後見監督人の選任）によってシステムとして完成するという意味では、その限りで「法定」の要素を有しているという評価も可能である（詳しくは第7章で述べる）。

〈注〉
1 椿寿夫「年齢後見の進化」法学論叢60巻3号（1954年）51頁。ここで、3段階とは、法定後見、遺言後見、官選後見であるとされ、これに応じて、権限縮小、義務拡大、責任重化が見られたという。
2 戸井田道三『能の辞典』（三省堂、1984年）242頁。
3 石井良介『民法典の編纂』（創文社、1979年）、於保不二雄編『注釈民法㉓』前注（於保不二雄）（有斐閣、1969年）190頁以下（以下「注民㉓〔旧版〕」と略記）、於保不二雄・中川淳編『新版注釈民法㉕』前注（於保不二雄、山口純夫、久貴忠彦）（有斐閣、1994年）および同書引用の文献、戒能通孝「後見法」穂積重遠・中川善之助編『家族制度全集　法律篇　第三巻　親子』（河出書房、1937年）（以下「戒能」と略記）ほか。
4 後見というのは、前述のように、歌舞伎等でも登場する。歌舞伎で後見を使う習慣は能からそのまま受け継がれたようである（前述4参照）。
5 戒能309頁、中田薫「東西封的後見制ノ比較」国家学会雑誌31巻1号（1917年）117頁（同『法制史論集　第1巻』（岩波書店、1994年）に所収）。

6   中川善之助『略説　身分法学』(岩波書店、1930年) 204頁以下、特に210頁。戒能312頁参照。
7   戒能321頁。
8   最近の文献として、日本家族〈社会と法〉学会「扶養と相続」(家族〈社会と法〉No.14、日本加除出版、1998年)、比較家族史学会監修・奥山恭子・田中真砂子・義江明子編『扶養と相続』(早稲田大学出版部、1998年)
9   戒能323頁。
10   注民㉓〔旧版〕195頁。

第4章

介護保険法の同時施行と地域福祉権利擁護事業の位置づけ

一 成年後見法の成立と介護保険法との同時施行

1 はじめに

(イ) 国際的背景　1970年代から国連等において障害者の人権宣言などがなされ、それを前提として欧米各国で関連法律等の改正がなされた。フランスでは1968年に、オーストリアでは1984年に、ドイツでは1992年に民法改正法が施行された。イギリスでは持続的代理権法（THE ENDURING POWERS OF ATORNY ACT=1985）は一種の任意代理権を法律によって定めているが、精神保健法（THE MENTAL HEALTH ACT=1985）は一種の法定代理権を規定している。日本にとっては、民法の母法である大陸法系の国々の民法改正が、直接的な刺激になったということができる。

(ロ) 社会的背景　日本における少子・高齢化の進行は、前述の諸国に比べても急速である。それに先行した核家族化も加わって、高齢者などの介護や後見は深刻な問題となった。もはや家族内の高齢者問題は、単に家族内問題ではなく、社会問題化していたのである。家族のあり方をめぐっては多くのイデオロギーの対立があるが、高齢者問題はもはや社会問題として真正面から受け止める以外になかった。

(ハ) 社会福祉システム上の問題　すでに述べたように、戦後日本の社会福祉はその基礎構造を改革することなしには、社会の変化に対応することができない状態になってきた。社会福祉はもはや単に経済的・社会的弱者のためのものではなく、福祉サービスを必要とするすべての市民のものとなった。高齢化と少子化によって、老後のために財産を蓄えた者もそれを適切に消費することができない（そのための判断力がない）状況が多くの者にとって生じているのである。

(ニ) 法的システム上の問題　旧禁治産宣告制度等の硬直性、人権に対する配慮の不足などにより、法的にも社会の変化に耐えられない状況が生じていた（後述本章二も参照）。この問題は、法的システムによる対応が重要であると同時に、法的システムだけでは対応しきれないところに大きな問題がある。後述（本章二）の地域福祉権利擁護事業などが大きな役割を果たしているのはその証左である。また、この問題を根本的に考えていくと、相続や扶養のあり方をめぐる問題に行き着く。それは、民法が両者を無関係なものとして規律していることをどう評価するか、という問題でもある。

(ホ) 契約を手段とする取組み　任意後見契約（契約後見）をどのように位置づけるか、という問題も重要である。契約当事者の一方（後見を必要とする者）がその相手方をコントロールすることが事実上できない状態において、この契約の履行がなされることになるという点に法的難しさが潜んでいる。現在の任意後見法においては、この問題に対する一応の手当てはなされているが、通常の委任契約とセットで任意後見契約が締結されると、その部分（任意後見監督人の選任前）において監督が欠落する事態が生じる。現に、それが大きな社会問題になっている（第6章参照）。

2 契約を媒介とする社会福祉サービス

　社会福祉の基礎構造改革により、高齢者で介護など生活上のサービス（例えば、施設入所）を必要とする者に対しては、行政が措置によってそれを実現するという従来からの方法を原則として止め、本人が希望するサービス給付について、本人自らがその業者と契約を締結するという方法に移行した。国民は一定の年齢から介護保険法に基づいて保険料を支払い、一定の要件を充足すると（要介護認定など一定の手続が必要）、介護保険給付を受けることができるが、この時点ではすでに、被保険者が自ら給付を実現するための手続を行うのに必要な判断能力を失っていたり、または不十分になっている場合も少なくない。重度の認知症の高齢者などは、その例であろう。

　2000年4月から介護保険を実施するために、それに間に合うように要介護認定（後述）などの手続を完了しなければならなかった。しかし、新しい成年後見法は介護保険法と同時施行の予定であったから、新しい手続のもとで選任された成年後見人などが、介護保険実施の準備のために本人を支援したり、代理したりすることはできなかった。そこで、厚生省（当時）は、1999年秋から地域福祉権利擁護事業（本章二で扱う）を創設し、本人と地域の社会福祉協議会との契約を前提として、生活支援員（地域の社会福祉協議会に所属している）によって本人の利益ないし権利を擁護しようとした。

　この事業は後に、社会福祉法上の「福祉サービス利用援助事業」として位置づけられ、このうち社会福祉協議会が実施するものを地域福祉権利擁護事業と呼ぶこととなった。さらに近時「日常生活自立支援事業」と呼ばれるようになった。

　介護保険の要介護認定はケアマネジャー等が行うが、制度の理念としては、その際に本人側に立って、本人の言いたいことなどを代

弁しうる者として(本来は、成年後見人の役目であろうが)地域支援員の役割が期待されていたということもできよう。

このように、当初は、介護保険との関係を中心に、「措置から契約への転換」が実施されてきたが、2003年度から、身体・知的障害者についても、契約を媒介とするサービス提供方式が導入され、これは「支援費制度」と呼ばれた。さらに、これは2006年度からは、障害者自立支援法に基づく制度に移行している。すなわち、障害者の地域生活と就労を進め、自立を支援する観点から、障害者基本法の基本的理念に則り、これまで障害種別ごとに異なる法律に基づいて自立支援の観点から提供されてきた福祉サービス、公費負担医療などについて、共通の制度の下で一元的に提供する仕組みを創設することとした。そのために、自立支援給付の対象者、内容、手続など、地域生活支援事業、サービスの整備のための計画の作成、費用の負担などを定めるとともに、精神保健福祉法などの関係法律について、所要の改正を目的とした障害者自立支援法が2005年秋に成立したのである。同法によれば、①サービス提供主体を市町村に一元化し、障害の種類(身体・知的・精神など)にかかわらず、障害者の自立支援を目的とした共通の福祉サービスを共通の制度により提供することとした。②一般就労へ移行することを目的とした事業を創設する等、働く意欲と能力のある障害者が企業などで働けるように、福祉側から支援することとした。③市町村が地域の実情に応じて障害者福祉に取り組み、障害者が身近なところでサービスを利用できるように、空き教室や空き店舗の活用も視野に入れて規制を緩和する。④支援の必要な度合いに応じてサービスを公平に利用できるように、利用に関する手続や基準を透明化、明確化する。⑤増大する福祉サービスなどの費用を皆で負担し、支え合う仕組みを強化するという考え方の下で、利用したサービスの量や所得に応じた「公平な負担」を求めることとし、国の財政責任の明確化も定めら

れている。

　障害者自立支援法は、平成24年に改正され、平成25年4月1日に施行され、地域社会における共生の実現に向けて新たな障害保健福祉施策を講ずるための関係法律の整備に関する法律（障害者総合支援法）と改称された。本法律では、障害者の定義に難病等を追加し、平成26年4月1日から、重度訪問介護の対象者の拡大、ケアホームのグループホームへの一元化などが実施されている。

3　介護と後見の区別——理念と現実

(a)　社会福祉の基礎構造改革　　福祉サービスの分野における「措置から契約へ」の転換は、前述のように、高齢者については2000年4月から施行され（介護保険）、新成年後見法（民法改正など）も同時施行であった。当時は、新成年後見制度への期待が過大であり、本来成年後見制度に期待しえない事項までも期待している者もいた。その最も大きな原因は介護と後見とが十分に区別されていなかった点にあった。抽象的にいえば、それは、成年後見制度の改革が司法制度内部での改革であるという点についての認識が、その当否は別として、一般市民の間で不十分であったということを意味している。

(b)　日常生活のサポート　　人が日常の生活を維持していくためには、衣食住が現実に確保されなければならない。貯蓄があり、または年金収入があるので、経済的には自活ができる高齢者でも、身体や判断能力に衰退や障害があるため、「衣」や「食」を購入することができない者もいる。その場合には適切な「住」環境の維持も難しいであろう。これに対して、身体障害のみであり、判断能力は十分にあるという場合には、自らの判断で親族や友人、さらにはボランティアに援助を依頼すること（この場合には民法上の委任契約に

該当する）が可能である。しかし、その場合でも、適切な（信頼できる）人を独力で見出すことができない場合も少なくない。

　身体障害者をも含めて、認知症が出始めている高齢者や知的障害者、精神障害者については、そもそも援助を必要とするか否かに関する判断についてサポートが必要な場合も少なくない。援助の要否のみならず、援助の種類や質を含めて、専門家のサポートが求められている場合もあろう。

　「衣」については、例えば、日常の洗濯や衣類の購入等について援助をしてくれる者が必要であろう（ホームヘルプサービス）。

　「食」については、自分では調理ができない場合や食物の摂取自体が困難である場合等には、それに対する援助が必要である（給食サービス＋α等）。

　「住」についても室内の清掃などから始まって、改築（例えば、バリアフリー化など）のための援助などが必要である。最近、多くの高齢者が悪質なリフォーム業者の餌食になっているのは、ゆゆしき事態である。適切なサポートがあれば、このような被害は相当程度回避することができよう。

(c)　**成年後見の役割**　　成年後見人には、これらのサービスを成年被後見人のために自ら行うべき法的義務は課せられていない。適切なサービス提供業者を選択して必要な契約を締結し、本人の資産から費用の支払いをすることが成年後見人の主たる仕事なのである。もちろん、親族が後見人になっている場合などには、事実上、これらの仕事の全部または介護サービスの一部を成年後見人が自ら行うことはあるだろう。しかし、それは成年後見人としての義務の履行ではない。また、本人が不必要なリフォーム契約を締結してしまったような場合に、これを取り消すことによって本人の財産を守ることも、後見人の重要な仕事の1つである。

(d)　**介護保険制度と成年後見制度は車の両輪**　　2000年4月にお

ける介護保険と新成年後見法の施行当時には、両者は車の両輪であると言われた。措置の場合のように福祉サービスの給付（選択など）について本人の判断を必要としないシステムから、サービス実現のためには本人の意思表示（契約）を必要とするシステムに移行した以上、判断能力の不十分な人には法定代理人などの支援者が必要となる。つまり、契約による福祉サービスの実現のためには、利用しやすい成年後見制度の実現が不可欠であったと言うことができる。これが介護保険と成年後見制度の「車の両輪」の意味であった。

改革の実現段階では、これに第5章で述べる地域福祉権利擁護事業が成年後見制度を補完するものとして加わり、「両輪」はスムーズに動き始めたということができよう。

4　介護保険

高齢化の急速な進行に伴い、介護を必要とする高齢者が増える一方で、介護の長期化や親族等の介護者の高齢化が進むなどにより、これまでのシステムでは介護問題に適切な対応ができなくなってきた。介護保険制度は、高齢者のこのような状況を前提としつつも、できる限り地域で自立した日常生活を営み、人生の最後に至るまで人間としての尊厳を全うできるようにするために、介護を必要とする人を社会全体で支える仕組みとして2000年に創設された。

介護保険制度におけるサービスの利用方法については、2000年3月までの行政による措置制度から利用者が自ら選択し契約する利用者本位の制度へと、その仕組みが大きく変わった。その根本理念の変更と成年後見制度とが関連を有している点は、前述のとおりである。また、介護に関する福祉サービスと保健医療サービスが総合的・一体的に提供され、公的機関のほか、多様な民間事業者の参入促進が図られ、効率的で良質なサービスが提供される仕組みが目標

とされた。なお、2006年度以降にも同法の改正が実施された。

(1) 介護保険制度の仕組み

健康保険は被保険者証を持参して医療機関で受診するだけで保険給付を受けられるが、介護保険の場合には被保険者証を持っているだけでは保険給付を受けることはできず、必ず要介護認定を受けなければならない。

介護保険法では、日常生活において介護を必要とする状態を意味する要介護認定（27条）と、日常生活に見守りや支援を必要とする状態を意味する要支援（32条）の2種類の認定が別々に規定されている。このため、2種類の認定の総称としては「要介護認定等」などとするのが正確な表記である。しかし、手続はほぼ同一であり、また要介護認定を申請したのに要支援の判定がなされたり、その逆がなされたりすることもありうる（35条）。

要介護認定の手続は、以下の通りである。

(イ) 要介護認定を受けようとする介護保険被保険者は、保険者（市町村及び特別区。以下、「市町村」と略す）に対し、要介護認定の申請を行う。

(ロ) 申請を受けた市町村は被保険者宅（または、入院・入所先）に調査員を派遣し、認定調査を行う。

(ハ) 同時に、市町村は申請書で指定された医師（主治医）に対し、主治医意見書の作成を依頼する。

(ニ) 認定調査結果と主治医意見書は、あらかじめ国の定めた基準により、介護にかかる時間（要介護認定基準時間）に評価される（一次判定）。

(ホ) 5名以上（更新申請の場合は3名以上）で構成される合議体により介護認定審査会が行われ、一次判定結果および認定調査結果、主治医意見書を総合的に勘案し、要介護度および認定有効期間が最終的に判定される（二次判定）。

第4章　介護保険法の同時施行と地域福祉権利擁護事業の位置づけ　79

(ヘ)　市町村は、同審査会の二次判定結果を受けて、要介護認定の結果を被保険者に通知するとともに、介護保険被保険者証に要介護認定の結果を記載する。

　要介護度（要介護状態区分等）は、次のように区分されている。被保険者の介護を必要とする度合いとして、最も軽度の要支援1から最も重度の要介護5まで、7段階の介護度数が設けられている。制度上は、要介護状態区分と要支援状態区分の総称として要介護状態区分等とするのが被保険者証の表記にも見られる正確な表現であるが、一般には要介護度などと通称されている。

　最も軽度の要支援1にも該当しない場合（「自立」とも呼ばれる）や、第2号被保険者で特定疾病に該当しない場合は非該当となり、保険給付を受けることができない。「特定疾病」については、末期がん、関節リウマチ等、厚生労働省令により16の疾病が定められている。

　「要介護状態」とは、身体上または精神上の障害があるために、入浴、排せつ、食事等の日常生活における基本的な動作の全部または一部について、厚生労働省令で定める期間（原則として6か月間）にわたり継続して、常時介護を要すると見込まれている状態であって、その介護の必要の程度に応じて厚生労働省令で定める区分（以下「要介護状態区分」という）のいずれかに該当するもの（要支援状態に該当するものを除く）をいう（7条1項）。要介護状態には、要介護1から要介護5まで5つの要介護状態区分が設けられている。要介護状態にある被保険者を「要介護者」という（7条3項）。

　「要支援状態」とは、身体上若しくは精神上の障害があるために入浴、排せつ、食事等の日常生活における基本的な動作の全部若しくは一部について厚生労働省令で定める期間（原則として6か月間）にわたり継続して常時介護を要する状態の軽減若しくは悪化の防止に特に資する支援を要すると見込まれ、または身体上若しくは精神

上の障害があるために厚生労働省令で定める期間にわたり継続して日常生活を営むのに支障があると見込まれる状態であって、支援の必要の程度に応じて厚生労働省令で定める区分（以下「要支援状態区分」という。）のいずれかに該当するものをいう（7条2項）。要支援状態には、要支援1と要支援2の2つの要支援状態区分が設けられている。要支援状態にある被保険者を「要支援者」という（7条4項）。

(2) 低所得者の利用者負担軽減措置の主なもの

　これについては、国の特別対策と区市町村などによる支援策とがあるが、詳細は割愛する。

5　介護保険制度で利用できるサービス

　以下の説明も、東京都におけるサービスを前提としている。

(1) 要介護1から5の場合

　介護給付に関しては、介護保険法40条（給付の種類）～62条参照。

　(a) 在宅サービス(以下の※印の意味については、後述(2)参照)

　①居宅介護支援※、②訪問介護（ホームヘルプサービス）※、③訪問入浴介護※、④訪問看護※、⑤訪問リハビリテーション※、⑥居宅療養管理指導※、⑦通所介護（デイサービス）※、⑧通所リハビリテーション（デイケア）※、⑨短期入所生活介護（福祉系ショートステイ）、⑩短期入所療養介護（医療系ショートステイ）※、⑪福祉用具貸与※、⑫福祉用具購入費※、⑬住宅改修費※、⑭特定施設入居者生活介護※

　(b) 施設サービス

　①介護老人福祉施設（特別養護老人ホーム）、②介護老人保健施設、③介護療養型医療施設（療養病床等）

　(c) 地域密着型サービス

　これは、住み慣れた地域での生活を続けられるよう、地域住民の

利用を基本としたサービスを提供するものである。

①定期巡回・随時対応型訪問介護看護、②夜間対応型訪問介護、③小規模多機能型居宅介護※、④認知症対応型通所介護※、⑤認知症対応型共同生活介護、⑥地域密着型介護老人福祉施設、⑦地域密着型特定施設入居者生活介護、⑧看護小規模多機能型居宅介護

(2) 要支援1・2の場合

これは、介護予防サービスとして、介護予防通所介護や介護予防通所リハビリテーション、介護予防訪問介護、介護予防福祉用具貸与など16種類のサービス（前記(1)「要介護1～5の場合」の※印が付いたサービス）について生活機能を維持向上させる観点から、軽度者に適した内容・期間・方法で提供される。

なお、介護予防・日常生活支援総合事業を開始している場合には、介護予防通所・訪問介護は区市町村が実施する「介護予防生活支援サービス事業」で提供される。

(3) 認定結果が「非該当」などの高齢者

① 介護予防生活支援サービス事業：要支援者や基本チェックリストに該当した方を対象として介護予防や配食・見守り等の生活支援サービスを総合的に提供する事業

② 一般介護予防事業：全ての高齢者を対象とした介護予防に関する知識の啓発や地域における介護予防活動への支援を行うとともに、住民主体の通いの場へのリハビリテーション専門職の派遣などを行う事業

介護予防・日常生活支援総合事業の開始年度は、平成27年度から平成29年度まで区市町村毎に異なり、開始していない区市町村では従前の介護予防事業を実施。

なお、本章で述べた介護サービスに関する東京都のデータは、東京都『社会福祉の手引　2015』（都民情報ルーム）に負うところが多い。最新の詳しい情報については、同書の最新版を参照されたい。

二　地域福祉権利擁護事業等の位置づけ

1　地域福祉権利擁護事業と事業主体

　地域福祉権利擁護事業（日常生活自立支援事業）等という場合の「等」とは、地域において社会福祉の充実のために機能している諸団体が行っているサービスや制度を意味している。

(1)　事業の意義——契約的基礎

　自立した生活を送ってきた独居の高齢者が、蓄えた預金や年金で生活しているが、悪徳業者（悪質な不動産業者や訪問販売業者など）に狙われるおそれがあるため、預金通帳や不動産の権利証などを安全な場所または機関に保管したいと考える場合に、どうしたらよいであろうか。銀行の貸金庫などでの保管も考えられるが、この方法は日常的に使う通帳などには不向きであろう。安心して通帳などを預けることができて、しかも日常生活（特に消費生活）に必要な金銭の出し入れについても援助が得られれば、高齢者の日常生活上のニーズに合致することになる。

　このような場合には、居住している区市町村の社会福祉協議会（以下「社協」という）を訪問して、地域福祉権利擁護事業（日常生活自立支援事業）（以下「地権事業」という）の利用を申し込めばよい。社協（正確には、直接地権事業を担っている場合とそうでない場合とがあり、前者を基幹社協といい、その他は協力社協という）の専門員がこの制度について説明して、申込者が利用資格を有するか否かも判断してくれるはずである。判断能力を不十分ながらも有している者、すなわち、定型的な内容の契約（一定額の利用料、月額1000円程度を支払うことなど）を、社会福祉法人である地域の社協との間で締結することができる程度の判断能力を有している者であれば、この制度を利用することができる。高齢者などは、これにより、地域社協

が派遣する生活支援員を利用することができる。生活支援員は、具体的には、公的年金関係の手続を手伝ったり、日常生活に必要な現金を銀行から引き出す手伝いをしたり、場合によっては、買い物の手伝いもしてくれる。

この程度の支援で独立した生活ができるのであれば、費用の面でも、本人の現存能力の活用の面から考えても、まずは、地権事業の利用を検討すべきである。

(2) 社会福祉協議会

前述の社協は各市町村に存在するものであるが、社協という名の組織は各都道府県にも存在しており、その全国組織として全国社会福祉協議会がある。

社協とは、社会福祉法において、社会福祉に関する事業や活動を行うことにより「地域福祉の推進を図ることを目的とする団体」（社会福祉法人）とされている。

2 地権事業の仕組みと成果

この事業におけるサービス内容を具体的に述べると、以下のようになる。

①福祉サービスの利用に当たっての相談・助言、手続代行、利用料の支払いは含まれるが、施設入所契約など高額の費用が必要になる契約は除外されている。②公共料金の支払いや年金の受取りなどの日常的金銭管理等は含まれる。③預・貯金通帳や権利証などの書類の社協による預かりなども通常は含まれる。ただし、不動産の処分などが必要な場合は成年後見制度を利用すべきである。

この事業が開始されたのは、前述のように、1999年10月からであるが、その後の事業実績は以下のとおりである。

地権事業は、判断能力が衰え始めた高齢者や知的障害者が利用主

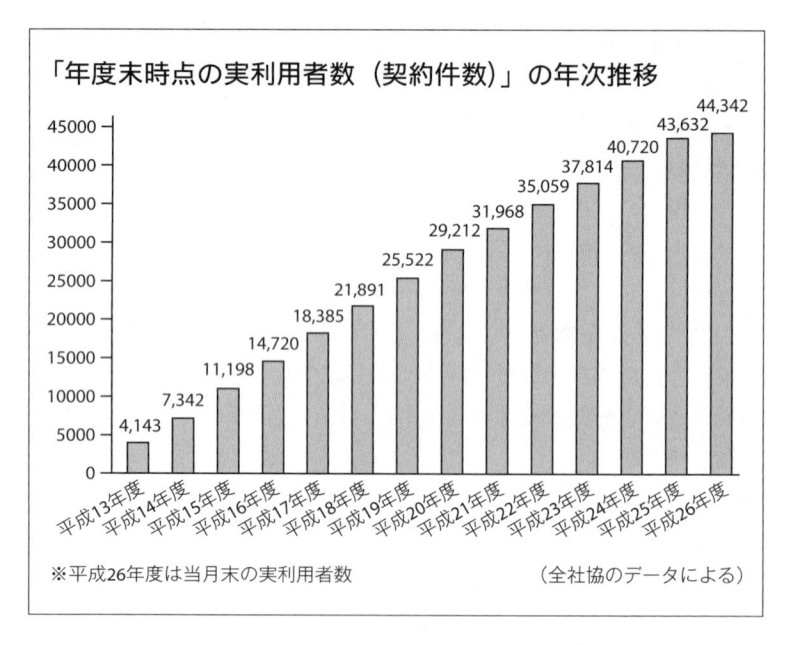

「年度末時点の実利用者数（契約件数）」の年次推移

年度	実利用者数
平成13年度	4,143
平成14年度	7,342
平成15年度	11,198
平成16年度	14,720
平成17年度	18,385
平成18年度	21,891
平成19年度	25,522
平成20年度	29,212
平成21年度	31,968
平成22年度	35,059
平成23年度	37,814
平成24年度	40,720
平成25年度	43,632
平成26年度	44,342

※平成26年度は当月末の実利用者数　　　（全社協のデータによる）

体であり、しかも社協（基幹社協）との契約に基づくことになっているため、制度や契約内容に関する利用者本人の理解に時間を必要とする。また、社協の専門員（この者が契約締結に関する事務を処理する）の数も限られているため、利用者数の急激な増大は期待できないが（判断能力の不十分な者に制度の趣旨や契約内容を説明しなければならないから、ケースごとに相当な時間が必要である）、制度利用に対する潜在的ニーズは、実績に比べてかなり大きいと思われる。利用者の契約締結に必要な判断能力の判定について問題があるときは、都道府県社協に設置されている契約締結審査会に相談し、そこが最終的な判断を行うことになっている。

3　司法制度と福祉制度

　地権事業は、前述のように、本人と地域社協との契約に基づいて実施される事業である。つまり、裁判所などの関与しない福祉の世界で生まれた制度である。それに基づいて派遣される生活支援員は、契約当事者である社協の履行補助者（契約上の義務履行を助ける者）である（利用者と生活支援員との間には直接的な契約関係はない）。例えば、生活支援員は、預金の出し入れのために銀行まで同伴することもあるし、利用者によっては同伴せずに生活支援員だけで（代理形式）一定額の預金を引き出してもらうこともあろう。後者の場合には、本人が社協にそのような代理権を授与していることが必要である。契約関係が基礎にあるということは、このようなことを意味しているのである。この事業は社会福祉法に基づくものであり、これを所管する官庁は厚生労働省である。

　これに対して、後見人など（後見人は常に代理権を有するが、保佐人や補助人には裁判所が代理権を与えることがある）が預金の出入れを行うのは、法律や裁判所から与えられた代理権（本質的には法律に基づくので法定代理権という）によるのである。この場合にも、個々の代理行為に際しては本人の意思を尊重すべきであるが、代理権は本人の意思に基づくのではない（制度利用の申請は本人の意思に基づくことはある）。成年後見制度は司法制度である、といわれるのは、このようなことを意味している。成年後見制度は民法に基づく制度であり、これを所管する官庁は法務省であり、制度の運用面では最高裁判所である。

4　成年後見制度と地権事業の関係

　何度も述べたように、地権事業は契約的基礎の上に展開されるも

のであるから、法律行為に必要な判断能力を喪失している者は利用契約を締結することはできないし、利用継続中に判断能力を喪失した場合には、利用を中止しなければならないのが原則である。

(1) 地権事業の利用を中止する場合

本人が判断能力を喪失した場合には、従来当該利用者を担当していた社協としては、事業の適用を中止すべきであるが、単にそうすればよいわけではない。判断能力の回復が期待できない場合であれば、本人および関係者（親族など）を援助して家庭裁判所による後見開始の審判手続へと導くべきである。

(2) 施設入所者と地権事業の利用

施設入所者の場合には、日常の金銭管理などは施設が無償または有償で処理してくれる場合があるので、その限りでは地権事業を必要としない。日常生活の見守りについても、地権事業は通常不要である。しかし、施設やその従業員による人権侵害に対するチェックや、場合によっては金銭管理に関するチェックが必要とされ、またはそれが希望される場合もある。したがって、その必要性がある場合には、施設入所者にも地権事業の利用を認めるべきである。

(3) 成年後見人の任務と地権事業の利用

成年後見人が付いた以上、本人の財産や金銭管理等は原則として後見人が行うべきである。しかし、日常的な金銭管理のようなものに限って地権事業を利用し、その分だけ「後見報酬」を安くするというような利用の仕方があってもよいのではないかと思われる。トラブルなどによる困難事例であるため親族などの一般市民による後見よりも弁護士などによる後見がなされることが望ましいが、被後見人の資産が十分ではないというような場合にも、上記のような利用が考えられるであろう。

5 地権事業利用契約と判断能力

(1) 判断能力の意義

　民法の領域でいう判断能力とは、精神的判断能力のことであり、通常は法律行為を有効になしうるための要件である。その意味での判断能力は意思能力とも呼ばれている。これも一義的ではないが、単に判断能力という場合にはさらに多義的である。以下では、法律行為と無関係の意思は検討対象から除外することとする。例えば、成年後見人が職務を行うについて、本人の意思を尊重すべきであるという場合の意思は、必ずしも意思能力を前提としていない。

(2) 法律行為の有効要件としての意思能力

　契約に一定の法的効力が付与されるのは、契約当事者の意思の合致に対して法が一定の価値を認めるからにほかならない。つまり、「契約は守られるべし」という契約的正義を前提として考えるならば、法的拘束を受ける契約主体としての当事者は一定の精神的判断能力を有する者でなければならない。したがって、地権事業利用契約のみならず、任意後見契約（第6章参照）の当事者も意思能力を有しなければならないが、意思能力概念は民法学上必ずしも明確ではなく、意思能力と行為能力の関係を含めて解釈に委ねられている点が少なくない。

　手もとの辞典によれば、意思能力とは「いちおう自己の行為における動機と結果を認識し、これに基づいて、正当な意思決定をなしうる能力」[注1]または、「私法関係における権利義務の形成という私法上の効果を判断できる能力」[注2]である。契約などによって個人を拘束し権利義務関係を成り立たせるためには個人の意思を前提としなければならない、という私的意思自治の原則を前提とすれば、法律行為をなす者の最小限度の要件として意思能力を要求するのは当然のことである（不法行為の領域においては「責任能力」が必要とされるが、

最小限度の精神的判断能力がない者の行為については、法的責任等を問うべきではないという点では共通しており、異論がないと考えてよい）。前述のように、法律行為に基づいて一定の法律効果が発生するのは、当事者の効果意思に法が一定の効果を付与する結果であるから、その「意思」が法的評価に値しないものであるときは、この法律効果も発生しないと解すべきである。

　では、外観上法律行為が行われたが、このような法的評価に値する意思能力が存在しない場合としては、具体的にどういう事例が考えられるであろうか。

　①　誰にでも共通なことであるが、年齢的未成熟に基づく場合が考えられる。もちろん誕生後間もないような者は外観上も法律行為をなしえないし、2～3歳程度の未成年者でも事情は変わらないと考えてよい。したがって、実際上は、5～6歳よりも上の子どもについてのみ意思能力の有無を問題にする意味があるといえよう。

　②　年齢から考えれば、通常は十分な精神的判断能力を有していると思われる者であっても、病気、事故、先天的事由等により精神的発達が不十分な者もいる。この場合には、知能指数によって精神的判断能力が表現されることが多いが、それをさらに年齢に置き換えて表現することも可能である。この場合にも、一定の数値に満たないときは、意思能力の有無が問題にされる。その限りでは、意思能力の有無や程度を判断する場合において、①と②とは共通の基盤を有しているともいえる。

　③　認知症等により判断能力が不十分になった者のうち、重度な者については意思能力がないと判断され、その者の行った意思表示は無効とされる場合がある。

　④　通常は十分な精神的判断能力を有している者も、アルコール、薬物、精神的ショックなどの事情により一時的に意思能力を喪失することがありうる。このような状況のもとで、たまたま意思能

力を喪失している状態で行われた「法律行為」は、「真意」を欠いていることを理由として無効と判断せざるをえない。

上のような4つのタイプのうち、①を想定して未成年者を制限能力者とする制度が発達し、②と③を想定して旧禁治産者制度と旧準禁治産者制度（行為無能力者制度）が発達してきたと考えてよい。しかし、この両制度ともそれらの者のなした法律行為を取り消しうるものとしたため、意思能力を欠いている場合の無効との関連をどう解釈すべきか、という点が問題として残されることになった。④の場合にも未成年者が酩酊状態で行った法津行為などについて取消しと無効が競合することはありうるが、例外的であり、①②の場合とは意味が異なる点に注意すべきである（相手方保護との関連では表意者の行為時の状態は重要である）。また、④のアルコールや薬物の常習者が、病状によっては②のタイプに移行することもありうる。

(3) 遺言能力

満15歳に達した者であれば、誰でも遺言をなすことができる（961条〜963条）。遺言も法律行為であるから意思能力を必要とするが、それは15歳という年齢の者が通常有する判断能力を基準として、それを有効とする旨の規範設定がなされている（後述第5章）。

(4) 地権事業の利用に必要な判断能力など

地権事業では、次の①②のいずれの要件にもあてはまる人が利用主体である。①認知症高齢者、知的障害者、精神障害者などであって判断能力が不十分な人等で、福祉サービスの利用や利用料の支払いなど、本人が日常生活を営む上で必要な事務について、自己の判断で適切に処理することが困難であると認められる人であり、かつ、②本事業の契約書および支援計画の内容について認識しうる能力を有していると認められる人、または、当該能力が不十分であっても、その後見人等との間で、本人に対する援助の開始に必要な契約を締結することができる人である。

(5) 精神医学と判断能力理論

専門用語との関係もあるので、やや長いが、西山詮氏の説明を引用しておきたい。[注3]

「人の精神能力を判断するにあたっては、懐古的な方法をとる刑事精神鑑定および診断（責任能力）や狭義の民事精神鑑定（遺言能力、責任能力等）も、展望的方法をとる成年後見鑑定も、共通の構造をもっているように思われる。すなわち第一段は「精神の障害」や「精神上の障害」があるかどうか、あるとすればその種類・程度に関する判断で、いわゆる生物学的要素とよばれるものである。これは主として専門家の仕事と考えられている。

第二段は、上記障害により弁識能力（民法では「事理を弁識する力」）が低下しているかどうか、低下しているとすればその程度を判断するもので、これが心理学的要素とよばれている。上記両手引（最高裁発行）ではこれを『判断能力』とよび、さらに端的には『自己の財産を管理・処分する能力』と表現している。こうした能力の有無・程度の判断がそもそも誰の仕事であるかは今日でも明快に答えられているわけではない。つまり可知・不可知論争につながるのである。鑑定書の手引（一二頁）は『鑑定主文で示される意見は、裁判所が本人の判断能力の有無・程度について判断をするための参考となるものである』としている。これは、この能力の判断は裁判所がするが、鑑定人も意見というかたちでこの判断を示すように要求している（可知論的態度）と解することができよう。あくまで私見であるが、最高裁判所は心理学的要素を鑑定人と裁判所との共同作業の場と認めているのである。診断についても同様である（診断書の手引九頁）。そうすると実際には『専門家の判断する弁識能力』と『裁判所の判断する弁識能力』との二つが存在することになる。

第三段は後見、保佐、補助の審判の開始をするかどうかの判断であるが、これがもっぱら裁判所の仕事であることに異論はない。と

ころが、民法には後見、保佐、補助のいずれについても『開始の審判をすることができる』と規定されていて、これが開始の審判をすることができるという意味（裁量的）か、開始の審判をするという意味（必要的）か、がかならずしも明らかでない。裁量的であるとすると、後見等開始の審判はまさに裁判所の独自の法律判断である。これが必要的であるとすると、裁判所の独自の判断は審判開始において存在する余地がないから、第二段の『裁判所の判断する弁識能力』においておこなわれるしかない。すると、法律判断のすべてが第二段に移入されざるをえないから、裁判所は、『専門家の判断する弁識能力』を参考にしつつ、『裁判所が判断する弁識能力』を独自に確保しなければならない仕儀に至る。」（民法の条文は執筆当時のもの）

これは、医学と法律実務との接点領域の問題をを浮き彫りにする解説であって、興味深い。

6 地権事業によるサービスの具体化

地権事業では、社協によって異なるが、通常、次のようなサービスを実施している。どのサービスを利用するかについては、一人ひとりで異なるので、利用者ごとに支援計画を決め、それに基づいたサービスの提供を行うことになる。

(イ) 福祉サービスの利用援助　①福祉サービスを利用し、または利用をやめるために必要な手続、②福祉サービスの利用料を支払う手続、③福祉サービスについての苦情解決制度を利用する手続。

(ロ) 日常的金銭管理サービス　①年金および福祉手当の受領に必要な手続、②医療費を支払う手続、③税金や社会保険料、公共料金を支払う手続、④日用品等の代金を支払う手続、⑤①～④の支払いに伴う預金の払戻し、預金の解約、預金の預入れの手続。

(ハ) 書類などの預かりサービス　　保管できる書類等は以下のとおりである。①年金証書、②預・貯金の通帳、③不動産の権利証、④各種契約書類、⑤保険証書、⑥実印・銀行印、⑦その他、実施主体が適当と認めた書類（カードを含む）。

7　社協が担当するもう1つの権利擁護事業
——福祉サービス苦情解決事業

　社会福祉法（平成12年）は、福祉サービスに関する「苦情解決」の仕組みとして、①「社会福祉事業経営者による苦情解決の責務の明確化」（同法82条）と、②「都道府県の区域内における苦情解決のための委員会としての『運営適正化委員会』の設置」（同法83条）を規定している。運営適正化委員会は、後述の東京都の例のように、福祉サービス利用者等からの苦情解決の相談に応じ、必要な助言や事情調査を行い、「解決のあっせん」を行うことができる合議体として位置づけられている（同法85条）。

8　社協以外の苦情解決機関

(1) 事業者段階に第三者が加わった仕組みの整備を示した国の指針

　社会福祉法で新たに導入された仕組みづくりに社会福祉事業の経営者が取り組む際の指針として、「社会福祉事業の経営者による福祉サービスに関する苦情解決の仕組みの指針」（平成12年）が厚生省（当時）関係局長からの通知として出されている。
　ここでは、事業者段階に「苦情受付担当者」と「苦情解決責任者」を設けることとしている。さらに、苦情解決に社会性や客観性を確保し、利用者の立場や状況に配慮した適切な対応を図るために「第

三者委員」を設置することとしている。事業者内における苦情解決の仕組みを第三者が加わったものとすることで、利用者からの苦情が苦情解決責任者まで届きにくかったり、密室化することを防ごうとしている。

(2) 東京における苦情対応の仕組み

　東京都福祉局の「地域福祉サービス利用支援・評価システムのあり方検討会」がまとめた報告書（平成12年5月）では、社会福祉法が規定する上記の仕組みに加えて、「区市町村における苦情対応の仕組みづくり」の必要性が指摘された。同報告書では、地域のサービスシステムを整備する役割を担う区市町村が、身近な地域で、迅速・柔軟に行われる苦情対応の仕組みづくりに積極的に取り組まなければならないとしている。そのあり方として、サービス利用の際に調整役を担い、利用者にとってもなじみがある地域の支援センター等を活用し、区市町村が苦情対応する形態、あるいは、住民、利用者代表、福祉専門家等が参画する苦情対応機関を、区市町村の社協、地域に定着しているNPO法人などに設置する形態などを想定している。

　都内区市町村社協事務局長会では、平成13年1月に「『区市町村レベルでの苦情解決のしくみ』における社協の役割について」をまとめ、上記のような区市町村をベースとした苦情解決の仕組みの中で、区市町村社協がどのような役割を果たしていくかについて具体的に提起している。

　以上のことから、東京における苦情解決制度は、次のような柱で推進されることとなる。

　(イ)　事業者自身による苦情解決体制と、第三者が加わった苦情解決の仕組みを事業者内に整備する。

　(ロ)　区市町村における苦情対応、解決のための仕組みを整備する。苦情は、事業者段階で解決されるのが望ましいが、それでは解

決できない場合にも、当該区市町村やそこに設置された苦情解決機関で対応することが望ましいからである。東京都の場合にもかなりの区市町村で苦情解決機関が設置されている。

(ハ) 上記の方法によって解決が困難な事例に備えて、東京都社協に苦情解決のための委員会として「福祉サービス運営適正化委員会」を設置（平成12年10月に設置済）している。

(3) 苦情解決制度における社会福祉事業と介護保険事業との関係

介護保険サービスに対する苦情は、社協ではなく、事業者自身、居宅介護支援事業者、同保険者である区市町村における対応とともに、国民健康保険団体連合会（国保連）による解決の仕組みが用意されている。介護保険事業者については、厚生労働省が定める運営基準により苦情受付窓口の設置等が求められるが、特別養護老人ホーム、ホームヘルプ、デイサービスなどの介護保険事業の一部は、社会福祉法に基づく社会福祉事業としても位置づけられているので、社会福祉事業を経営する者と同様に、苦情受付窓口だけでなく第三者委員を設置するなどの体制整備を図ることが必要である。実際にも、介護保険に関する苦情は国保連によって処理されている。

9 社協以外の権利擁護「センター」など

(1) 地域包括支援センター

当センターは、高齢者が住み慣れた地域で尊厳ある暮らしを継続できるように、高齢者やその家族等を総合的に支援することを目的とする。利用主体は、介護保険の被保険者およびその家族等である。

事業内容は、①介護予防事業のケアマネジメント、②高齢者や家族に対する総合的な相談・支援（介護保険外のサービスを含む）、③

高齢者に対する虐待の防止、早期発見等の権利擁護事業、④包括的・継続的ケアマネジメントのための支援（ケアマネジャーへの支援等）である。なお、根拠法令は介護保険法115条の39である。

(2) 福祉事務所

東京都においては、生活保護法による保護の実施をはじめ福祉の総合的窓口として、区・市部ではそれぞれ区・市が、町村部では都が、これを設置している。

業務内容は、①生活に困窮している人の相談、生活保護の実施、②保育所・母子生活支援施設・助産施設への入所をはじめ、児童・家庭の福祉についての相談、③知的障害者の援護施設への入所など、知的障害者の福祉についての相談、④母子福祉資金の貸付けなど、母子福祉についての相談、⑤身体障害者手帳の交付、施設への入所、補装具や更生医療の給付など、身体障害者の福祉についての相談、⑥高齢者ホームへの入所、ホームヘルパー等の派遣など、高齢者福祉についての相談である。なお、区・市によっては、これらの業務の一部を他の窓口で行っているところや、同事務所でこのほかの業務を行っているところもある。

職員は、相談に当たる面接相談員、対象者の自立更生の指導をする現業員（社会福祉主事）、専門的立場から助言や指導をする高齢者福祉指導主事、身体障害者福祉司、知的障害者福祉司、母子自立支援員、婦人相談員、家庭相談員およびホームヘルパー等である。

(3) 民生委員

民生委員と児童委員は、例えば、都内では各地域に配置され、地域住民の子育てに悩んでいる人、生活に困っている人、高齢者や障害者などの福祉に関する様々な相談に応じ、福祉事務所や児童相談所など各種関係機関への橋渡しなど必要な支援活動を行っている。

民生委員は、通常は、児童委員を兼ねている。児童委員は、児童および妊産婦の保護、保健、その他福祉に関する援助や指導を行う。

また、児童福祉に関する事項を専門的に担当し、児童福祉関係機関と児童委員との連絡調整および援助・協力を行う主任児童委員が配置されている。

職務内容は、①住民の生活状況を必要に応じて適切に把握すること、②援助を必要とする人が自立した生活を行うことができるよう生活に関する相談に応じ、助言その他の援助を行うこと、③援助を必要とする人が福祉サービスを適切に利用するために必要な情報の提供を行うこと、④社会福祉を目的とする事業を行っている人や社会福祉に関する活動を行う人と連携して、事業等の支援をすること、⑤福祉事務所やその他関係行政機関の業務に協力すること、⑥必要に応じて、住民の福祉の推進を図るための活動を行うこと、である。

組織活動としては、区市町村の各区域において、民生児童委員協議会を組織し、関係行政機関に対する意見具申や社会福祉関係団体への加入等の活動を行う。

委員の委嘱は、東京都においては、区市町村の推薦、会の推薦に基づき、都知事が都の社会福祉審議会の意見を聴いて推薦し、厚生労働大臣が行う。任期は3年で、定数は10,263人である。内訳は、民生委員・児童委員9,485人、主任児童委員778人（平成27年4月1日現在）である（数字は東京都のもの）。

民生委員・児童委員は一人ひとりにつき担当する区域が定められ、住民の身近な地域で活動している。なお、主任児童委員は担当区域を持たず、状況に応じて、児童相談所、学校、保育所などの窓口となっている。なお、東京都では、委員は、自宅の玄関に青い色の「東京都民生委員・児童委員」と書かれた門標をかかげ、相談に応じている。

なお、民生委員などについてのデータについても、前章で掲げた『社会福祉の手引　2015』および最新版を参照。

〈注〉
1　末川博『民事法学辞典(上)』(有斐閣、1964年) 29頁。
2　遠藤浩ほか編『民事法小辞典』(一粒社、1982年) 8頁以下。
3　新井誠・西山詮編『成年後見と意思能力』(日本評論社、2002年) 144頁以下。

〈参考文献〉
- 増田雅暢・菊池馨実編著『介護リスクマネジメント』(旬報社、2003年)

第5章

「高齢」へ向けての準備（法的側面）

1 生活基盤の確立——保険を含めて

 ここでも、65歳以上の者を高齢者と呼ぶことにする。健康で高齢を迎えられたとしても、多くの場合に「定年退職」を迎えており、賃金収入がなくなるから、その場合の生活上の経済的基盤についての準備が必要である。国民年金や厚生年金に加入していた者は、年金収入に依存することができる。しかし、その額は老後の生活にとって必ずしも十分とはいえないから、さらに企業年金や私的年金保険などによって準備をしておく必要もあろう。収入がなく、かつ、労働も困難であるという高齢者については、自己資産に依存できる場合は別として、生活保護の受給などの方法を検討しなければならない。なお、ここでは親族による扶養（老親扶養）の問題には踏み込まない。

 以下に述べる内容は、本人によって経済面における準備がある程度なされている場合を想定している。

(1) 年金

 通常の給与生活者の場合には、老後の生活の経済的保障として、まず思い浮かぶのは公的年金としての厚生年金である。厚生年金の加入資格を有しないものは、通常、国民年金に加入する。豊かな老後の生活を送るために、これらの年金が十分であるか否かは別とし

て、これらが老後の生活の経済的基礎である場合が圧倒的に多いであろう。

民間企業の被雇用者は、その企業で独自に設置・運用している年金（法律上の基礎を有するものとまったく私的なものとがある）に加入している場合も少なくない。もちろん別個に掛け金を支払うのであるが、公的年金に近い額の年金を受給している場合もある。

(2) 配偶者の老後保障

これを目的とするもので、もっとも一般的なのは、配偶者を受取人とした生命保険であろう。この保険金は一時金として支払われるので、それを、場合によっては長くなる老後の生活にうまく利用する必要がある。その場面では、財産管理人として成年後見人が必要とされることもあろう。

日本では、夫婦間などでの相続契約は認められていないから、これと同じような効果のある遺言を残すことも考えられる。しかし、遺言も共同遺言は認められないので（975条）、夫婦の間で、十分に内容を調整したうえで、別個の遺言を行うことが考えられる。

(3) 後継者への資産譲渡契約における配偶者への配慮

この方法は、農業経営や個人商店の世代交代などの場合に利用される。その場合に、経営主である夫が、息子などの後継者との間で行う資産の譲渡契約の中で、妻の老後の生活を保障すべく、定期金や現物給付などについて配慮しておくのである。この方法は、ドイツの農村などでは相当に普及している。

2 遺言による方法

(1) 遺言の意義

人は、生前においては自己の所有物を自由に使用・収益・処分することができるから、その権限が死後にまで延長されるのはごく自

然なことである。遺言制度の基本的意義はこのように理解することができるが、遺言（詳細は後述）と老後の生活はどのように関係するのであろうか。後に述べるような「任意後見制度」等を利用しなくても、信頼できる親族に「老後の世話」を任せることができるのであれば、遺言（遺贈を含む）や生前贈与（または死因贈与）などによって、死の直前や死後に生前の介護などの恩に報いることも可能である。もちろん、親子の間柄で水くさいなどと言わずに、生前に労働契約を結んで、介護などに対する報酬を月々支払うことも可能であるし、望ましいことでもある（これは、有償の契約関係である）。以下では、介護に対する報酬などについて、生前の契約ではなく遺言で処理する場合を検討しておこう。

(2) 遺言の種類

遺言には、通常時（遭難しかかった船中で行うときなどは、危急時）においては3つの種類がある。

(イ) 自筆証書遺言　全文を自筆で書き、日付・署名・捺印をして作成する（968条）。遺言状に書けばどのようなことでも法的効力が生ずるわけではないから、事前に遺言についての基本的知識を取得しておくことが必要である。また、訂正などについては厳格な方式が法定されているから（同条）、訂正するよりむしろ全文を書き直す方が無難である。なお、高齢者の場合には、判断能力が減退していることもあるので、親族などの援助のもとでこの方法で遺言を行うと、後に相続人間でトラブルが発生しやすいので、注意が必要である。

(ロ) 秘密証書遺言　他人に内容を知られず、かつ、遺言証書の存在を自分以外の者に知らせておくことができる方法である（970条）。遺言の内容を公正証書にするわけではなく、遺言を封印した上で公証人の面前に差し出し、公証人らがこれに署名・押印するから、遺言の存在は明確になる。しかし、公証人が内容や方式を

チェックするわけではないので、(イ)と同様の問題が生じうる。

　(ハ)　公正証書遺言　　公証人と証人の面前で作成する遺言である（969条）。公証人の面前で作成するので、後に遺言の効力が争われることが少ないと言われている。しかし、認知症高齢者が遺言を行う場合には、遺言も法律行為であるから、それを行うだけの判断能力を有していなければならない（963条）。その判断能力の有無については、民法が15歳以上の者は遺言をすることができる旨規定している点が参考にされるべきである。これは判断能力が多少は不十分であっても（15歳程度の判断能力は必要）、本人の意思を尊重すべきであるとの趣旨において理解すべきである。遺言作成時の判断能力の有無については、入院中の高齢者などに関する多くの裁判例がある（後述4参照）。

(3)　遺言執行者

　遺言をした者は、その内容が本来の趣旨にそって実現されることを望むであろうから、自分の信頼できる人を遺言執行者に指定しておく場合が少なくない（1006条以下）。遺言執行者は相続財産の管理その他遺言の執行に必要な一切の行為をする権利と義務を有する（1012条1項）。もちろん、遺言執行者は善良なる管理者の注意義務を尽くさなければならない（同条2項）。

(4)　相続分の指定

　被相続人は、遺言で、法定相続分と異なる共同相続人の相続分を定め、またはこれを第三者に委託することができる（902条）。この方法により、自分自身の将来の介護に対する感謝の気持ちを表明したり、配偶者の老後の生活上の配慮や相続人である介護者に対する配慮を行うことができる。

(5)　「介護」に対する配慮(遺言)

　遺言を作成する時点ですでに特定の者によって介護を受け、または、日常生活上の世話を受けている場合には、それに対する感謝の

気持ちを相続分の指定の形で表わしたり（介護者が相続人であるとき）、遺贈（遺言で行う贈与）をしたりすることが可能である。介護が無報酬であるときは、実際上、報酬後払いの意味を有するし、介護が有償であるときはそれに加えた感謝の気持ちを意味することになろう。

なお、上記の「配慮」が報酬の意味を有する場合には、一定の要件の下で、税法上の優遇措置を設けることを立法上検討すべきではないかと思われる。

3　遺言信託と遺言代用信託

(1)　遺言信託

信託は、本来委託者と受託者間の契約により設定されるが、遺言によって設定することも可能である（信託法3条2号）。この場合の信託の内容は、受託者に対して、財産の譲渡、担保権の設定その他の財産の処分をする旨並びに一定の目的に従い財産の管理または処分及びその他の当該目的の達成のために必要な行為をなすべき旨の委託をすることである。信託報酬等も定められるので、契約による場合とほぼ同様の内容となる。

公益的な目的のために財産の一部を活用してほしい場合（目的信託）に利用し、また遺言者の死後の親族の置かれた状況などに応じて、受託者の裁量により、財産の使途や処分方法を決定することも可能である（裁量信託）。原則として、遺言者の死亡により信託の効力が発生する（同法4条2項）。委託者の相続人は、委託者の地位を相続により継承しないことになっている（同法147条）。

(2)　遺言代用信託

遺言代用信託とは、信託契約によって、委託者が死亡した場合に、受益者に指定されている者が受益権を取得する旨の定めのある信

託、または委託者の死亡後に、受託者が信託から給付を受ける権利を取得する旨の定めがある信託のことである（信託法90条・91条）。この信託契約により、遺言代用効果が期待されるので、遺言代用信託と呼ばれる。生前は委託者が受益者になるが、委託者が死亡後は、指定された第二次受益者（例えば、妻）が給付を受ける権利を取得する。ただし、他の相続人の遺留分減殺請求権は排除されない。

4 任意後見契約の締結能力
―― 公正証書遺言における遺言能力との比較

任意後見契約（第6章参照）を締結しうる意思能力の存否が具体的事案において問題となりうるが、任意後見契約自体については十数年が経過したとはいえ、未だ法的経験の蓄積が少ない。任意後見契約は、公証人によって作成されるが、その前に弁護士等によって原案が作成されることが多いので、まずはその時点で本人の判断能力について吟味される。公証人は、公正証書の作成段階において、委任者の意思能力について疑問を感じたときは、関係人に注意をし、かつ、その者に必要な説明をしなければならない（公証人法施行規則13条）。さらに、法務省民事局長通達では「本人の事理を弁識する能力に疑義があるときは、任意後見契約の有効性が訴訟や審判で争われた場合の証拠の保全のために、本人が契約の性質及び効果を理解するに足りる能力を有することを証すべき診断書等の提出を求め、證書を原本とともに保存し、または本人の状況等の要領を録取した書面を證書の原本とともに保存するものとする」とされている（平成12年3月13日法務省民一第634号）。

高齢者の利用が多い遺言能力に関する「判断」が参考になると思われるので、本書第15章をも参照（なお、一定時期前の判決では、認

知症ではなく、痴呆症という用語が用いられている)。

なお、数少ない裁判例として、先行の任意後見契約が締結された後、高齢である本人によって解除され、その後に新たに任意後見契約が締結された場合について、本人に意思能力がなかったとして、先行の契約の解除と後行の契約の締結が無効とされた事例がある(東京地判平成18・7・6判時1965号75頁)。

(1) 前提状況(相続関係等)について

(イ) 推定共同相続人の1人が遺言原稿の作成者である場合　　本件における遺言の内容は、母親に包括遺贈することであったが、遺言原稿の作成者が事前に本人の意思を確認しておらず、推定相続人(前妻2人との間に4人の子ども)が他にいるのになんら連絡をとっていなかった。しかも、遺言原稿の作成者が包括遺贈を受けた母からの包括遺贈を受けた者の夫であるという関係があった(中立性につき問題)。戸籍謄本等の関係書類から他に相続人がいるのになぜ母に包括遺贈するのかという点や、本人の財産の内訳について、公証人が確認をしていないこと等の点が認定された。その上で「その真意に基づく、自由にして明確な遺言意思表示を確保するための口授の方式によってなされたとは解し難いと言わざるをえない」との判示がなされた事例(山口地判平成9・12・26判時1684号72頁)がある。本件において見られるように、遺言者と遺言の作成を推進している者(相続人や受遺者である場合が多い)の利害関係については注意する必要がある。特に、遺産承継人間における財産争いが存在する場合には、遺言者本人の意思がないがしろにされるおそれが大きいからである。

(ロ) 昔の隣人で法律家である者が遺言作成の推進者である場合

同居の姉妹のうちの妹が遺言作成者となったが、この妹は姉が面会に来た後にそれ自体を忘れるほどに物忘れがひどく、会話能力、記銘・記憶力の障害があった。遺言の内容は、本人とその姉の扶養・

看護と両名の葬祭の主宰をすることを条件に、不動産を含む全財産を当該隣人に包括遺贈するというものであり、本人がこのような内容に同意しているものとして、公正証書遺言が作成された。その際に公証人はかつての実務家時代の上司であった受贈者を信頼して、あらかじめ準備した原稿のとおり相違ないことを認めて事務を処理し、それ以上に遺言者の弁識力、判断力に特に留意して慎重に真意の確認をした形跡は認められないとされた事例（名古屋高判平成5・6・29判時1473号62頁）においては、遺言者の意思能力がなかったとして遺言は無効とされた。その際、受贈者は従来遺贈者とほとんど深い付き合いがなかったので、不動産35筆を含む全財産を遺贈する動機に乏しいし、同居していた姉にも相談をしていない点で不自然であることなどが指摘されている。

上の事例のように信頼できる知人が紹介者である場合には一般的には問題は生じにくいが、公証人が財産の詐取事件に巻き込まれる場合もないわけではない。

(2) 判断能力の有無についての確認の慎重さ

(イ) 認知症に関する公証人の知・不知　公証人は、遺言作成の際に、あらかじめ遺言者が認知症である旨を告げられていなかったため、それが告げられていれば用意したであろう精神的能力についての医師の診断書等の資料を提出させていなかった点が考慮された事例（宮崎地判平成5・3・30判時1472号126頁）においては、意思能力を有していなかったと推認するのが相当であるとしている。

(ロ) 意思能力確認手続　①94歳で、脳血管障害（脳梗塞）の他覚的所見が認められた事例において、公証人が本人の「病室に入室してから退出するまでの時間は15分程度であったこと」を考慮すると、弁護士から依頼されたケースとはいえ、公証人が本人の意思能力の有無について十分に確認しているとはいえないとされた事例（東京地判平成9・10・24判タ979号202頁）においては、主治医の意

見等を参考にして判断能力を失っていたと認定している。

②遺言者は、公証人に紹介されて、自ら氏名を名乗り、公証人から遺言書中の不動産について聞かれると、それは居宅であったが今はない旨答え、遺贈物件の地名について尋ねられたときにはその場所を述べたことがあったが、発言したのはその程度であり、公証人が遺言の趣旨、内容および遺贈対象物件について聞くと、「はいそうです」とか、ただうなずくのみで遺言の内容を自ら陳述するわけではなかった。このような状況の下で、公証人はかつての上司であり現に弁護士である者を信頼し、あらかじめ準備した原稿のとおり相違ないことを認めて事務を処理し、それ以上に遺言者の判断能力について真意の確認をした形跡がないという事例において、意思能力を欠いているとして遺言を無効とした事例（名古屋高判平成5・6・29前述(1)(ロ)と同一事件）がある。

これらのケースに鑑みると、高齢者の遺言については、判断能力についての調査・確認が重要であるから、認知症の有無については、遺言の準備の段階で、親族等に尋ねる等して関連資料を用意させておくべきである。

(3) 遺言内容の単純さ・複雑さ

(イ) 単純な事案　遺言の条項自体は「全8条にすぎず、不動産の数も2つ、預金の配分先も合計5名」という程度のものであることを前提として、意思能力を肯定した事例（東京高判平成10・8・26判タ1002号247頁、1審・東京地判平成9・9・25判タ967号209頁）がある。

(ロ) 複雑な事案　遺言作成当時に、中等程度以上の認知症であったと思われる遺言者につき、公証人は、2時間ほどかけて遺言者の意思を聴取し、その間に特に本人との会話におかしな点はなく、正確に自己の氏名を答えたので、意思能力を有するものと判断したが、判決においては、複数の者に対し複数の特定の土地を相続

させ、または遺贈する内容になっており、このような複雑な遺言内容を理解するのに必要な判断能力は有していなかったとして、意思能力を否定した事例（宮崎地判平成5・3・30前掲）もある。

(ハ) 表示内容の複雑さと意思能力　公証人が意思能力について判断するに際しては、7歳程度の判断能力（ミニマムの意思能力との関連で引用されることがある）というような抽象的基準を用いるのではなく、当該遺言の内容についての理解力を有するか否かという具体的な判断基準を用いるべきである。自分の名前を言えるとか、かろうじて否定・肯定の返事をすることができるという状態では複雑な遺言内容を理解することはできないであろう。比較的少額の贈与のように、意思表示の時点における事情を前提として判断しやすい事柄は単純であると考えてよいが、介護に対する報酬のように、変化も予想される将来にわたる事実関係をも総合的に配慮すべき事案は、複雑な内容と考えるべき場合が多いであろう。

(4) 寄与分（904条の2）の解釈

厳密には被相続人の財産の形成に寄与したわけではない場合であっても、同条の「療養看護その他の方法」の解釈により、被相続人の介護に努めた者に一定の配慮ができるか、が議論されている（遺産の減少防止に寄与したといえる場合もあろう）。本制度の利用は、条文の上からは共同相続人に限られる。

5　介護のための労働契約

介護保険による給付、例えば、訪問看護や入浴サービスなどは、ここでの検討対象ではない。特定の私人（親族や友人）が本人の介護などを行う労働契約やそれに類似する継続的な契約関係を想定している。

(イ)　本人と親族外の第三者との間の労働契約は、通常は有償であ

る。民法上の雇用契約や一般に労働契約と呼ばれている契約関係は有償である。一定額の金銭が支払われない場合でも実質的に対価が支払われていれば労働契約と考えてよい（労働基準法との関連で問題は残るが）。

(ロ)　親族との間においても有償の契約関係はありうるが、無償の場合も少なくないであろう。それ自体としては無償の労働提供契約であっても、前述のように、遺言などにより経済的な給付を配慮している場合もありうる。

6　契約による「後見」委託

(1)　契約の趣旨と問題点

　自己の日常生活上の事務を自ら処理できなくなったが、判断能力は有しているという場合には、信頼できる人に自ら「介護」や「後見」を委託することも行われる。これは特別な制度ではなく、民法上の契約関係である。民法が定める委任契約（643条）に類似するが、必ずしも法律行為のみを委任するわけではないので、基本的には、準委任契約（656条）に該当すると考えるべきである。

　民法上の委任は無償が原則であるが、契約において報酬を約束しておくことはもちろん可能であり、親族以外の者に依頼する場合には、当事者の意思としては、原則として有償と解すべきであろう。法的事務を処理するために代理権を授与することも必要になると思われるが、その場合には、権限の範囲を明確にするなど、受任者によって権限が濫用されることのないように配慮すべきである。判断能力が低下している者との間で包括的な代理権を伴う準委任契約を締結すると、事情によっては、その契約は公序良俗に反して無効（90条）となることがあると解すべきである。

　本人の判断能力が維持されている間については、本人によるコン

トロールが可能であるから、このような委任契約も問題はないが、本人の判断能力が相当に減退し、さらには判断能力を失った時点以降についても当該契約の効力を認めてよいか、という点は問題である。委任または委任類似の契約関係は、委任者が受任者を自ら監督できるということが前提になっていると考えられるからである。受任者が善管注意義務に違反するとまではいえなくても委任者の意にそわないような場合には、委任契約はいつでも解除することができるのである（受任者からもできる——651条）。委任契約のこのような性質は、この契約が当事者の信頼関係に基づいていることを意味している。だとすれば、委任契約は、委任者が判断能力を有している限りで有効であるとの考え方も成り立つ。

しかし、委任契約の終了原因を定めている653条には、「受任者が後見開始の審判を受けたこと」は規定されているが、委任者のそれについては規定されていない。そこで、上記のような委任契約の性質ないし趣旨をどの程度に契約解釈に取り入れるべきかが問題になる。当該委託契約において、本人の判断能力喪失後の効力について合意されていない場合には、原則として当該契約は本人の判断能力の喪失によって終了すると解すべきである。逆に、判断能力喪失後についての事務処理委託が明確に含まれている場合には、そのような契約は効力を維持すると解すべきである。ただし、この場合には、契約において本人の利益を擁護してくれる者を指定し、その者の承諾を得ておくことが望ましい。その条項を欠く契約は本人が判断能力を失った時点で失効すると解すべきではないだろうか。特別法によってこれらの問題点を解消したものが、次章に述べる任意後見法に基づく法制度である。

(2) 監督機能の確保

任意後見契約の発効前の委任契約の段階においても、監督システムについて配慮しておくことが大切である。例えば、受任者を複数

にして相互に監督できるようにするか、1人はもっぱら監督的仕事のみを任務とする、などの方法が考えられる。

7　リヴィングウィルの成年後見版

　自分の意思表明であっても、契約の内容にはなりにくい事項もある。そこで、本人の一方的な意思の表明方法が検討されている。その際に参考になるのが、リヴィングウィルである。これは、本来は、重症患者が医師や親族に対して生命維持装置の利用の是非についてあらかじめ指示した意思の表明を意味していたが、死後の臓器提供についての意思表明などについても利用されている。

　成年後見人の医療代諾権との関連については、本書第14章を参照。

　前述の遺言の形式をとると、本人の死後においてしか意味を持たない。しかし、人は、元気で自分の事務を自分で処理できる状態と死との間に、後見や介護を必要とする時期を過ごさなければならない場合が多くなりつつある。後見や介護に関する意思ないし希望の表明が、それを必要とするような状態になってから自らできるとは限らない。そのための「リヴィングウィル」も必要なのである。

(1)　任意後見契約との相違点

　法律的な相違点としては、リヴィングウィルは一方的意思の表明であるのに対して、任意後見契約はその名のとおり「契約」であるから、当事者の合意が必要である。

　本人の後見に関する一方的意思表明である「後見のためのリヴィングウィル」については、ドイツの世話証書の内容が参考になる。

(2)　典型的内容——世話に関する処分証書（ドイツの例）

　ドイツで入手した関連のパンフレットを紹介しておこう。

　「私のために世話人が任命されなければならない場合には、私は、

次の希望が尊重されることを願っています。
　①私の兄弟ルドルフが世話人になるべきであり、兄弟リヒャルドではない。もしルドルフが世話人を引き受けられない場合には、世話は私の姪ザビーネが引き受けてほしい。
　②余所に住んでいる私の義理の妹マリアは、私をしばしば訪問してくれる。私は、彼女にそのための交通費を支給してきた。今後ともそうしたい。
　③私は、私の妹ルイーゼまたは私の女友達との共同で行う行事（遠足、コンサートおよび劇場に行くこと）が楽しみである。その場合には、今日まですべての費用を私が負担している。これを、私は、今後とも維持したい。
　④すべての甥と姪は、その誕生日に金銭で70ユーロの贈り物を私から取得する。
　⑤私は、自分の誕生日を今後とも、私の友達および親戚とともに、私の費用で立派なレストランで祝いたい。
　⑥もしかして可能であれば、私は私の妹ルイーゼと湖の辺で休暇を過ごすという習慣を維持したい。その場合に、そのことから生じる費用は、私がすべて負担する。
　⑦身上監護については、私は、自宅で私の妹ルイーゼにより面倒見てもらいたい。彼女にはプロの看護師と同様の費用を支払う。
　⑧これが実現できない場合には、私は、自分で念のために申し込んでおいた高齢者ホームの個室の養護室に入所したい。我が町の他の公営養護ホームには、私は入りたくない。
　　場所　日付　署名　誕生日　住所　　　　　　　　　」

(3) 成年後見における「本人意思の尊重」との関連

　成年後見人は、職務の遂行にあたっては、本人の意思を尊重しなければならない（858条）。しかし、認知症が重度になった場合など

に関しては、本人の意思が的確に把握できない場合もある。そのような場合に後見のための「リヴィングウィル」(文書)が存在していれば、後見人はこれを尊重することができる。

なお、ドイツでは、医療行為に関して、重要な意味を有する場合がある(ドイツ民法1904条4項)。

8 高齢者ホームへの入居契約

(1) 高齢者ホーム

高齢者ホームは大きく分けて、(特別)養護老人ホームのような公的施設と、各種の高齢者ホームのような私的施設とがある。前者への入居については一定の要件を満たさなければならないが、後者の入居条件はさまざまである。特別養護老人ホームへの入所資格は、①原則として65歳以上の者で、②身体上、精神上著しい障害があるため常時介護が必要で(2015年からは要介護3以上の者に限定される)、在宅介護が困難な要介護者であること、である。

(2) 事務処理を独自にできる場合、後見的配慮のみを必要とする場合

有料高齢者ホームの場合には、高齢になったがゆえに財産管理や日常の金銭管理についてサポートが必要であると考えて、入居を希望する場合もあろう。しかし、必ずしも施設は後見的サービスを給付する必要はないのであり、そのようなサービスを確保するための相談機能を備えていればよい。

さらに進んで、施設が日常的金銭管理サービスを実施している場合もあろう(有償・無償)。この場合には、本人に判断能力が残っていることが前提である。この要件を満たさない場合には、親族などに相談して成年後見開始の審判の申立てを行うことになる。

(3) 現に介護を必要としている場合

前記いずれのホームであっても、介護サービスを含む料金設定になるであろうから、契約締結に際しては、十分な協議が必要である。入居している本人は十分に希望の表明や異議の申立てができない場合が多いので、そのような観点からのチェックも必要となる。入居後は、成年後見の要否や虐待を含む人権侵害のチェック等が問題となりうる。

(4) 入居契約締結上の問題点

契約内容のチェックのほかにも、入居に際しての寄付の問題などがある。高額の寄付を入居の条件とするようなことは避けるべきである。施設の共同設立の形式をとりながら、共同設立者の子どもの継続利用を認めない場合も、事実上の寄付に相当すると考えるべき場合もあろう。

〈参考文献〉
- 田山輝明「任意後見制度と公証人の役割」公証法学32号（2002年）27頁以下。

第6章

任意後見制度

1 はじめに

　任意後見法によれば、任意後見契約とは、委任者が、受任者に対し、精神上の障害により事理を弁識する能力が不十分な状況における自己の生活、療養看護および財産の管理に関する事務の全部または一部を委託し、その委託に係る事務について代理権を付与する委任契約であって、同法4条1項の規定により任意後見監督人が選任された時からその効力を生ずる旨の定めのあるものをいう。

　前章で述べたように、判断能力喪失後の介護や後見について、民法上の（準）委任契約で配慮しておくことは可能であるが、最大の問題は誰が受任者に対する監督機能を果たすかであった。また、契約をめぐって後々トラブルを生じさせないためには、その内容について、法律上も最小限度のチェックが必要である。そのためには、契約の当事者につき判断能力が不十分な状態になることが予想されることを前提とする委任契約関係を、単に、民法上の契約自由の原則に任せておくことは適切ではない。

2 手続——公正証書の利用など

　2000年に施行された任意後見法は、基本的には、当事者間にお

ける代理権を含む後見契約を基礎として、これを公正証書として作成すべきものとした（任1条、3条）。法律専門家である公証人の関与によって、契約内容の正確さと法的安定性を担保しようとしたのである。しかも、通常は、契約の当事者がいきなり公証役場に出頭するのではなく、事前に弁護士等の専門家や相談機関に相談して、本人の事情に合致した契約内容を具体化する作業が先行するであろう。この場合には、契約内容の法的安定性は相当程度確保される。しかし、すでに任意後見契約の公的な雛形などもあるから、特別な配慮を必要としない場合には、相談相手は必ずしも法律家でなくても、地域の相談機関（後見センターなど）でもよい。また、公証人は本人と面談して、本人が後見契約を締結しうる判断能力を有することを確認しなければならない（公証人法26条、同法施行規則13条）。

3 任意後見の優先

　任意後見契約が公正証書として完成した場合には、当該契約は嘱託または申請により後見登記所（地方法務局）に登記される。登記されていることによって、もし本人に急激に判断能力の低下が生じたために、十分な調査もせずに関係者により家庭裁判所に法定後見の申立てがなされた場合であっても、後見登記の確認によって任意後見が優先されるのである（任10条）。なお、後述11も参照。

4 任意後見の利用状況に応じた3つのタイプ

　実際にこの契約が機能するのは、本人が精神上の障害により事理を弁識する能力が不十分な状況になった場合であり、かつ、一定の者の請求により任意後見監督人が家庭裁判所により選任された場合である（任4条）。それまでは、任意後見契約が締結され、登記され

ていても、任意後見法により後見の権限を有する者は誰もいないのである。公正証書である任意後見契約を見せながら、本人のための契約を結ぼうとする人がいても、それだけでは任意後見人と考えてはならないのである。このような制度を前提として、次のような利用方法がある。

第一（将来型）は、未だ十分に判断能力を有する状態で、適切な人との間で、将来のために任意後見契約を締結する場合であり、これが基本的な形態であると思われる。それまでは、「自分のことは自分で処理する」原則に従って、自分の事務は自ら処理することを前提にするタイプである。将来のために契約を締結するので、将来型と呼ばれる。同契約において、任意後見人となるべき者として指定された者も、前述のように、任意後見監督人の選任までは、任意後見受任者であって、任意後見人としての権限は有していない。

第二（移行型）は、自らの意思で特定の者に事務処理を依頼しておき（通常の事務処理契約）、将来、精神上の障害により事理を弁識する能力が不十分な状況になったときのために任意後見契約をも締結しておくタイプである。高齢者の能力は突然衰えるわけではないから、まだ判断能力があるうちから、特定の者と事務処理契約（前章5の解説参照）を締結し、判断能力が不十分になったら、速やかに任意後見関係（任意後見監督人の選任は前提である）に移行しようとするものである。この方法は、契約当事者だけで行うと、任意後見監督人の選任までの間については本人の権利保護が不十分な状態が生じるから、親族等による見守りが不可欠である（後述12参照）。

第三（即効型）は、すでに精神上の障害により事理を弁識する能力が不十分な状況であるが、任意後見契約の内容を理解することはできると思われるような場合に、公正証書作成手続の終了とともに任意後見監督人の選任申請が行われるようなタイプである。すでに判断能力は不十分なのであるが、医師の判断などによって、任意後

見契約を締結する程度の判断能力は有すると思われる場合に利用されるであろう。契約締結とほぼ同時に任意後見契約の効力が発生するので、この呼び名がついている。

　以上3つのタイプのいずれにすべきかについては、当事者の意思と状況によることになるが、契約の法的安定性（本人の判断能力との関連が最も重要）という点では、第1のタイプが望ましい。第2のタイプについては、任意後見への移行前において受任者の権限濫用が問題になりうるので、注意が必要である（後述**13**）。第3のタイプは、本人の判断能力の点で（第6章も参照）後にトラブルが発生しやすいので、慎重に行うべきである。

5　任意後見監督人の欠格事由

　任意後見受任者または任意後見人の配偶者、直系血族および兄弟姉妹は、任意後見監督人になることはできない（任5条）。利害関係人との利益相反に対する配慮である。なお、後見人の欠格事由に関する民法847条が、任意後見監督人について準用されている（任7条4項）。

6　任意後見契約の解除と 任意後見人・任意後見監督人の解任

　⑴　任意後見契約の解除　　任意後見監督人が選任される前においては、本人または任意後見受任者は、いつでも、公証人の認証を受けた書面によって、任意後見契約を解除することができる。（任9条1項）。任意後見監督人が選任された後においては、本人または任意後見人は、正当な事由がある場合に限り、家庭裁判所の許可を得て、任意後見契約を解除することができる（同条2項）。

(ロ) 任意後見人の解任　任意後見人に不正な行為、著しい不行跡その他その任務に適しない事由があるときは、家庭裁判所は、任意後見監督人、本人、その親族または検察官の請求により、任意後見人を解任することができる（任8条）。このチェックがあることが任意後見法に基づく契約の最大のメリットなのである。なお、任意後見人の代理権の消滅は、登記をしなければ、善意の第三者に対抗することができない（任11条）。

(ハ) 任意後見監督人の解任　裁判所が自ら選任した任意後見監督人に不正行為などがあった場合には、家庭裁判所は、任意後見人、本人、その親族または検察官の請求によりまたは職権により、任意後見監督人を解任することができる（任7条4項）。

7　法定後見制度との違い

任意後見人も、事務処理に当たって本人の意思を尊重すべき義務を負っている点では法定後見人と同様であるが（任6条）、自分の後見をしてくれる人を自分で選べるという点が任意後見制度の特徴であり、裁判所による任命を前提とする法定後見制度との最も大きな相違点である。

法定後見制度においても、2000年の法律施行以降、本人意思の尊重が重視されているが（858条など）、後見人を誰にするかについては、申立人が後見人候補者を提案することができるだけであり、最終決定は裁判所の権限となっている。

任意後見人の権限は契約に基づくものであるから、本人が行った契約を任意後見人の権限に基づいて取り消すことはできない。任意後見人は契約に基づいた代理権は有するが、法定後見人のような取消権は有していないのである。したがって、本人が任意後見人に相談しないで不必要な商品の購入契約を締結するような状況が生じ、

取消権が必要だというような場合には、法定後見制度の利用が必要となる（もちろん、特定商取引法や消費者契約法に基づく取消権等による保護は可能であるが）。

8　任意後見監督人の職務

任意後見監督人の職務は、次のとおりである（任7条1項）。
① 任意後見人の事務を監督すること。
② 任意後見人の事務に関し、家庭裁判所に定期的に報告をすること。
③ 急迫の事情がある場合に、任意後見人の代理権の範囲内において、必要な処分をすること。
④ 任意後見人またはその代表する者と本人との利益が相反する行為について本人を代表すること。

さらに、任意後見監督人は、いつでも、任意後見人に対し任意後見人の事務の報告を求め、または任意後見人の事務もしくは本人の財産の状況を調査することができる（同条2項）。また、家庭裁判所は、必要があると認めるときは、任意後見監督人に対し、任意後見人の事務に関する報告を求め、任意後見人の事務もしくは本人の財産の状況の調査を命じ、その他、任意後見監督人の職務について必要な処分を命ずることができる（同条3項）。

なお、民法644条（受任者の注意義務）、654条（委任の終了後の処分）、655条（委任の終了の対抗要件）、843条4項（成年後見人の選任）、844条（後見人の辞任）、846条（後見人の解任）、847条（後見人の欠格事由）、859条の2（成年後見人が数人ある場合の権限の行使等）、861条2項（後見の事務の費用）および862条（後見人の報酬）の規定は、任意後見監督人について準用されている。

9　任意後見人による本人の取消権の行使

　具体的事例の検討を通じてこの制度の問題点の所在を示し、解決の方向を検討してみよう。任意後見人を有するＡが、Ｂと契約をしたが、民法上の詐欺（96条）による取消権または消費者契約法上の取消権を取得した。このような場合には、任意後見人に固有の法定取消権は存在しないという点は明らかである。すなわち、

① 任意後見法においては、同契約による任意後見人への「代理権」の授与のみが規定されている。

② 代理権は契約によって創設的に授与できるが、取消権については創設的授与はできない。つまり、他人の行為に関する取消権の取得は、法律による場合のみである。

③ したがって、任意後見法に取消権授与の規定がない以上、任意後見人自身には取消権はない。

以下では、任意後見制度を利用しているという前提で、問題点を検討する。

(イ)　前述のように、民法に基づく広義の法定後見制度上の「取消権」はそもそも問題にならない。

(ロ)　これに対して、96条の詐欺・強迫による取消権や消費者契約法・特定商取引法に基づく取消権は、要件を満たせば誰でも行使できる。詐欺などの被害者が任意後見人を有しているか否かとは無関係である。

(ハ)　任意後見における本人が契約当事者である②の事例では、本人が取消権者であって、任意後見人は取消権者ではない。

(ニ)　では、本人が前述の民法や特別法に基づいて取消権を取得する場合をも想定して、その行使上の援助を、契約によって任意後見人に委任しておくことは可能であろうか。

　例えば、健常者Ａが売買契約において相手方Ｂに詐欺された場合

には、民法に基づいて取得した取消権（96条）の行使を第三者Cに委任することができる（委任のための意思能力がないというのであれば、そもそも売買契約は無効である）。このような委任は事後的にしかできないのであろうか。例えば、Aが売買契約自体を第三者Cに委任する際に、もし、Cが詐欺されて契約を締結した場合には、Aが取得する取消権を行使してほしい旨の委任を、売買契約の締結を委任する際に、同時にしておくことは可能ではないか。この場合にも、代理人Cが取消権を取得するのではない。代理人は、本人から取消権の行使を受任しているにすぎない。これが可能であれば、消費者契約法や特定商取引法に基づく取消権についても、同様に解することは可能であろう。

(ホ) 次の問題は、同様のことを任意後見契約という「委任契約」によって行うことができないかという点である。つまり、代理権の行使を、任意後見法2条の「財産の管理に関する事務」に含めることができるだろうか。すなわち、任意後見契約がすでに発効している本人が売買契約などを結んだが、その際に消費者契約法などに基づいた取消権を取得したときは、任意後見人がその取消権の行使を行うことを受任しておくことは可能なのではなかろうか。

10　任意後見発動段階における本人意思の尊重

　判断能力が不十分になったか否かの判断は、所定の者の請求により（任4条1項）裁判所が行うが、原則として本人の同意を要するものとされている（同条3項）。したがって、本人がまだ自分で事務処理ができると考えれば、任意後見監督人の選任につき、同意しなければよい。ただし、本人がすでにそのような意思表示をすることができない状態であれば、同意は必要ではない。任意後見監督人の選任要件（本人の判断能力の状態）が、広義の法定後見中の「補助」

の要件に相当する表現になっているのは、どの段階で任意後見を発動させるかを、基本的に本人の意思に委ねる趣旨なのである。その意味では、任意後見においては、法定後見における後見・保佐・補助の3類型に相応するタイプ（第7章）は存在しないのである。前述のように、任意後見人の本人意思の尊重義務も定められている（任6条）。

11　法定後見制度との関係

(イ)　法律上の関係　　任意後見契約が登記されている場合には、家庭裁判所は、本人の利益のために特に必要があると認めるときに限り、法定後見開始の審判などをすることができる（任10条1項）。これが可能である場合の請求権者は、民法所定の者の他に、任意後見受任者、任意後見人または任意後見監督人である（同条2項）。法定後見人などが選任されたときは、任意後見契約は終了する（同条3項）。なお、任意後見人が有する代理権の消滅は、登記をしなければ、善意の第三者に対抗することができない（任11条）。

(ロ)　広義の法定後見申し立て後の任意後見契約の締結　　本人につき判断能力の低下が見られる場合に親族Ａが広義の法定後見の申し立てを行ったところ、その審判前に、親族Ｂが本人との間で任意後見契約を締結した場合に、法定後見開始の審判は開始できるだろうか。「特に必要がある」場合であれば可能であるが、そうでない限り、審判開始の申し立ての方が早かったという理由で法定後見開始の審判をすることはできない、とされている（大阪高裁決定平成14・6・5家月54・11・54）。親族間において何らかの争いがある場合が考えられるが、裁判所としてはあくまでも本人の利益を基準にして「特に必要がある」か、について判断すべきである。

12 任意後見制度の一般的問題点

(イ) 任意後見人にも民法859条の2が準用されているので、複数の任意後見人が可能である。しかし、任意後見契約が公正証書で作成されて登記された後に、本人よりも先に任意後見受任者の1人が死亡してしまった場合には、登記の訂正の方法が規定されていないようである。現状のままでは、複数の任意後見人を利用する者は、この種のリスクを負わなければならないことになる。契約のやり直しをせざるをえないとしても、そのための判断能力が本人にもはやないという場合もあろう。このような場合には、法定後見の利用を検討することになろう。

(ロ) しかし、この制度が抱える最大の課題は、この制度自体が未だ国民によって十分に理解されていないという点である。

最高裁の統計に現れた任意後見監督人の選任件数は、最近では、以下のとおりである。

2006 年度	360 件	2007 年度	426 件
2008 年度	441 件	2009 年度	534 件
2010 年度	602 件	2011 年度	645 件
2012 年度	685 件	2013 年度	716 件
2014 年度	738 件		

なお、2014年の任意後見の利用者数は、2,119人である。

13 移行型契約の問題点

(1) 「移行」前における監督の必要性

A・B間の任意後見契約の締結に際して、任意後見監督人Cの選任要件を充足するまでの間について、A・B間で委任ないし準委任契約を締結しておく方法は、前述のように、一般に「移行型」と呼

ばれている。本人の「事理弁識能力が不十分」となっていない間は、本人Ａが任意後見受任者Ｂを自ら監督できるはずであるから、本人の自己責任に任せればよい、と一応はいえる。しかし、Ａがすでに高齢者である場合を考えると、実際には、常に委任者としての監督権を適切に行使できるかは疑問である。周辺に相談相手がいない場合（独居の高齢者の場合）には、何事につけても任意後見受任者（同時に委任契約上の受任者）Ｂを頼ってしまうことになりかねない。Ｂは未だ任意後見人ではないから、後見人としては何らの代理権も有していないが、先行する委任契約に基づいて、または個々の契約ごとに、本人から代理権を取得することは可能である。例えば、住宅のリフォームなどについて、必ずしも必要と思われない工事請負契約を任意後見受任者が委任代理権に基づいて締結するようなことが生じている。特に、この工事を請けたのが任意後見受任者Ｂの関連会社であるというような場合には、いわゆる「利益相反」関係が問題となり、そのような代理権を含む委任契約の効力が問題となる。ひどい例としては、任意後見監督人の選任によって正式に任意後見の関係に入る前に、Ａの主要な財産が消えているというような場合も考えられないわけではない。何らかの規制が必要であろうか。

(2) 任意後見受任者兼委任契約受任者の報酬問題

また、Ｂが確かに委任契約に基づいて後見的な業務を処理しているが、その報酬がきわめて高額であるというような場合もある。通常は、Ａ・Ｂ間において、その必要な業務との関係において合理的な報酬が想定できるが、それをはるかに超えるような報酬が約束されているような場合もある。このような事例が生じるのは、Ａ・Ｂ間の社会的な力関係が反映しているからであると思われる。Ａが任意後見法４条１項本文の要件を充足していない限り、当事者間には、私的自治の原則、契約自由の原則が支配しているから、それを前提として問題を考察しなければならない。しかし、独居の高齢者の場

合に、任意後見受任者が、本人につき同法4条の要件を充足していると思われるのにもかかわらず任意後見監督人の選任請求をしないようなときは、代理権を含む委任契約自体が失効すると解すべきであろう。前述のように、委任契約は、受任者に対する委任者の監督がなされうるということがその効力持続の要件であると解すべきだからである。任意後見制度を利用しない場合とは区別すべきである。

(3) 移行型契約に関する問題解決に向けて

上記のような場合には、同法4条1項3号ハ（不正な行為、著しい不行跡など）に該当する可能性が高い。その結果、裁判所は、任意後見契約が登記されているにもかかわらず、後見開始審判などの手続に入ることも可能である（任10条）。

先行する委任契約が、任意後見契約と合体して締結される場合には、公正証書として作成する際に、公証人によってある程度は（ひどい事例の場合には）チェックできるであろうが、後見契約とはまったく別に委任契約を締結されてしまうと、それも不可能である。

最高裁の統計によれば、任意後見契約の契約登記件数は10年間で約5万件である。これをどのように評価するかは難しいが、地域福祉権利擁護事業（第4章二参照）の契約締結件数が約4万4千件余であることと比較するならば、決して少ないとはいえない数である。同事業が、全国に存在する社会福祉協議会が組織をあげて努力した成果であるのに対して、任意後見契約は、基本的には当事者間の発意に基づいているからである。この「発意」が、主として高齢者の側にあるとは考えにくい。とすれば、任意後見受任者の側にあることになる。それは、すなわち、この種の契約にそれなりの利益があるからだ、ということになるであろう。このような理解を前提として、前述(1)(2)のような事例を検討する必要がある。

第7章

法定成年後見制度

1 はじめに

　契約によって自ら成年後見人（任意後見人）を定めておかなかった者が判断能力の不十分な状態になると、民法の規定に従った成年後見制度を利用できるようになるので、これを法定成年後見制度と呼んでいる。なお、法定後見の領域において規定されている法人後見と複数後見および区市町村長の申立権については、次章以降で解説する。

2 成年後見制度に向けた改正(2000年)の必要性

　2000年施行の改正法は、判断能力が不十分な高齢者（特に、認知症高齢者）が増加しつつある事態に対処するため、さらには障害者（特に、知的障害者等）の人権擁護を求める国際的な運動の高まりを背景として行われた。2000年当時、すでに諸外国においては成年後見制度の改正が行われていた。このような背景からも、新制度は、新しい観点に立った諸原則に基づいた、柔軟かつ弾力的な、利用しやすい制度とする必要があった。すなわち、以下の諸原則（3＋1）である（第3章5(4)も参照）。

　(イ)　自己決定権の尊重　　権利擁護は単なる保護ではなく、権利

者の意思を尊重しつつ行う権利行使の支援であるから、特にこの原則が重要である。

(ロ) 補充性（補足性）の原則　　私的自治の原則を前提としたうえで公的援助を実現する必要がある。したがって、任意後見の利用可能性をチェックしなければならない。

(ハ) 必要性の原則　　真に本人が必要とするもののみの援助の実現（後見3類型のいずれを必要とするか）などに加えて、画一性の否定の趣旨もある。

(ニ) 個人的ケアの原則　　これは前述3原則とは次元を異にする。顔の見える援助を実現するための原則である。成年後見の場合には、一部に財産管理を中心にした「書類上の」後見という悪例がかつて存在したので、この原則は重要である。

3　関連法律改正の骨子

1999年12月の国会で成年後見制度改正のための民法改正法などが可決・成立し、翌年の4月から介護保険法と同時に施行された。その主要な改正点は以下のとおりである（なお、旧制度の欠陥については、第2章18参照）。

(1)　適切な法定後見人の選任

(a)　配偶者法定後見人制度の廃止　　夫婦間においては、いかに高齢であっても配偶者が当然に後見人・保佐人となる旨を定めていた旧規定を削除し、家庭裁判所が個々の事案に応じて適任者を成年後見人・保佐人・補助人（以下「成年後見人等」という）に選任することができるようにした。

(b)　複数成年後見人制度および法人成年後見人制度の導入　　①複数の成年後見人等を選任できるようにするため、後見人の人数を1人に制限していた旧規定の適用対象を未成年後見人の場合に限定

し (旧842条) たが、さらに平成23年にこの規定も廃止した。さらに、成年後見人等が複数である場合の権限の調整規定も設けた (詳細は次章)。

②後記(c)で述べる規定中に成年後見人等となる者が法人である場合の考慮事情を掲げることにより、法人を成年後見人等に選任することができることを法文上明らかにし、平成23年には、未成年後見についても複数後見を認める改正を行った (840条3項)。

(c) **成年後見人等の選任に際しての考慮事情**　本人との利益相反のおそれのない信頼性の高い個人または法人が成年後見人等に選任されることを手続的に担保するため、家庭裁判所が考慮すべき事情として、「成年後見人となる者の……成年被後見人との利害関係の有無 (成年後見人となる者が法人であるときは、その事業の種類及び内容並びにその法人及びその代表者と成年被後見人との利害関係の有無)」、「成年被後見人の意見」等の、選任に際しての事情を法文上明記した (843条4項)。

(d) **身上配慮義務および本人の意思の尊重等**　自己決定の尊重および身上監護の重要性を考慮して、2000年3月までの旧858条に代えて、成年後見人等は、その事務を行うに当たっては、本人の意思を尊重し、かつ、本人の心身の状態および生活の状況に配慮しなければならない旨の一般的な規定を創設した (858条)。また、身上監護に関する規定として、成年後見人等による本人の居住用不動産の処分について、家庭裁判所の許可を要する旨の規定 (859条の3) を新設した。これは、本人の意思の尊重であると同時に、居住環境の変化が認知症等の症状に悪影響を与えることがあることを配慮したためである。

(2) **戸籍に代わる後見登記制度**

戸籍の記載をやめることを前提として、取引の安全との調和を図るために、設けられた制度である (後述 **13** 参照)。

(3) 区市町村長の申立権

これは、親族などによる申立てが期待できない独居高齢者の場合等に必要とされる（老人福祉法32条、知的障害者福祉法28条、精神保健福祉法51条の11の2）。本人の「福祉を図るため特に必要があると認めるとき」が申立ての要件となる。しかもこれが機能するのは、申立一般ではなく、後見等の審判の開始とそれは関連する「請求」のみである（第9章参照）。

4 2000年の民法改正の概要

従来の民法上の2制度に代えて、以下の補助・保佐・後見の3制度が導入された。

(1) 補助（新設）

精神上の障害（認知症・知的障害・精神障害等）により判断能力が不十分な者のうち、後記(2)または(3)の程度に至らない軽度の状態にある者が、この制度の利用主体である（15条）。家庭裁判所の「補助開始の審判」とともに「被補助人」のために「補助人」が選任され、当事者が申立てにより選択した「特定の法律行為」（重要な不動産の処分等）について、審判により補助人に代理権（876条の9）または同意権・取消権（17条）の一方もしくは双方が付与される。自己決定の尊重の観点から、本人の申立てまたは申立てに対する同意を審判の要件としている。なお、代理権・同意権の必要性がなくなれば、その取消しを求めることができる（18条）。この審判がなされただけでは、行為能力の制限は生じない。例えば、特定の法律行為について補助人に代理権が付与されたとしても、本人の行為能力に影響はない。ただし、特定の法律行為について補助人の同意を要するものとされたときは（17条）、本人が同意なしに行った行為は取り消しうる法律行為となる。

(2) 保佐 (旧準禁治産の改正)

判断能力が著しく不十分な者がこの制度の利用主体である。精神上の障害により事理を弁識する能力が著しく不十分である者については、保佐開始の審判が予定されている（11条）。この審判を受けた者も、13条に掲げられている重要な財産行為以外は、単独で有効に（取消可能性なしに）行うことができる。

単に浪費者であることは審判申立事由とならない（浪費者の中で判断能力の不十分な者は保佐または補助の各類型を利用しうる）。家庭裁判所の「保佐開始の審判」とともに「被保佐人」のために「保佐人」が選任され、保佐人に同意権の対象行為（13条1項）について取消権が付与された上で、当事者が申立てにより選択した「特定の法律行為」について追加的取消権（13条2項）が付与され、または、審判により保佐人に代理権が付与されることがある（876条の4）。代理権の付与には、本人の申立てまたは同意を必要とする（同条2項）。

(3) 後見 (旧禁治産の改正)

精神上の障害により事理を弁識する能力を欠く常況にある者については、後見開始の審判が予定されている（7条）。事理弁識能力は学説上の意思能力とほぼ同じと考えてよいが、日常品の購入行為などを行うための判断能力については、それが実際に行われてしまった場合には、9条ただし書によって判断能力の有無は問題にされない点に注意しなければならない。同条ただし書の趣旨は、以下の点にある。すなわち、①法律行為の内容について類型的に限定したうえで、取消しの例外を設けた。②判断能力がまったくないわけではなく、現実に日常品の購入行為などができている事実を尊重すべきである（現存能力の尊重）。③認知症高齢者などにとっては、社会生活への復帰だけでなく、できるだけ長く社会生活にとどまることも重要であると解すべきである。④日常生活で繰り返し行われている

行為については、それに必要な判断能力を有していると考えられる場合が多い。

(4) 監督体制の充実

成年後見監督人に加えて、保佐監督人・補助監督人の制度を新設するとともに、成年後見人等を選任する場合と同様の考慮事情（前記3(1)(c)）を規定することにより、法人を成年後見監督人・保佐監督人・補助監督人に選任することができることが法文上明記された（852条）。

5　成年後見人等の報酬

成年後見人等の報酬は、当事者間の実体法上の請求権として規定されていない。家庭裁判所が認めることによって初めて与えられる（862条、876条の5第2項、876条の10第1項）。立法論としては、成年後見人の報酬請求権を実体法上認めるべきであろう。すなわち、金額は裁判所によって確定されるとしても、職業的後見人は、本人に対して報酬請求権を有することを認めるべきである。

なお、裁判所は、報酬の決定に際して、基本的には、成年後見人が、①親族である場合、②職業後見人である場合、③ボランティア後見人である場合に分けて考察した上で、具体的事情を考慮すべきであろう（後述6も参照）。

6　親族や施設による介護や見守りと成年後見制度の必要性

前述の法定後見制度の3類型のうち、いずれの利用が必要となるかは、本人の生活状況によって異なる。以下、具体的に述べてみよう。

(1) 在宅の場合

　重度の認知症高齢者は、身上監護や財産管理を親族等が行ってくれない限り、日常生活自体を送ることができない。逆に言えば、本人の近くにそのような親族などがいる限り、介護サービスの利用は不可欠であろうが、重度の認知症の場合であっても成年後見制度の利用は現実的課題にならない場合が少なくない。最も深刻な状況にあるのは、独居の高齢者である。重度の認知症高齢者であれば、周囲の関係者などにより施設入所などが検討されるであろうが、まだ何とか本人が自力で頑張って生活している場合には、いかにして本人をサポートすべきかが親族や福祉行政の課題となる。

(2) 施設入所の場合

　入所施設が高齢者の身上監護等を行い、場合によっては一定限度において日常の金銭管理をも実施している。施設は、特別な契約をしない限り、入所者の財産（例えば、動産や預金など）を管理する権限を有しないが、本人の依頼または了解のもとで日常的に必要となる程度の金銭管理をサポートすることを通じて、施設利用料などの支払いをも済ませるようにしている場合もあるようである。この場合には、施設側にも事実上のメリット（支払いの確保など）があるので、金銭管理自体は無償である場合もある。

(3) 高額財産の管理

　上記(1)(2)のいずれの場合にも、高額財産の管理については、法的に有効な代理権に基づいて事務処理を行うべきである。金融機関をはじめ官公庁も事実上の代理人では手続に応じてくれない。すなわち、判断能力を有する本人からの委任状または法定代理権の証明を求めるであろう。認知症高齢者の場合には、本人との間でそのような代理権を設定することが、本人の判断能力との関係で、もはや困難であるという場合が生じる。このような場合には、任意代理などではなく、広義の法定後見制度の利用が検討されるべきである。

第7章 法定成年後見制度 133

受付印	後 見 開 始 申 立 書
	（この欄に収入印紙８００円をはる。）
収入印紙　　　円 予納郵便切手　円 予納登記印紙　円	（はった印紙に押印しないでください。）

準口頭	関連事件番号　平成　　年（家　　）第　　　　　　　　　号

○ ○ 家庭裁判所　御中 平成 ○ 年 ○ 月 ○ 日	申立人の 署名押印 又は記名押印	甲野　春子　㊞

添付書類	申立人の戸籍謄本　通（本人以外が申し立てるとき。） 本人の戸籍謄本　　通，戸籍附票　　通，登記事項証明書　　通，診断書　　通 成年後見人候補者の戸籍謄本　　通，住民票　　通，身分証明書　　通，登記事項証明書　　通

申立人	本籍	○○ 都道府(県) ○○市○○町２丁目３番
	住所	〒 000-0000　　　　　　電話　000（000）0000 ○○県○○市○○町２丁目３番地の４　　（　　　　方）
	フリガナ 氏名	コウノ　ハルコ 甲野　春子	大正(昭和) 00年 00月 00日生
	職業	無職
	本人との関係	※　1 本人　② 配偶者　3 四親等内の親族（　　　） 　　4 未成年後見人・未成年後見監督人　5 保佐人・保佐監督人　6 補助人・補助監督人 　　7 任意後見受任者・任意後見人・任意後見監督人　8 その他（　　　）

本人	本籍	都道府県　申立人の本籍地と同じ
	住所	〒 000-0000　　　　　　電話　000（000）0000 ○○県○○市△△町４丁目５番地の６ ××病院内　　（　　　　方）
	フリガナ 氏名	コウノ　ナツオ 甲野　夏男	明治 大正(昭和) 00年 00月 00日生
	職業	無職

（注）太わくの中だけ記入してください。　※の部分は当てはまる番号を○で囲み，3又は8を選んだ場合には，（　）内に具体的に記入してください。

後見 (1/2)

(942110)

後見開始の審判の申立書・記載例①

	申　立　て　の　趣　旨
	本人について後見を開始するとの審判を求める。

申　立　て　の　実　情

（申立ての理由，本人の生活状況などを具体的に記入してください。）

1　本人は5年前からアルツハイマー型認知症で××病院に入院している。日用品の購入や交通機関の利用等も一人ではできない状態であり、その症状には回復の見込みがない。

2　昨年11月に本人の兄が亡くなり遺産分割の必要が生じたことから本件を申し立てた。申立人は病気がちなため後見業務を行うのは困難であり、成年後見人には、健康状態が良好で経済的にも安定している長男の甲野秋男を選任してもらいたい。

成年後見人候補者	住所	〒000-0000　　　　　　　　　　　　　　電話 000（000）0000 ○○県○○市◇◇町1丁目3番地の5 ▽▽マンション0000号　　　　　　　　　　　（　　　　方）
（適当な人がいる場合に記載してください。）	フリガナ 氏　名	コウノ　　アキオ 甲野　秋男　　　　　大正/昭和　00年00月00日生
	職　業	会社員　　　　　　　本人との関係　長男
	勤務先	○○県○○市◇◇町1丁目3番地の5　電話 000（000）0000 □□株式会社☆☆課

(注)　太わくの中だけ記入してください。

後見開始の審判の申立書・記載例②

なお、後見人は本人の財産を維持・管理しなければならない立場にあるが、後見人自身の経済状況の悪化や、成年後見制度における裁判所の監督や、行政や地域社会の支援体制が脆弱である等が原因で、親族後見人による不正行為が発覚するようになっている。そこで、その防止策として、後見制度支援信託が制度化された。これは、本人が日常生活で使用する分を除いた金銭を、信託銀行等に信託することで（実際上は1千万円以上の金銭）、後見人による本人の財産の横領を防ぐ制度である。これにより、信託財産を払い戻したり、信託契約を解約したりするには、家庭裁判所の指示書が必要になり、後見人が勝手に払い戻しや解約をすることができなくなる。

(4) 申立てなどの手続

　そこで、民法その他の法律に基づいて申立人を捜すことになる（7条、11条、15条）。4親等内の親族の協力ないしサポートがない場合には区市町村長の申立てが検討されるが、これについては、老人福祉法（32条）、知的障害者福祉法（28条）、精神保健福祉法（51条の11の2）に定めがある（第9章参照）。これらの法律が予定するいずれの障害者のタイプにも該当しない場合には、区市町村長の申立てはできない。

　法定成年後見等について、誰が実際に申立てをしているかについては、以下の2014年度の最高裁の統計を参照。

子	10,968	兄弟姉妹	4,616
親	1,913	配偶者	2,105
本人	3,607	その他親族	4,427
市町村長	5,592	任意後見人等	552
法定後見人等	392	検察官	2

7　保佐、補助と地権事業との重複

　以上の3類型と地権事業（第5章の解説参照）の利用要件との関係について言及しておく必要がある。前述のように、地権事業においては、その利用契約を締結するための判断能力が前提であるから、この点では、狭義の後見制度との競合は基本的にないと考えてよい。逆に、地権事業の利用者が事理弁識能力を欠く常況になった場合には、成年後見開始の審判が必要になる。他の2類型に該当する者については地権事業の利用との競合（の可能性）がある。したがって、狭義の成年被後見人については、成年後見人が代理人として、社協に対してその利用を申し込んで、本人のために地権事業を利用する場合がありうるだけである。

　これらの3類型の利用状況（申立て）については、以下の2014年の最高裁の統計（括弧内の数字は前年度のデータ）を参照。

```
後見開始　27,515件（28,040件）　　保佐開始　4,805件（4,510件）
補助開始　1,314件（1,282件）
```

　前年度比で、約55％の増加である。

8　親族申立て、区市町村長による申立て

　広義の成年後見制度を利用するには、いずれも家裁への申立てが必要である。つまり、裁判所が職権で手続を開始することはできない。手続を開始するためには、本人の他には、配偶者や4親等内の親族、検察官などによる申立てが必要である（7条ほか）。独居の高齢者などの場合には要件を充たす申立人がいない場合もあり、また、民法が定めている検察官は事実上容易には対応してくれない。そこで、2000年施行の民法改正の際に、前述の3つの特別法に、区

市町村長による申立権が規定された（この制度の解説は第10章参照）。

　後見等の審判申立ては、民法上の規定に基づく申立てが基本であると解すべきであるが、4親等内の親族がいないか、その協力が得られないということが不可欠の要件であると解すべきではない。親族などによる速やかな申立てが実際上困難であるか、その申立てに緊急性があれば、区市町村長による申立てが認められると解すべきである（厚生労働省の見解では、原則として2親等までの親族調査でよいとされている）。しかし、申立ての必要性の確認を誰が行うのかなど残された問題は少なくない。この方法によらざるをえない本人（独居の高齢者など）の掘り起こしを含めて、区市町村行政の積極性が求められるゆえんである。

　区市町村長による申立てが認められると、申立ての費用などもいったんは区市町村長が立て替えることになる。本人に負担能力があれば後に求償することができる。本人に支払能力がない場合については、厚生労働省の「成年後見制度利用支援事業」による助成があり、きわめて重要な機能を営んでいる。この助成は、区市町村長による申立ての場合に限られていたが、「限定」が解除された。また、同事業は市町村地域生活支援事業の必須事業となっている。近時、東京都がこれと重複しない範囲で独自の助成を開始している。また、民間では、㈳成年後見センター・リーガルサポートが独自の基金を設置している。

9　後見人とその権利・義務

　成年後見人の選任基準については、前述のように、民法は以下のように規定している。すなわち、裁判所が成年後見人を選任するに当たっては、成年被後見人の心身の状態ならびに生活および財産の状況、成年後見人となる者の職業および経歴ならびに成年被後見人

との利害関係の有無（成年後見人となる者が法人であるときは、その事業の種類および内容ならびにその法人およびその代表者と成年被後見人との利害関係の有無）、成年被後見人の意見その他一切の事情が考慮されるべきものとされている（843条4項）。ただし、未成年者、家庭裁判所で免じられた法定代理人、保佐人または補助人、破産者、被後見人に対して訴訟をしまたはした者、ならびにその配偶者および直系血族、行方の知れない者は、後見人となる資格がない（847条）。これを後見人の欠格事由という。

　成年後見人は、その任務について、善良な管理者の注意義務を負っている（869条、644条）。したがって、本人の財産を明らかに不利な条件で売却するような行為をすると、善管注意義務違反として責任を問われることがある。具体的には、その処分行為につき損害賠償を請求されることがある。

　成年後見人候補者は親族が最も多いが、親族は推定相続人間における利害関係などとの関係で、常に適任であるとは限らない。そのような場合には、本人の状況に応じて、弁護士や司法書士（不動産などの高価な財産がある場合）、社会福祉士（身上監護に重点がある場合）、知人やボランティア（ぎりぎりの収入しかないが、見守りが必要な場合）などがありうる。

　実際に、成年後見人にどのような者が就任しているかについては、以下の最高裁の統計（2014年）を参照（括弧内の数字は2006年度）。

子	6,386	兄弟姉妹	1,733
親	867	配偶者	1,043
その他親族	1,908		
司法書士	8,716	弁護士	6,961
社会福祉士	3,380	社会福祉協議会	697
税理士	64	行政書士	835

| 精神保健福祉士 | 17 | 市民後見人 | 213 |
| その他法人 | 1,139 | その他個人 | 108 |

10　後見人の公的性格

(1)　後見人の公的性格の意味

　比較法的観点から、外国の研究者に「貴国の後見人は公的性格を有しているか」と問うと、必ず、「いいえ」という返事が返ってくる。それに続いて、後見制度は民法上の制度であり、私法的性格を有しているという当然の答えが返ってくるのが常である。もちろん、その通りなのであるが、以下では、成年後見人が公的任務を帯びているか、について問題にしてみたい。

(2)　親族後見人への就任とその公的任務

　後見人になることは、任意後見とは異なり、契約に基づくわけではなく、裁判所の任命に基づくものであるから、まずその意味から、任務についても公的性格が付与される。つまり、親族が成年後見人に就任する場合であっても、裁判所の関与によって公的性格が付与されると解すべきである。

　もちろん、後見人が権限濫用にわたるような行為をすれば、まず民事責任との関連で、違法な行為と評価される。これは、成年後見人の善管注意義務を基準として判断されるのであり、公的任務とは直接の関係はない。

　しかし、刑事責任については、公的任務を負っていることが問題となる。例えば、刑法などにおいて存在している親族としての法律上の配慮（刑の免除など）も受けられなくなることがある（この点については、後述(2)参照）。これは、裁判所が任命するということのみから導かれるものではなく、裁判所によって付託される後見という任務の公的性格から導かれるものと解すべきである。

(3) 具体的事例

　では、後見人の公的性格と言っても、具体的にどのような形になって現れるのであろうか。後見の公的性格という趣旨に反する行為をすると法的責任が生じうるという例が一番分かりやすいと思われるので、以下に紹介しておこう。まず、最高裁判所決定平成24年10月9日（刑集66・10・981）の判決理由から引用しておこう。

　「家庭裁判所から選任された成年後見人の後見の事務は公的性格を有するものであって、成年被後見人のためにその財産を誠実に管理すべき法律上の義務を負っているのであるから、成年後見人が業務上占有する成年被後見人所有の財物を横領した場合、成年後見人と成年被後見人との間に刑法244条1項所定の親族関係があっても、同条項を準用して刑法上の処罰を免除することができないことはもとより、その量刑に当たりこの関係を酌むべき事情として考慮するのも相当ではないというべきである。」

　このように、後見は、裁判所（国家）から委託された任務であることが、裁判上も明確にされるに至っている。同趣旨の判決が、最初、未成年後見人に関して出されたが（後見人になった祖母が他の親族と共に親族後見人の財産を横領した事件）、成年後見人についても、この点が明確にされたのである。

　刑法244条は、いわゆる親族相盗の例について規定している。つまり、直系血族・配偶者および同居の親族の間では、窃盗・不動産侵奪等の罪を犯しても、刑が免除されるのである。背任罪や横領罪についても同様とされている（251条・255条）。しかし、後見人という公的任務を帯びて仕事をする立場にある者は、このような親族に対する特別な刑法上の配慮（刑の免除等）を受けることはできないのである。親族後見人は、このような点、特に、犯罪的行為については「親族間の甘え」は許されないという点を、十分に意識しておかなければならない。

11　成年後見人の辞任

　成年後見人は、正当な事由があるときは、裁判所の許可を得て、辞任することができる（844条）。具体的には、転居や健康上の理由などが考えられる。明治民法においては、すでに触れたように、具体的な後見人辞任事由に関する規定があった（第2章8参照）。市民後見人や親族後見人が仕事を開始する時点で、これをサポートするために職業的後見人と複数後見体制をとった場合には、その必要がなくなったときには、職業後見人は辞任することができると解すべきではないだろうか。

12　成年後見監督人

　家庭裁判所は、必要があると認めるときは、成年被後見人、その他親族もしくは成年後見人の請求により、または職権で、成年後見監督人を選任することができる（849条の2）。ここでも、委任と後見人の規定が準用されている（852条）。

13　後見登記等に関する法律の概要

　成年後見登記は、法定後見にのみかかわるわけではないが、ここで述べておこう。2000年の法改正前の戸籍への記載に代えて、法定後見および任意後見契約に関する新しい登録制度を創設した。

(1)　登記所

　後見登記等に関する事務は、法務大臣の指定する法務局または地方法務局もしくはこれらの支局、またはこれらの出張所が、登記所としてつかさどる（後登2条）。これは、告示されなければならない。

(2) 後見等の登記等

「後見等」の登記は、嘱託または申請により、磁気ディスク（これに準ずる方法により一定の事項を確実に記録することができる物を含む）をもって調製する後見登記等ファイルに、次に掲げる事項を記録することによって行う（後登4条）。

① 後見等の種別、開始の審判をした裁判所、その審判の事件の表示および確定の年月日
② 「成年被後見人等」の氏名、出生の年月日、住所および本籍（外国人にあっては、国籍）
③ 「成年後見人等」の氏名および住所（法人にあっては、名称または商号および主たる事務所または本店）
④ 「成年後見監督人等」が選任されたときは、その氏名および住所（法人にあっては、名称または商号および主たる事務所または本店）
⑤ 保佐人または補助人の同意を得ることを要する行為が定められたときは、その行為
⑥ 保佐人または補助人に代理権が付与されたときは、その代理権の範囲
⑦ 数人の成年後見人等または数人の成年後見監督人等が、共同してまたは事務を分掌して、その権限を行使すべきことが定められたときは、その定め
⑧ 後見等が終了したときは、その事由および年月日
⑨ 家事事件手続法（略）第127条第1項（同条第5項並びに同法第135条及び第144条において準用する場合を含む。）の規定により成年後見人等又は成年後見監督人等の職務の執行を停止する審判前の保全処分がされたときは、その旨
⑩ 前号に規定する規定により成年後見人等又は成年後見監督人等の職務代行者を選任する審判前の保全処分がされたときは、

その氏名又は名称及び住所

⑪ 登記番号

なお、後見等の開始の審判前の保全処分（政令で定めるものに限る）の登記は、嘱託または申請により、後見登記等ファイルに、政令で定める事項を記録することによって行う。

(3) 任意後見契約の登記

任意後見契約の登記は、嘱託または申請により、後見登記等ファイルに、次に掲げる事項を記録することによって行う（後登5条）。

① 任意後見契約に係る公正証書を作成した公証人の氏名および所属ならびにその証書の番号および作成の年月日
② 任意後見契約の委任者（任意後見契約の本人）の氏名、出生の年月日、住所および本籍（外国人にあっては、国籍）
③ 任意後見受任者または任意後見人の氏名および住所（法人にあっては、名称または商号および主たる事務所または本店）
④ 任意後見受任者または任意後見人の代理権の範囲
⑤ 数人の任意後見人が共同して代理権を行使すべきことを定めたときは、その定め
⑥ 任意後見監督人が選任されたときは、その氏名および住所（法人にあっては、名称または商号および主たる事務所または本店）ならびにその選任の審判の確定の年月日
⑦ 数人の任意後見監督人が、共同してまたは事務を分掌して、その権限を行使すべきことが定められたときは、その定め
⑧ 任意後見契約が終了したときは、その事由および年月日
⑨ 家事事件手続法（略）第125条において準用する同法第127条第1項の規定により任意後見人又は任意後見監督人の職務の執行を停止する審判前の保全払分がされたときは、その旨
⑩ 前号に規定する規定により任意後見監督人の職務代行者を選任する審判前の保全処分がされたときは、その氏名又は名称及

び住所
⑪　登記番号

(4) 登記事項証明書の交付等

　何人も、登記官に対し、次に掲げる登記記録について、後見登記等ファイルに記録されている事項（記録がないときは、その旨）を証明した書面（以下「登記事項証明書」という）の交付を請求することができる（後登10条1項）。何人も請求できるが、自己の記録に限られるのである。

①自己を成年被後見人等または任意後見契約の本人とする登記記録
②自己を成年後見人等、成年後見監督人等、任意後見受任者、任意後見人または任意後見監督人（退任したこれらの者を含む）とする登記記録
③自己の配偶者または4親等内の親族を成年被後見人等または任意後見契約の本人とする登記記録
④保全処分に係る登記記録であって、政令で定めるもの

　なお、次に掲げる者は、登記官に対し、各号に定める登記記録について、登記事項証明書の交付を請求できる（同条2項）。

①未成年後見人または未成年後見監督人　　その未成年被後見人を成年被後見人等もしくは任意後見契約の本人とする登記記録または4条2項に規定する保全処分に係る登記記録であって、政令で定めるもの
②成年後見人等または成年後見監督人等　　その成年被後見人等を任意後見契約の本人とする登記記録
③登記された任意後見契約の任意後見受任者　　その任意後見契約の本人を成年被後見人等とする登記記録または4条2項に規定する保全処分に係る登記記録であって、政令で定めるもの

　さらに、何人も、登記官に対し、次に掲げる閉鎖登記記録について、閉鎖登記ファイルに記録されている事項（記録がないときは、

その旨）を証明した書面（以下「閉鎖登記事項証明書」という）の交付を請求することができる（同条3項）。

① 自己が成年被後見人等または任意後見契約の本人であった閉鎖登記記録
② 自己が成年後見人等、成年後見監督人等、任意後見受任者、任意後見人または任意後見監督人であった閉鎖登記記録
③ 保全処分に係る閉鎖登記記録であって、政令で定めるもの

　相続人その他の承継人は、登記官に対し、被相続人その他の被承継人が成年被後見人等もしくは任意後見契約の本人であった閉鎖登記記録または後見登記法4条2項に規定する保全処分に係る閉鎖登記記録であって政令で定めるものについて、閉鎖登記事項証明書の交付を請求することができる（後登10条4項）。

　最後に、国または地方公共団体の職員は、職務上必要とする場合には、登記官に対し、登記事項証明書または閉鎖登記事項証明書の交付を請求することができる（同条5項）。

(5)　成年後見登記の機能

　2000年3月以前には、禁治産宣告などは戸籍に記載されており、それは基本的には公開されていた（事実上非公開になっていたが）から、取引上必要とされる場合には、それを閲覧することができた。古い判例を参照するときは、それが前提である。

　しかし、2000年4月以降は、成年後見登記に代わったから、成年後見などの審判を受けているか否かについては、本人と上記の者だけが登記事項証明書を請求することができる。したがって、成年被後見人などと取引をしようとする者（相手方）は、本人などに対して同証明書の呈示を求める以外に方法はない。呈示を求められた者が同審判などを受けていなければ、その旨の証明書を得て呈示することになる。または、被保佐人である旨の証明書を得て、保佐人の同意のもとに取引をすることになる。

第8章

法人後見・複数後見

1 はじめに

　法人後見も複数後見も、法定後見と任意後見の双方に共通する制度ないしシステムである。したがって、以下の説明は、両者にとって共通の内容と考えてよいが、それぞれに固有の問題もあるので、その場合には、その旨を明らかにするようにしたい。

2 法人後見

　後見人制度を沿革的に理解しようとすれば、誰でも自然人を想定するであろう。しかし、民法典も人を自然人と法人として理解していることを考えるならば（民法総則編第3章参照）、後見人は法人であってはならないとは言い切れないとされていた。このように、法律論としては、法人後見を肯定するにせよ否定するにせよ、民法典上の根拠がしっかりしている方が望ましいと考えられていたが（2000年3月以前の解釈論としては、肯定・否定の両説があった）、後述のように、1999年の民法改正によって肯定の方向で明確にされた。もちろん、後見のあり方との関連においては、個別事例における法人後見の適否については別個の観点から議論がなされるべきである。

(1) 法人後見の意義と要件

　法人とは、自然人以外で権利義務の主体となることを認められたものであるが、一般的に法人といえば、株式会社が最もよく知られた形態である。しかし、成年後見人に適した法人ということになると、民法上の公益法人や一般社団・財団法上の法人のうち公益認定を受けたもの、特別法上の社会福祉法人などが思い浮かぶであろう。株式会社は営利を目的とする法人だから後見業務には適しないと通常は考えられるからである（営利性、倒産の可能性など）。しかしながら、民法上、後見人はそもそも法人であってはいけないとの規定はなかった。1999年の民法改正（2000年4月施行）までも、法人後見の可否については、前述のように、解釈上論争があったが、可能とするための条文上の根拠がないという消極的な理由により否定説が多数であった。そこで、1999年の改正の際に843条4項に「成年後見人となる者が法人であるときは」と定めることにより、民法は法人後見を認めていることを明確にしたのである。

　以上のような経過から考えるならば、成年後見法人は株式会社のような営利法人であってもよいが、後見業務自体の性質から営利を追求するような法人は好ましくないと考えるべきであろう。

　では、社会福祉法人であれば常に問題がないかというと、そういうわけでもない。例えば、成年被後見人本人が入所している施設が社会福祉法人である場合には、本人との利害関係（利益相反）を考慮し、その法人が成年後見人になることは避けるべきである。この場合に、当該施設が法人後見人になると、個々の関係で利益相反が問題となるだけでなく、生活上の世話を受けている施設について財産管理の権限が追加されることにより、被後見人の全生活が施設によって支配されることになりかねないからである。その意味では、法人である施設が他の施設の入居者の成年後見人になることは、両施設が同一系列の施設であるなど特別の関係にある場合を除いて、

差し支えない。

　また、法人による成年後見の問題ではないが、入居施設の施設長が個人として入居者の成年後見人になることも、利益相反の観点から避けるべきである。

　法人が成年後見人になっても、具体的には、その職員の誰かが後見事務を行うことになる。法人は特定の成年被後見人（例えば、Ａさん）だけのための成年後見人であるわけではないから、他の法人業務も処理するであろうし、Ａさん以外の成年被後見人の業務もしなければならないであろう。その結果、Ａさんにとっては、Ａさんの成年後見業務を行う法人職員がそのつど別の人であり、Ａさんが同じようなこと（希望など）を繰り返して説明しなければならない、というような事態が起こりうる。このようなことは、法人の規模が大きい場合には特に起こりやすい。この点は、法人の側でＡさんの担当者を限定することや、職員の間で情報共有をするように努力すること（職員の厳しい守秘義務は前提であるが）などによって配慮しなければならない。「顔の見える成年後見」ということは、このような配慮を意味しているのである。

　以下では、社協（社会福祉法人）が法人後見人になる場合を想定して、問題点を検討しておこう（社協については、第4章二2を参照）。

(2) 成年被後見人と社協・社協職員の関係

　(イ) 家庭裁判所による任命の効果　　成年後見の仕事は、家庭裁判所の任命により法人としての社協が受けるが、実際の成年後見人の仕事は社協の職員が行う。民法上の関係としては、当該職員は、法人後見人としての社協の履行補助者となる。したがって、後見業務に関する責任はすべて法人としての社協が負う（善良なる管理者の注意義務を負う）。この場合の職員は、履行補助者としてそれにふさわしい注意義務を負っているので、社協の職員であれば誰でもよいというわけにはいかない。例えば、事務職としては有能であって

も、成年後見や福祉についてはほとんど経験や知識もないような人であってはならない。

(ロ) 利益相反関係に対する注意　後見業務の担当者となった職員は、社協において他の仕事をしてはならないわけではないが、成年被後見人との関係において利益相反の関係に立たないような配慮が必要である。その意味では、社協の中に成年後見部のようなセクションを作って成年後見に関する相談や地域福祉権利擁護事業に関する相談等を担当し、その職員は具体的なサービス提供施設等との関係をもたないようにすることが望ましい。

(ハ) 履行補助者の資格等　担当職員は一定の資格、例えば、弁護士、司法書士、社会福祉士等の資格を有する必要はないが、具体的な仕事に就く前に、成年後見人として必要な研修（都道府県や社協が実施しているものなどを含む）を受けるべきである。また、研修は仕事を開始してからも継続して受けることが望ましい。

(ニ) 成年後見人としての報酬　後見業務は社協の公益的仕事として位置づけられるので、費用は利用者から徴収してよいが、報酬については慎重にすべきである。それを取得してはいけないわけではないが、それが重要な収益となるような（営利社団的）事態は避けなければならない。後見報酬は社協ではなく裁判所が決定するものであるが、その際に、社協の後見業務の質と量（困難事例であるか否か）と成年被後見人の支払能力、さらには社協に対する後見関連の公的資金による援助の有無などが考慮されるべきである。そのような意味においても、法人の収支はガラス張りにしておくべきである。内部に監査機関を設けると同時に、外部の第三者機関による監査も一定期間ごとに受けることが望ましい。

(ホ) 職員以外の補助労働力　依頼件数が多くなる場合には、社協の職員の周辺にボランティアの成年後見援助者を配置するようなことも考えられる。この者は、厳密には社協と雇用関係がなくても

よいが、問題が発生すれば（例えば、義務違反による損害賠償）社協が責任を負わなければならない。したがって、社協としては、後見業務が損害保険によってカバーできる範囲に入るようにしておくべきである。さらに、将来的には、社協の周辺にNPO法人やボランティアの成年後見人を配置して、社協の指導のもとでこれらの法人や個人に後見人になってもらって、社協は、複数後見人の1人、または成年後見監督人となる形態も検討すべきである。

(ヘ) 社協が事業者である場合　特定の成年被後見人に対して特定の職員が社協からホームヘルパーとして派遣されている場合には、この職員は当該成年被後見人のための後見業務を担当することはできない。

(ト) 社協職員に外部からの出向社員がいる場合　法人としての社協の構成員（社員）や理事に、ホームヘルプ業者、デイサービス業者、特別養護老人ホーム、小規模作業所等の事業者がいても、その社協が法人後見人を引き受けることは差し支えないが、社協の職員が当該事業所から出向してきているような場合には、その職員は成年後見業務にタッチすべきではない。社協としては成年後見業務を他の一般業務から独立させて、外部事業者からの影響が間接的になるように留意すべきだからである。

(チ) 行政と社協との関係　後見業務を行う社協の会長が当該区市町村の首長であるような事態は避けるべきである。また、会長が大きな事業所の長であり、そこに成年被後見人が入所しているというような事態も避けるべきである。成年被後見人の事務を処理する際に、福祉行政との関係における事務も処理しなければならない場合があるから、社協の事務局長や福祉部長のポストに行政から出向するような事態も避けるべきである。業務開始の初めはやむをえないとしても、成年被後見人が多くなるに従って、独自に人材を養成することにより、そのような事態は解消すべきである。

(3) 法人後見人(社協)の事務の内容・範囲

　(イ)　社協の制度趣旨と業務内容　　本人が十分な財産を有する場合には、裁判所は、親族の有無にかかわらず、社協以外の成年後見人を選任すべきである。社協はむしろ、親族等に適任者がいない場合には、複数後見人の1人または成年後見監督人になるべきである。すなわち、社協が成年被後見人の高価な不動産を処分して介護費用等を捻出するような事態を避けるためである。

　(ロ)　相続紛争との関連　　親族がいるのに社協が成年後見人になる場合には、相続関係をめぐる争いに巻き込まれないように注意すべきである。そのためにも、社協は、本人に財産がある場合には、成年後見人にならないことを原則とすべきである。他に弁護士などの成年後見人がいる場合の成年後見監督人については、そのようなリスクは小さい。

　(ハ)　孤独の施設入居者の場合　　高価な財産を有しない本人が施設入所していて、施設側でも親族がいないため、または親族の協力が得られないために、本人の意思に基づいてなすべきこと（財産処分など）ができないような場合には、成年後見人の選任を申し立てるであろう。そのようなときは、社協が成年後見人に選任されても、従来、旧措置権者が施設と相談しながら事実上やっていたことを成年後見人が行うことになろう。もちろん、成年後見人といえども、生命のリスクを伴うような手術の同意などはできない。

　(ニ)　成年後見マニュアルの作成　　社協は一般的・積極的に成年後見人になるということではなく、本人につき、どのような条件（要件）を満たした場合に成年後見人になるかについて、主として、財産の有無、親族の有無、親族の協力の有無、本人をめぐる相続などの紛争の有無等を基準として、その手続をマニュアル化しておくべきである。

(4) 社協の性格との関連

(イ) 一般的性格　社協は事業者団体の長等が構成員（理事）となっているため、その限りで、高齢者や障害者の成年後見業務との関連で、利益相反の要素が入り込む余地があるが、本人が入所している施設やその長が成年後見人になる場合と比べれば、はるかに間接的であるから、一般的に成年後見人になりうる資格はあると考えるべきである。しかし、繰り返しになるが、後見業務を行うセクションは社協の一般業務からは独立させ、利益相反が具体化しないように配慮すべきである。

(ロ) 社協の財政基盤との関係　区市町村の社協はその財政の相当部分を当該区市町村に依存している場合が多い。利益相反の問題を考える際には、その観点からの検討も必要である。例えば、区市町村の職員が社協に出向している場合などには、利益相反が生じないような配慮が必要である。

(5) 地権事業との関係

(イ) 地権事業から成年後見制度へ　社協は、まず軽度の認知症高齢者等を、地権事業（この事業については第4章二参照）で受け入れて、本人の判断能力が著しく不十分になったら（特に民法7条の場合）、成年後見制度へと移行させるようにすべきである。

(ロ) 成年後見審判の区市町村長による申立て　同審判の申立てについては、社協は、本人とその親族に協力すべきであるが、親族との関係等により必要であれば、成年後見等の審判につき、区市町村長による申立て（次章参照）の方法も利用すべきである。

(ハ) 本人および親族等の成年後見制度に対する理解　地権事業を利用している間に、生活支援員だけではなく、同事業の専門員やその他の専門家の相談活動を通じて、本人および親族に成年後見制度に関する理解を深めてもらって、判断能力が著しく低下した場合における家庭裁判所の審判手続につなげていけるようにすべきであ

㈡　施設入所の場合　　施設（例えば、養護老人ホーム）に入所した場合にも、地権事業（生活支援員）や成年後見人を必要とする場合がある。施設は、状況に応じて親族などと相談して成年後見制度などの利用を図るべきである。

　以上、法人としての社協の成年後見について検討してきたが、最大の問題点は本人との利益相反の可能性である。これを制度上回避するには、杉並区成年後見センターのように、社協と区とが構成員（社員）となる別法人を設立する方式が考えられる（杉並区では、公益社団法人）。

3　複数後見の意義と形態

(1)　複数後見の意義

　民法（842条、843条3項、859条の2、876条の2第2項、876条の7第2項参照）によれば、成年後見人等が複数であるときは、家庭裁判所は、職権で、複数の成年後見人等が、共同してまたは事務を分掌して、その権限を行使すべきことを定めることができる（859条の2および同条の準用）。この規定が設けられたのは、例えば、弁護士甲が財産管理を担当する趣旨で成年後見人になった場合には、身上監護の面については、社会福祉士乙のような専門家が成年後見人になった方がよいということを想定したためである。しかし、実務においては、必ずしも審判において上記のような職務の「分掌」が定められているわけではないようである。財産管理と身上監護の区別は言葉の上では明確であるが、個々の事務がいずれに属するかは必ずしも明確ではないからである。例えば、介護給付のための契約を締結することや介護器具の購入は身上監護の担当者が単独でできるのか、それとも代金の支払いが必要となることから財産管理担当者

にあらかじめ相談すべきであるのか、が問題になるだろう。結局、費用のかかることについては2人で相談して行うのであれば、特に「分掌」を裁判所が審判で具体的に定める必要はないのであり、2人の話合いによる「分掌」でよいことになろう。例えば、審判では具体的に定めず、一定の金額以下の物品の購入については乙の判断でよいこととし、一定期間ごとに甲のチェックを受けるものとする、などの方法も考えられる。実務では、後者のように行われている場合も少なくない。

(2) 複数後見の形態

この点については多様なものが考えられるが、アイデアを含めて、ドイツの世話人（日本の成年後見人などに相当する）の諸類型が参考になるので、以下に紹介しておこう。

(a) 多種類の世話人

ドイツでは、世話人報酬制度の概算払いシステムへの転換に関連して、共同世話人または補助世話人の任命の制限および従来の委任世話人（後述）の廃止が行われた。これに対して、監督世話人は、議論はあったが廃止されず、より広い権限が与えられた。

世話人として考えられうる種類（形態）は、現在では、以下のように区分できる。

分掌世話人（1899条1項2文）は、複数の世話人が様々な任務範囲に従って、世話を分担する形態である。

共同世話人（1899条3項）は、複数の世話人が、同一任務範囲において同等の権利で働き、互いに監督し合う形態である。

補充世話人（1899条4項）は、複数の世話人のうち、主たる世話人が法的理由で行うことができない仕事を、他方が処理する形態である。避妊措置のための世話人（1899条2項）は、補充世話人の特別な場合である。

支障世話人（1899条4項）は、主たる世話人が事実上の理由によ

り、被世話人のためにそもそも活動することにつき支障がある場合に、利用される形態である。

監督世話人（1908条i第1項、1792条）は、世話人の監督に際して、世話裁判所を援助するものである。すなわち、監督を主要な仕事とする世話人である。

なお、主たる世話人から当該事項につき委任を受けた場合にのみ活動する委任世話人（復委任）（1899条旧4項）は廃止された。

(b) 職業世話人と名誉職世話人(タンデム)

職業世話人との組合せによる名誉職世話人（ヴォランティア）の任命は、文献においてはタンデム（2人乗り自転車式）世話と呼ばれている。それは以下のような目的に奉仕するものである。

① まず、それは、従来経験のない名誉職世話人が、最終的に職務遂行に責任がもてるようになるまで、よりよくその職務につき手ほどきすることができるために利用されうる。

② それは、名誉職世話人につき、しばしば困難な初期段階において生じる世話上の負担を軽減することにも役立つ。

③ 最後に、それは、世話を単独で抱え込んで悩んでいる親族に対して、世話人として適切に活動することを可能にするために導入される。

タンデムが、最初の2つの理由により利用される場合には、それは暫定的な解決策として考えられ、最終的には、単独の名誉職世話（人）に移行しうる。これは、報酬法（特別法）上は、同法5条5項2文により特に優遇されている。すなわち、タンデムから名誉職世話人（単独）への移行に際して、（手を引く）職業世話人は、名誉職世話人へのバトンタッチに際して規定されている「調整ボーナス」として、少なくとも1か月分の報酬額を受け取ることができる。

タンデム世話は、最初の2つのうちの1つを理由として設定された場合には、常に1899条3項の意味における共同世話になる。それ

が名誉職世話人の継続的負担軽減に奉仕する場合にのみ、1899条1項2文（前述）による任務の配分が問題になる（分掌世話人）。例えば、職業世話人の決断によって、ある親族の居所指定（例えば、施設入所）をめぐる困難な決断（施設入所は親族側の負担を考えると不可避であるが、心情的には忍びない）から解放することは、有意義である。というのは、施設入所の決定が当該親族と被世話人との関係を、場合によっては対立的なものにしかねないからである。

　通常は、共同世話人は同格であり、かつ共同してのみ被世話人を代理することができる。彼らの意見が一致しない場合には、世話裁判所が決定するのであるが、1908条i第1項1文、1797条1項は、世話裁判所が別段の定めをすることを認めている。すなわち、タンデムの職業世話人に優先権を認め、特に意見の相違がある場合には最終決定をし、かつその場合に被世話人を単独で代理する権利（最終決定権）を認めることができる。このような格上げされた世話は、タンデム世話が名誉職世話人の資質を試すことに役立つ場合に利用される。

　タンデム世話人の利用のメリットは、以下のようにまとめることができる。

① 　タンデム世話は、その名誉職世話人がすでに以前から被世話人と親密な人的関係を有している場合には問題なく認められる。その場合には、タンデムにより、被世話人の福祉にかなった希望ないし考え方についての調査（1901条2項2文）がきわめて容易になる。

② 　そうでなくても、名誉職世話人との信頼関係の構築が本質的に少ない費用でできるようになるような事例において利用が検討されるべきである。例えば、被世話人が職業世話人を一般的に信用しておらず、または名誉職世話人をすでに知っている場合である。

③　きわめてまれな事例であろうが、名誉職世話人が、職業世話人に欠けている特別な見識を有していることもありうる。ただし、そうではあっても、それだけではタンデム世話を正当化する理由とはならない。あらかじめ、この知識を同程度に有する他の職業世話人の任命で十分であるか否かが審査されなければならないからである。

第9章

成年後見審判等の区市町村長による申立て

1 はじめに

　成年後見法の立法過程においては、成年後見等の審判手続の開始要件として、親族等の申請を要件とするか（申請主義）、または隣人等の関係者から事実上家庭裁判所に対して職権発動を促す通報があれば、成年後見人等の要否につき家庭裁判所が職権により調査を開始できるようにするか（職権主義）、についても検討がなされた。審議の結果、2000年施行の改正法は、従来どおり申請主義を維持することとした。しかし実際には、4親等内の親族がいない場合や親族がいてもその協力が得られない場合も少なくない（しかも、検察官は、実際上、申立権者としては機能していない。2014年度も全申請件数34,174のうち、2件）。このような状況の下で、3つの特別法（第7章6(3)）において、区市町村長が後見審判などの申請を行うことができる旨の規定が置かれている。以下では、手続の順に応じて生じうる問題点について検討してみよう。

2 区市町村への相談

　民法上は、4親等内の親族などが家庭裁判所に成年後見などの申立てをすることになっているが、現実には、本人やその親族、地域

包括支援センター、民生委員、介護支援専門員（ケアマネジャー）、サービス事業者、近隣の者などが、本人が居住している市の担当課等に相談することから成年後見などの必要性に関する検討が始まるケースが少なくない。

福祉関係機関への相談であっても、緊急を要する場合には、成年後見人の任命を議論している余裕はない場合もあるから、即刻措置入所というケース（例えば、高齢者の養護老人ホームへの入所、この場合には措置制度が残されている）もあろう。その上で、施設入所後の成年後見の要否について検討することになろう。このように、在宅であれ施設入所であれ、親族がいない場合やその協力が得られない場合には、関係者等の相談をきっかけとして、福祉行政や相談センターのもとで、成年後見人等の必要性につき検討を開始することになる。

3 区市町村による調査
――後見申立ての必要性について

区市町村の福祉行政の担当者は、相談に対応するために、以下のような点について調査・検討を行うことになろう。

(1) 本人の判断能力

本人に不十分ながら判断能力があれば、行政のサポートを受けながら、本人が自ら申請する。地権事業（第4章二参照）の場合には地域の社協が、保佐もしくは補助の申立ての場合には裁判所が、その要否について判断する。この原則を前提として、市町村では、相談者の内容に応じて、成年後見制度や地権事業等の内容について説明をして、本人がどのようなニーズを有しているかについて判断する。いずれを選択するにせよ、本人による申立てが可能であれば、この申立手続の準備はこれで終了し、社協や福祉行政は、本人申立

てをサポートする。成年後見等審判につき、本人申立てが困難であれば、区市町村長による申立手続を続行する。

(2) 本人の資産状態の調査

　本人が財産を有している場合には、その管理が問題になるので、本人の意思を尊重しつつ、場合によっては親族に相談しながら、財産管理上の必要性に関する基礎データを調査する。なお、管理者を付するほどの財産がない場合にも、在宅生活中にだまされて借金等をしやすい人については成年後見等を利用する必要はあるから、財産の有無が成年後見等の必要性の有無には直結しないので、この点には注意が必要である。本人が不十分ながら判断能力を有しており、そのニーズが主として身上監護であり、施設入所等の斡旋などだけで当面は十分であるということになれば、区市町村長による後見等の申立ての準備手続はここで終了する。要は、他の機関による福祉サービスを含めて、本人の地域または施設での生活が十分に可能であるならば、必ずしも成年後見人の選任手続に進む必要はないのである。成年後見などの審判申立手続の必要性が認められたら、次の段階へ進む。

(3) 申立人の探索

　(イ) 親族の探索と協議　　成年後見人等の必要性が確認された場合には、申立人を探さなければならない。4親等内の親族がいれば、原則（法律上の原則ではないが）としてこの人に申立人になってもらう。この場合には、行政側は必要に応じて審判申立てのためのサポートを行う。なお、このための調査に当たっては、区市町村に個人情報保護条例等がある場合には、その手続に従う必要がある。

　(ロ) 親族以外の申立人　　4親等内の親族の存否等の関係では、以下のような場合が考えられる。

　① 4親等内の親族がいない場合　　調査の結果、この点が明確になった場合には、区市町村長による申立てが必要であると考

えてよい。
② 見つからない場合　戸籍上の親族関係が複雑で調査に相当な期間を要するというような場合も考えられる。そのよう場合には、親族が見つかっても協力が得られる可能性は低いから、速やかな対応という観点からも、ある時点で「必要性」があると判断してよい場合が多いであろう。厚生労働省の見解では2親等の親族（親・兄弟姉妹）調査を一応の目安にしている。
③ 見つかっても協力が得られない場合　この場合にも、区市町村長の申立てに進んでよいと思われるので、区市町村長は申立てにつき最終決断を行う。なお、この場合には、区市町村長による申立てについて親族から了承を得たうえで、後日のトラブル防止のために、できれば「了承」を書面にしておくとよい。

(4) 助成執行伺いなど

区市町村長による申立手続に着手すると同時に、費用面において助成（後述8参照）が可能であるとの見通しの下で、そのための手続を開始する。調査内容等については重複するが、以下の点につき調査に基づいて資料を用意する必要がある。

① 本人の状況
② 申立理由（申立書の作成）
③ 助成の理由
④ 経費および負担の見込み
⑤ 実施スケジュール

これらの点についての審判請求のための資料の準備と並行して、費用等の補助の可能性を検討しつつ、審判手続への準備を進めていくことになる。

(5) 区市町村長による申立手続の開始

区市町村長の決済を得て（実務上は担当部長の決済か）、その方向で検討を開始する。その前提として、以下のような点につき注意す

ることが必要である。

(イ) 後見等登記の確認　本人の成年後見登記の有無について調査する。本人が任意後見登記をしている可能性もないわけではない。任意後見受任者がいれば、その者に引き継ぐことで、この手続は終了する。原則として、任意後見が法定後見に優先するからである。なお、このチェックは、任意後見が普及するようになれば準備の初期段階で行う方がよいであろう。

(ロ) 成年後見利用支援事業に関する要綱　成年後見の申立てに関する区市町村の要綱などがあれば、その要件を充足するか否かにつき検討する。その際、厚生労働省の補助や都道府県の補助の可能性についても検討すべきである。区市町村長の諮問委員会が設置されている場合もあるから、その場合には、速やかに委員会を招集するなどの諮問手続をとらなければならない。

4　区市町村長による申立ての決定

(イ) 必要書類の準備　区市町村長の決済が出た後に、裁判所に提出する必要書類を揃えることになるが、医師の診断書（鑑定書ではない）の用意が困難な場合もある。例えば、本人が医師の診察を拒否する場合などである。この場合には、本人の説得等の面で、いわゆるキーパーソンの役割が重要となる。

(ロ) 成年後見等の3類型からの選択　前述のいずれの類型で申し立てるかは、医師の診断結果を参考にしつつ、かつ家庭裁判所の意見（事実上の相談に対する助言）をも参考にしながら申立人が決定することになろう。もちろん、最終的にいずれの審判を下すかは、裁判所の権限である。

(ハ) 必要書類等　申立書（収入印紙、登記印紙、郵便切手）、本人の戸籍謄本および付票（区市町村長申立ての場合は無料）、成年後

見登記証明書、診断書（家裁所定の様式がある）が必要である。

　成年後見人候補者を申立書に記載する場合は、その者の戸籍謄本、住民票、身分証明書、登記記載事項証明書を添付する（外国人の場合には、外国人登録証明書が必要となる。なお、法適用通則法5条参照）。成年後見人候補者が法人である場合には、その登記簿謄本が必要となる。

5　後見開始審判等の申立て

　(イ)　要件　　区市町村長は、本人の「福祉を図るために特に必要があると認めるとき」は、後述の3つの法律に基づいて、本人の住所地を管轄する家庭裁判所に後見等の審判を申し立てることができる。

　(ロ)　区市町村長による申立ての法的根拠　　根拠法は、前章でも言及したが、高齢者については老人福祉法32条、知的障害者については知的障害者福祉法28条、精神障害者については精神保健福祉法51条の11の2である。これらの法律において、「市町村長」とは、特別区の区長を含む趣旨である（地方自治法283条など、精神保健福祉法21条など参照）。これらの3つの法律が定める要件に該当しない場合、すなわち高齢者・知的障害者・精神障害者でない場合には、区市町村長といえども審判申立てはできない。

　(ハ)　援助を必要とする内容と本人の意思　　広義の後見類型のいずれのタイプを利用するかについては、前述（**4**(ロ)）のように、申立てに当たって慎重に検討する必要がある（後述、**9(1)(b)**も参照）。なお、補助開始の審判については、本人の同意が必要である（15条2項）。保佐開始の審判の場合にも、保佐人に代理権を付与するときは、本人の同意が必要である（876条の4第2項）。なお、審判の要否に関する要件論としては、民法上の規定が重要であるから、鑑定結

果を重視しながら判断しなければならないが、本人の意向を可能な限り尊重すべきである。

6　後見開始等の審判

(1)　申立人と調査官の関係

区市町村長による申立てのケースにおける家裁の調査にあたっては、区市町村行政の側からの事実上の協力者が必要となる。家裁の調査官による調査は独自になされる必要があることは当然であるが、一定の時間的制約の中において実態に即した調査を行うためには、本人とその居住地域の実態に詳しい者の協力は不可欠である。

(2)　鑑定料の支払い

家庭裁判所から鑑定料について通知があったら、その金額を予納する（3〜15万といわれている）。費用は申立人（区市町村長）が支払わなければならないのが原則である。しかし、後に本人に求償するのが親族等による申立ての場合と比較して公平であろうから、求償する場合には、家裁の調査官にあらかじめその旨を伝えておくべきである。その場合においては、非訟事件手続法上は家事審判官あてに上申書を提出しておいて、これにより、家裁は同法28条に基づいて求償できる旨の命令を発する。

なお、審判後に、費用を負担した者（区市町村）から後見人等に対して費用を請求することも可能と思われる（事務管理）。つまり、同法上の手続をとらなかったからといって実体法上求償できなくなると考えるべきではない。

(3)　費用の負担と求償

区市町村として、費用を本人に求償するか否かについては、あらかじめ「要綱」等においてその基準を定めておくことが望ましい。基準の作成に際しては、後見審判等の必要性はあるが費用負担が経

済的に困難である者の申請については、一定の基準に基づいてその費用の減免を認めるような内容にすべきである。例えば、生活保護受給者については、市が申立費用を負担すべきであろう。その場合の助成制度については、後述**8**(ハ)も参照。

(4) 家裁調査官による調査

区市町村長の代理として手続に来た者（区市町村の担当者）についての資格に関する確認等が行われた上で、以下のような点について、さらに確認ないし調査が行われる。

(イ) 手続申請者に対する調査　本人に関して、以下の点について手続申請者を通じて確認ないし調査する。

① 区市町村長による申立てのきっかけないし動機について明らかにする。

② 本人の健康状態（認知症の症状）、生活状態、略歴、家族との関係などについて調査する。施設入所の場合には、その年月日、施設入所前の居住形態などについても調査する。

③ 本人の収入、資産およびその管理についても調査する。

④ 成年後見人等の候補者の存否等についても調査する。

(ロ) 本人に対する調査

① 本人の症状の確認　広義の成年後見制度のいずれの利用者に該当するかについての最終確認を含めての調査を行う。

② 本人の意思ないし希望の確認　本人の意思確認ができる場合については、成年後見等のすべての内容について意思確認を行う。

(ハ) 成年後見人候補者等に対する調査　候補者としての適否に関する調査などを行う。適切と思われる親族がいる場合には、その者についての調査を行う。

法人後見等の場合には、その法人の定款、最近の事業報告書、事業計画書、後見人となる法人の意思確認等を行う。

(5) 家裁調査官によるその他の調査および要請

(イ) 後見人候補者に対しては、本人に係る収支の報告を出納簿に付けてほしいとの要請があらかじめなされることがある。

(ロ) 調査官が診断書を参考にしつつ本人面接を行い、さらに医師との面接の後に、後見（または保佐、補助）開始決定の方向で手続をすすめるとの説明がなされる。

(ハ) 本人の生活上の経済的規模等について、収支報告や出納簿等により情報を収集し、後見監督の要否についても調査する。

(ニ) 資産に不動産が含まれている場合には、その管理関係（管理契約や管理人）についても調査する。

(ホ) 複数後見を申請している場合には、権限の分掌についても検討する。その際、施設入所中かまたは入所予定であるか等についても調査と確認がなされる。

(6) 鑑定

(イ) 家裁が指定した鑑定人が本人を鑑定する。通常は鑑定人としては精神科医が適任であろう。適任者が見つからない場合には、本人の主治医とされることもある。

(ロ) 判断能力について結果が明白である場合には、費用を低く抑えるために本人の主治医を利用することは差し支えないが、保佐類型や補助類型等の場合には、むしろ主治医のような立場にない医師の方が望ましいであろう。本人の行為能力を制限することになる以上、第三者による予断のない判断が加わる方が望ましいからである。

(ハ) 若年または壮年の知的障害者の場合には、後見を必要とする期間も長くなるので、法人後見の方法を検討することも有用である。ただし、あまり大規模な法人ではない方がよいが、仮にそうであっても、担当者が少数の者に固定されるような方法が望ましい。いわゆる「顔の見える成年後見」を実現すべきだからである。

(ニ) 精神障害者の場合には、本人が鑑定を拒否しているような場合であっても、特定の人（いわゆるキーパーソン）の意見は受け入れるようなときもあるので、後見人予定者をその人に依頼できれば最も望ましいが、それが困難である場合には、その人の負担が重くなりすぎないように複数後見の方式を利用するとよいであろう。

(7) その他の留意点

(イ) 施設入所の場合には、身上監護は基本的に施設で行われるので、主として財産管理を成年後見人等に委ねることになるであろうが（施設側のメリット）、本人にとっても、施設内での人権侵害の防止等の点で成年後見制度の利用は有意義である。

(ロ) 相談の開始から審判までの間に相当の時間を必要とする場合があるので、緊急に財産関係の処分が必要な場合には、「審判前の保全処分」（家事105条）を申請すべきであろう。

7 審判と裁判所からの告知・通知

(イ) 成年後見人の決定　家裁は申請書に書かれた後見人候補者を参考にしつつ、適切な者を成年後見人等として決定する（843条）。

(ロ) 成年後見登記　家裁は審判を前提として、嘱託により成年後見登記を行う（家事116条）。

(ハ) 効力の発生　審判はこれを受ける者に告知することによって効力を生ずる（家事74条2項）。ただし、後見等開始審判については、成年後見人等に対して告知がなされ（家事122条2項）、本人に対しては通知がなされる（家事122条1項）。

(ニ) 抗告　当該通知の後2週間以内に即時抗告のみが可能である（家事123条、86条など）。

8 法定後見の開始

(イ) 成年後見人の仕事の開始　審判は、前述のように告知によって発効する。ただし、即時抗告のできる審判は、確定しなければその効力は生じない（家事74条2項）。区市町村長は申立人として審判の発効を確認し、成年後見人等の業務が開始することを見守る必要があろう。

(ロ) 費用の求償　区市町村長が負担した費用は、前述のように、家裁の費用負担命令に基づいて本人に求償するのが通常である（非訟28条）。そのための上申書を提出することになる。

(ハ) 費用求償ができない場合　本人に支払能力がない場合には、手続費用は結果としては市等の負担となることも覚悟する必要がある。しかし、その場合には「成年後見制度利用支援事業」に基づく補助制度を利用することができる。そのためには、以下の要件を満たす必要がある（厚生労働省）。

成年後見制度の利用に係る経費に対する助成を市町村が行ったときには、次の①の対象者に対して、②の経費を補助する。

①障害者福祉サービスを利用し又は利用しようとする身寄りのない重度の知的障害者、精神障害者であり、②後見人等の報酬等、必要となる経費の一部について、助成を受けなければ成年後見制度の利用が困難と認められる者

(ニ) 報酬の支払い　家庭裁判所は、成年後見人および成年被後見人の資力その他の事情によって、成年被後見人の財産の中から、相当な報酬を成年後見人に与えることができる（862条、家事別表第一(13)、117条2項）。つまり、後見報酬は原則として本人負担である。ただし、本人に支払能力がない場合には、区市町村が前述の「補助」制度を利用すべきであると判断した場合には、その手続を行う必要がある。

なお、報酬は、通常一定期間（例えば、1年）まとめて後払いされるものと解されている。

9　区市町村長による申請制度の課題

ようやく増加し始めた区市町村長による申立制度であるが、実務家の間では、様々な意見ないし苦情が出されている。以下に問題点をまとめておこう。

(1) 申請の準備から審判までの所要時間

(a) 準備段階での問題点

(イ)　親族の探索　　戸籍を基礎資料として親族を探索するが、ケースによってはきわめて困難な場合もある。区市町村による申立制度が柔軟に利用されれば（厚生労働省の「基準」の2親等もその1つ）、このような場合の手続の遅滞を防止することができよう。

(ロ)　親族の協力の確保　　親族がもともと本人と仲が良くなかった場合もあるし、本来良くも悪くもなかったがきわめて疎遠であったから、いまさら関係を持ちたくないという場合もある。このような場合には、せめて区市町村長による申請については親族に了解してもらうなど、後にトラブルが発生することを防止する点にも注意を払うべきである。

(ハ)　身上監護の範囲　　家裁の審判内容の問題としてではなく、成年後見人等になった者が実際に当該本人に対してどの程度の身上監護義務を負うべきかという問題が生じる。成年後見人は介護義務を負うわけではないが、本人のニーズとの関連で具体的に（例えば、いかなる介護サービス契約を結ばなければならないか）判断しなければならないので、広義の成年後見制度の要否の点で、困難が発生することもある。

(b) 本人の判断能力に関する判定の困難さ

前述のように、区市町村長による申立ての段階において、前述の3類型のいずれで申請するかが問題となるが、これも本質的には本人の判断能力の程度によって定まる。本人にある程度の判断能力がある以上、行為能力の制限が最小限度になるような制度（類型）を利用すべきであるが、認知症高齢者の場合には、症状が進行することが予想されるので、その際に再度手続を行うのは面倒であると考えて、権限が最も大きい「後見開始審判」を申請する方がよいと考える者もあるようである。確かに、裁判所での審判手続は本人にとっても一定の負担であろうと思われるので、このような配慮も一定の範囲ないし程度において許されようが、障害者権利条約の批准後の今日においては、安易な判断は慎むべきである。症状が安定しているタイプ（知的障害者）については、むしろ本人の現有能力の尊重ないし活用という観点が重視されるべきである。つまり、本人が必要としている以上の「サポート」を給付すべきではない。

(c) **費用を補助するための区市町村の予算**

本人が成年後見制度の申請費用や後見人に対する報酬を負担できない場合に、国が助成することができる（8(ハ)参照）。この制度を利用する場合には、予算措置が必要である。したがって、関係行政庁間の連絡調整も必要となる。

(d) **後見人等の報酬の不明確さ**

後見人等の報酬は、民法上、裁判所が本人の財産から与えることができる（862条）と規定するのみで、それ以上の具体的規定はない。成年後見人の事情と成年被後見人の財産状態等の事情を総合的に考慮して、報酬支給の是非およびその額を決定することになる。区市町村長による申立ての場合には、親族が単独で成年後見人になる場合は少ないであろうから、それ以外の場合を念頭において、以下検討しておこう。

(イ) 本人に報酬支払いの基礎となるような財産がない場合　　区

市町村が前述（8�）の助成金を利用して報酬が支払えるように配慮する方法が考えられる。この場合には、本人の財産は本来存在しないわけであるから（生活保護受給者の場合もあろう）、補助金額の限度が報酬の限度額となろう。このことから、成年後見人等もこの程度の報酬で成年後見の任務を引き受けてくれる人を探すことになる。この場合の金額がどの程度のものとなるかはケースによって異なるが、現状ではせいぜい月額で2～3万円程度であろう。今後は、この制度の将来の利用者数と国の予算との相関関係も考慮されなければならない。

㈠　本人に流動資産（預金等）があるけれども少ない場合　これが本人の生活費にもなっている場合には、この中から後見人報酬を支払ってしまうと、生活費が短期間で枯渇してしまうおそれが生じる。ここで考え方は2つに分かれるであろう。

① 「本人の財産から支払う」以外の方法を検討すべきである。
② 「本人の財産から支払う」ことにより、生活ができなくなったら、生活保護を受給すべきである。

以上のいずれの方法も実務上は簡単ではないだろう。例えば、①の方法をとると非流動的財産を有する者が助成金を取得することになってしまう。また、流動資産はない（または少ししかない）が、固定資産（居住用不動産など）がある場合には、リバース・モーゲージのような方法を検討することも必要となろう。つまり、一定の機関が本人の居住家屋等に抵当権を設定して生活費や成年後見報酬を融資する方法である。したがって、審判の申請にあたって、早い段階から、いずれの方向で進むかにつき検討を開始すべきである。

㈢　流動資産が十分にある場合　成年後見人には弁護士、司法書士、社会福祉士等の専門家を依頼し、区市町村側は成年後見等の監督が実際上十分になされるように配慮すればよいであろう。実際上は、成年後見等監督人と連絡を密にして、必要に応じてサポート

することになろう。

(e) 鑑定費用など

(イ) 本人が負担できない場合　費用負担者やその求償の場合についてはすでに述べた。

(ロ) 経済的には負担できる場合　本人に費用負担の意思がない場合もある。これは、本人が医師による診察を拒否する場合と同様であり、本人に制度趣旨を理解してくれるように説得する以外にない。

問題は費用を抑えるためにどの程度の工夫をしてよいかという点である。誰でも手続費用は節約したいと考える。しかし、成年後見制度は本人の行為能力を制限する制度であり、しかも利用決定（審判）の可否とその類型については本質的に鑑定に依存することになるので、主治医の判断の他に第三者である専門家の判断（鑑定）を求める方がよい。したがって、裁判所としては、具体的ケースに応じて、本人の人権擁護の趣旨にそった判断を行うべきである。本人が、判断能力は不十分ではあるが相対的に高い判断能力を有する場合には、先入観のない第三者の判断が意味をもつ場合もあろう。

(2) 成年後見制度利用援助のための助成制度と問題点

(イ) 経費補助要件設定の困難さ　区市町村においてこれを要綱上に表記する場合にも、様々な意見がある。予想される問題点を配慮すると、例えば、次のような規定が可能である。

「審判申立費用の求償免除および後見等報酬・費用の助成対象者は、区市長村長が審判申立てを行った者のうち、次に掲げる要件を充足する者とする。

① 生活保護法（昭25・法144）に規定する被保護者

② 当該申立ておよび後見等の開始後の、後見等報酬に係る費用を当該者の属する世帯の収入および資産から控除したとき、生活保護法による保護の基準（昭38・厚生省告示158号）により算

定した最低生活費を下回る者」

(ロ) 区市町村の財政的負担の重さ　区市町村が前述の厚労省の助成金を利用したうえで負担した金額を前提として、その財政上の負担を考慮することになるから、対象者が少ない場合には財政的負担が問題になることはないであろう。しかし、その人数が増えると、国の予算がそれに応じて増額されない限り、区市町村段階では、1人に対する助成額が全体枠の制限により減少することになり、その額が非現実的なものとなると、実際上必要な額まで区市町村が負担することになりかねない。これらの点についても都道府県とも相談をしておくとよいであろう。

(3) 3つの特別法の要件を満たさない場合

高齢者、知的障害者、精神障害者のいずれでもない者が、成年後見を必要とするような状態になったが、4親等内の親族等の申請者がいないというような場合も生じうる。このような場合は、法制度上は、手続を進めることができるのは、検察官しかいないことになるが、検察官の側にその準備があるのか、問題点は残されている。

第10章

外国の成年後見制度（概説）
―日本との比較―

1 はじめに

　日本の成年後見制度の改正に先立って、欧米諸国でも民法等の関連規定の改正が行われた。国際的な場面における成年後見制度改正の背景ないし要因を挙げれば、1970年代における国連の「障害者の人権宣言」などであろう（第4章1参照）。当時すでにヨーロッパ諸国では少子・高齢化の傾向がみられたが、改革の理念は、主として障害者の権利擁護であったと思われる。民法典の禁治産制度の現代化という観点からみれば、欧米各国の中でもフランス民法の改正がもっとも早い。本書にこのような章を設けたのは、日本法の改正の際に参考にされたことと、成年後見制度をより使いやすい制度に改善していくために提言をするような場合に、外国の制度が参考になると考えたからである。

2 フランス

　フランスでは、1968年に民法改正がなされ、従来の禁治産制度が使いやすい制度に改正された。これは、必ずしも高齢化社会に対応したものというわけではなく、主として精神病医学の進展に伴う

ものであったと言われている（2007年改正は別）。

　フランス民法を取り上げる理由は、いくつかある。まず、現行の日本民法の後見規定の制定に際して参考にされたのは、フランス民法であったこと、2000年施行の民法成年後見規定の改正に際しても参考にされたこと、を挙げることができる。前者は、日本の民法が2類型、すなわち禁治産、準禁治産制度から出発した点を挙げることができる。後者については、フランスにおけるその後の変化をも参考にしたからである。本書では、フランス後見法の最新の内容を紹介することよりも、日本民法の改正に際してどのような内容を参考にしたか、が重要であるから、紹介に当たっては、2000年当時のフランス民法の後見規定を前提としている。

(1) 民法典における成年後見制度

「第1編　人／第11章　成年及び法律によって保護される成年者／第1節　総則」(1968年1月3日法律第5号）においては、おおむね以下のように規定されている。

(a) 民法典における関連規定の基本構成

　民法における成年後見制度は、「sauvegarde de justice：裁判所の保護（司法救助）」「後見」および「保佐」の3つに分けて説明される。これらの制度の個々の説明の前に、これらの制度全体に共通する部分について述べておこう。民法でも、総則において、488条から490条の3までの条文が個別の制度の規定の前におかれている。

　まず、これらの制度の対象者となるのは、「精神的能力が疾病、病弱又は年齢による衰弱によって減退している」者（490条1項）および「身体的能力の減退が意思の表現を妨げる」者（490条2項）であり、これらの「精神的又は身体的能力の減退は医学的に立証」（490条3項）された者であることが必要である。ただし、保佐については「浪費、放縦、怠惰によって窮乏に陥るおそれがあり、またはその家族的義務の履行を危うくする成年者」（488条3項）も対象とな

る。

　精神的能力の減退は、一過性のものではなく、ある程度継続的なものでなければならないと解されている。具体的には、保護制度は、重大な精神病患者だけではなくて、聾唖の結果、自分の権利を十分に守ることができないようなおそれがある者や、高齢になり認知症が生じた者についても使われている。本人の保護のために使われる制度であり、精神病による減退ばかりではなく、知的障害の場合にも使われる。[注1]

(b)　成年・行為能力・法律上の被保護成年者

　フランス法上は、満18歳をもって成年となる。人はこの年齢において、民事生活のすべての行為について法的能力を有する。ただし、その個人的能力の減退によって単独でその利益を図ることが不可能である成年者は、個別の行為に際して、または継続的な方法によって、法律により保護される。また、前述のように、本人の浪費、放縦もしくは怠惰によって窮乏に陥るおそれがあり、またはその家族としての義務の履行を危うくするような成年者は、同様に保護されることが可能である（488条3項）。

(c)　意思能力無効の訴え

　(イ)　意思無能力　　有効な法律行為をするためには、精神が健全でなければならない。ただし、法律行為につき一時的な精神障害の存在を証明することは、この事由によって無効を主張する者の負担とされている。無効の訴権を行使しうるのは、本人の生存中は、その者であり、またはその者についてその後に後見人もしくは保佐人のいずれかが選任された場合には、その後見人または保佐人のみがその権限を有する。無効の訴権は、1304条に定める期間（原則10年）によって消滅する（489条）。

　死亡後の訴えについては、特別の要件が定められている。すなわち、ある者が行った生前贈与または遺言以外の行為は、その者の死

亡後は、以下に列挙される場合でなければ、前述489条に定める事由をもって無効主張をすることができない（489条の1）。すなわち、無効主張ができるのは以下の場合である。
① その行為が、それ自体精神障害の証明を含む場合
② 本人が裁判所の保護（司法救助）の下に置かれていたときにその行為をした場合
③ 訴えが後見または保佐を開始させる目的で死亡前に提起された場合

(ロ) 責任能力　精神障害の下において生じた損害の賠償責任については、特則が定められている。すなわち、精神障害の支配下にあったときに他人に損害を生じさせた者も、それについて同様に賠償の義務を負う（489条の2）。

(d) 民法が定める3つの保護制度の通則

(イ) 3つの保護制度の選択　前述のように、精神的能力が疾病、病弱または年齢による衰弱によって減退しているときは、裁判所の保護（司法救助）、後見または保佐の1つによって、その者の利益を図ることができる。身体的能力の減退が意思の表現を妨げる場合には、同一の保護制度がそれについて適用される。精神的または身体的能力の減退は、医学的に立証されなければならない（490条）。

(ロ) 保護制度と医学的治療との関係　これは、相互に独立とされている。すなわち、治療の態様、特に入院と自宅療養との間の選択に関しては、民事上の利益に適用される保護制度とは別個に判断される。また、民事上の利益に適用される制度は、医学上の治療から独立して運用される。ただし、後見裁判官は民事上の利益の保護制度を設定する裁判に先立って、治療担当医の意見を聞くものとされている（490条の1）。

(ハ) 被保護者の意思に委ねられる財産等　適用される保護制度がいかなるものであっても、被保護者の住居および住居に備え付け

られる家具は、可能な限り長くその者のために保有されなければならないとされており、これらの財産に関する管理権限は、一時的収益の合意に限定されている。それらの合意は、被保護者が健常に復帰した後は、これに反する規定または約定にかかわらず、直ちに終了しなければならない。居住に関する権利を処分することまたは動産を譲渡することが必要となる場合、または被保護者の利益となる場合には、後見裁判官は、治療担当医の意見を聞いた後にその行為を許可しなければならない。ただし、財産の性質によって必要となるその他の方式の利用も許される。また、記念品およびその他の個人的性格の物件は、常に譲渡対象から除外され、被保護者のために、場合によっては治療施設の配慮によって、保管されなければならない（490条の2）。

(ニ) 被保護者に対する検事等の訪問　治療地の共和国検事および後見裁判官は、法律によって保護される成年者に適用される保護制度がいかなるものであっても、それらの者を訪問し、または〔第三者に〕訪問させることができるとしている（490条の3）。

(e) 裁判所の保護(司法救助)**の下の成年者**

(イ) 裁判所の保護　490条に定める事由（疾病、病弱または年齢による衰弱）の1つによって民事生活上の行為において保護される必要がある成年者については、裁判所の保護の下に置くことができる（491条）。

裁判所の保護は、公衆衛生法典に定める条件に従って、共和国検事に対して行う申述をまって実施される。後見または保佐の手続を受理した後見裁判官は、保護することを必要とする者を、仮の決定によって、審理の期間中裁判所の保護の下に置くことができる。この決定は、共和国検事に送付される（491条の1）。

(ロ) 被保護者の行為能力　裁判所の保護の下に置かれる成年者は、その権利行使の資格を保持している。ただし、その者が行った

法律行為およびその者が締結した契約上の債務は、489条によって無効とすることができないときであっても、単なる損害を理由として取り消し、または給付過分の場合には減殺することができる。裁判所は、この点の判断に際して、被保護者の資産、その者と取引をした者の善意もしくは悪意および取引の有益もしくは無益を考慮することになっている。取消しまたは減殺の訴権は、本人の生存中は後見の開始を請求するための資格を有するすべての者が、そして本人の死亡後はその相続人が、行使することができる。この訴権は、1304条に定める期間（原則10年）によって消滅する（491条の2）。

(ハ) 被保護者による財産管理の委任　ある者が、裁判所の保護の下に置かれる前に、またはその後に、その財産を管理するために受任者を置いたときは、その委任は、執行可能なものとなる。ただし、委任状において、保護の期間を考慮して受任された旨を明示的に規定している場合には、その期間中は、委任者は、後見裁判官の許可を得たうえでなければそれを撤回することができない。裁判官は、すべての場合において、職権で、または後見開始請求の資格を有する者の1人の申請に基づいて、委任の撤回を言い渡すことができる。また、裁判官は、職権によってでも、それに関する報告が小審裁判所（郡または区の裁判所）の首席書記官の承認に服する旨を命ずることができる。ただし、裁判官自身がこの検査を行う権限を有している（491条の3）。

(ニ) 財産管理の委任がない場合　受任者は、財産管理について委任がない場合には、事務管理の規定に従う。ただし、後見開始請求の資格を有する者は、保存行為の緊急性ならびに裁判所の保護を目的とする申述の内容について知っていたときは、被保護者の資産の管理にとって必要な保存行為を行う義務を有する。同一の義務が、同一の条件の下に、治療施設の長に対して、または、場合によって保護の下に置かれる者をその住所に止宿させる者に対しても、課

せられる。この保存行為をする義務には、第三者に対する関係において、それに相応する権限が含まれる（491条の4）。

(ホ) 後見裁判官の権限　前述(ニ)の場合のほかに行為する必要がある場合には、すべての利害関係人は、後見裁判官にその旨を通知することができる。裁判官は、後見人が家族会の許可なしにすることができることの限度内で特定の行為または同一の性質の一連の行為をするために特別の受任者を指定することができる。また、裁判官は職権で後見もしくは保佐の開始を決定し、または利害関係人が後見もしくは保佐の開始請求権者である場合には、その者が自ら手続開始を提起するようにさせることができる（491条の5）。

(ヘ) 裁判所の保護の終了　裁判所の保護は、以前の状況（病気など）が終わったことを証明する医師などによる新たな申述、その期間の満了、または共和国検事の決定に基づく登録の抹消によって、終了する。裁判所の保護は、同様に、後見または保佐の開始によって、新たな保護の制度が効果を生じる日に終了する（491条の6）。

(f) 後見に付される成年者

(イ) 成年後見の開始　後見は、成年者が490条に定める事由（前述(d)(イ)参照）の1つによって契約締結等の民事生活上の行為において継続的な仕方で代理される必要があるときに、開始する（492条）。前述のように、後見裁判官は、後見開始の申請を受けた場合においては、裁判所の保護（司法救助）に付すこともできるし、後見に付すこともできるし、保佐に付すこともできる。また、後見の機関を簡略化して、つまり、家族が対応できるときには家族の任務としてもよいし、資金が乏しい場合には簡便な治療施設の管理職員の任務としてもよい（497条や499条）。また、夫婦財産制で対応できるときには、後見を開始するまでもなく夫婦財産制を活用すればよい（498条）。

なお、後見開始の判決に対する上訴は、大審裁判所（第一審の民事裁判所）に提起される。上訴権者は、後見開始の申請者よりも幅広く認められている（493条3項）。

後見の開始は、保護する必要がある者、共同生活が配偶者との間で終了していない限りその配偶者、尊属、卑属、兄弟姉妹または検察官の申請に基づいて、後見裁判官が言い渡す。また、後見は、裁判官が職権で開始することもできる。その他の血族、姻族および知人は、後見の開始を正当とする事由について裁判官に通知することのみができる。治療担当医および施設の長についても、同様である。前述の者は、それらの者が審理に関与しなかった場合であっても、後見を開始した判決に対して大審裁判所に不服申立を提起することができる（493条）。

後見の組織と管理は、完全に組織されたときは、完全後見と呼ばれる。これは未成年者の後見と基本的に同様である。つまり、後見人（tuteur）と後見監督人（subroge tuteur）が選ばれ、家族会（conseil de famille）が招集される。この場合には、未成年後見の規定が、子の育成に関する規則を除いて適用される（495条）。家族会は、被後見人の居所の後見裁判官が議長となり、その他に、後見裁判官によって任命された4名ないし6名の血族・姻族または友人等によって構成される機関である。後見人は家族会に出席し、意見を述べることはできるが、議決権は持たない。後見監督人は、家族会がその構成員の中から選任する。家族会は、後見制度の扇の要をなす機関とされ、後見の組織に関する事務（選定後見人および後見監督人の指定、これらの者の辞任・解任についての決定など）や、後見事務の統括（後見費用の決定、後見事務の監査、重要な処分行為の許可など）を行う。この点で、明治民法の親族会（第2章**14**参照）とは制度的にも異なっている。家族会は、後見裁判官により、開催日の少なくとも8日前に招集され、決議は相対多数でなされるが、後見裁判官は

構成員が実際に集合することなく書面で投票することを求めたり、緊急の場合であって会議の定足数が足りないときは、自ら決定することもできる。[注2]

　裁判官は、疾病者の精神的または身体的能力の減退が、共和国検事によって作成される名簿に基づいて選ばれる専門医によって認定された場合でなければ、後見の開始を言い渡すことができない。後見の開始は、民事訴訟法典に定める条件に従って言い渡される（493条の1）。

　後見に関する判決の対抗力については、後見の開始、変更または解除を定める判決は、被保護者の出生証書の余白に民事訴訟法典に定める態様に従ってその記載を行ってから2月後でなければ、第三者に対抗することができない、とされている。ただし、この記載がない場合でも、それらの判決は、個人的にそれを知っていた第三者に対しては、対抗することができる（493条の2）。

　「解放」（後見裁判官の決定により未成年者に完全な行為能力を取得させる制度）によって行為能力を取得した未成年者等の後見については、成年者の場合と同様に開始することができるとされている。その請求は、解放されない未成年者についても、その未成年の最後の年に提起し、かつ、判決を受けることができる。ただし、後見は、その者が成年となった日からでなければ、効果を生じない（494条）。

　㈣　未成年者後見の規定の適用　　未成年者の後見についての規定は、成年者の後見にも適用される。ただし、子の育成に関する規定を除き、さらに、一定の読み替えの下に適用する（495条）。その結果、被後見人の財産の管理も、基本的に未成年後見の場合と同様に行われる。後見人は、法律または慣行に基づいて本人がなしうる行為を除き、すべての民事行為において被後見人を代表する。また、被後見人の財産を、「善良な家父（管理者）の注意」をもって管理しなければならない。ただし、後見人が単独でなしうる行為

は、保存行為と管理行為だけである。緊急を要する処分行為または一定の価格未満の資産の処分行為は、後見裁判官の許可を得て行うことができる。さらに、処分行為一般は、家族会の許可を得てしなければならない。不動産および営業財産の譲渡や相続財産の協議分割などの特に重要な処分行為は、家族会の許可に加えて大審裁判所（前述）の認許など特別の形式を必要とする。

後見人は、その就任から10日以内に、後見監督人の立会いのもとで財産目録を作成し、3か月以内に所持人債券を受託機関に寄託するか、被後見人の記名債券に転換しなければならない。家族会は、被後見人所有の現金元本および収入の余剰について、後見人が運用義務を負う額およびその運用によって取得される資産の性質を定める。このほかに、後見監督人への計算書の提出義務（後見監督人はこれを後見裁判官に伝達する）なども定められている。被後見人は失当な管理によって被った損害があったときは、すべての後見機関に対してその非行を立証して賠償を請求できる。

このような完全後見を組織する以外に、後見開始を決定した後見裁判官にとっての選択肢としては、前述の497条の法定管理人の選任、499条の後見管理者の選任にとどめるか、さらに433条の国の後見への付託という手段があり、また、501条に基づいて被後見人自身の行為能力を段階的に残す選択肢もある。

未成年後見に関しては、「後見が引き続き空席である場合には、後見裁判官はそれを国に付託する」として、国の後見を定めている（433条）。この条文も成年後見に準用されている。つまり、後見人を得ることができないときには、国の後見という選択ができる。1974年11月6日のデクレ（大統領または首相が署名した執行決定）が国の後見の内容を整備してからは、国の後見が増加している。国の後見事務は、県知事およびその委任を受けた社会事業機関の責任者、教育施設の責任者、公証人、その他適格性を認められた自然人

または法人によって行われている。

　成年後見にも適用される450条（495条による準用）は、身上配慮も後見人の権限としている。また、身上監護と財産管理について後見人を分割できるとする417条も準用されている。497条の法定管理人は後見人と同様の身上配慮権限を持つが、499条の後見の管理者は、身上配慮の権限までは持たないと解されている。後見の管理者ができることは500条において限定されているからである。身上配慮の内容は、財産管理行為と違って規定されていないが、後見人の当該権限は、被後見人の人格に関する強制的な行為をする権限ではない、という点では一致している。例えば、1990年法の規定する強制入院の条件に合わないときにも、後見人が入院を強制することはできない。[注3]

　㈏　後見人　　夫婦の一方は、その配偶者の後見人である。ただし、共同生活がその配偶者との間で終了していた場合または裁判官が他の事由によってその者に後見を託することが禁止されると判断する場合には、この限りではない。他のすべての後見人は、選定後見人である。また、成年者の後見は、法人に付託することができる（496条）。

　夫婦の一方、卑属および法人を除いて、いかなる者も、5年を超えて成年者の後見を負担する義務を負わない。後見人は、この期間の満了時に、その交代を請求することができ、かつ、それは認められなければならない（496条の1）。

　後見人の資格についても、若干の規定を置いている。治療担当医は、疾病者の後見人にも後見監督人にもなることができない。ただし、後見裁判官には、その者に諮問の名義で家族会に参加することを求めることが常に許されている。後見は、治療施設には付託できず、さらに、後見の開始を請求する資格を有した者でない限り当該治療施設で報酬を受ける職にあるいかなる者にも、付託することが

できない。ただし、施設の担当者は、499条に定める場合（後述(ホ)参照）には、後見の管理者として指定されることができる（496条の2）。

　財産の管理については、後見裁判官は、財産を管理するのに適した血族または姻族がある場合には、その者がその財産を法定管理人の資格で、後見監督人も家族会の監督もなしに、かつ未成年者の財産について裁判所の監督の下の法定管理に適用される規則に従って、管理することを決定することができる（497条）、としている。

　(ニ)　後見が不要な場合　　夫婦財産制の適用によって、特に217条［協力すべき行為等の単独行使］および219条［裁判所による一方への授権］、1426条［管理者の代理］および1429条［管理収益権の剥奪］の規定によって、被保護者の利益を十分に図ることができる場合には、配偶者に帰属すべき後見を開始する必要はない（498条）。

　(ホ)　後見の管理者の指名　　後見裁判官は、管理されるべき財産の構成を考慮して、後見の完全な設定（前述(イ)参照）が無益であることを認定する場合には、後見の管理者として、後見監督人も家族会の監督もなしに、コンセイユ・デタ（裁判権限と行政権限を併せ持った行政系統の最高裁判所）の議を経るデクレ（前述(ロ)参照）によって定められる条件に従って選ばれる者、または治療施設の管理職員に属する担当者を、または特別管理人を、指定するにとどめることができる（499条）。

　後見の管理者は、被保護者の収入を収取し、それをその者の養育および治療ならびにその者が負担することがある扶養債務の弁済に当てる旨定め、さらに剰余がある場合には、管理者は、認可された受寄者の下に開設させるべき勘定にそれを払い込む権限を有している。管理者は、毎年、その管理について直接に小審裁判所の首席書記官に対して報告をする。ただし、裁判官はいつでも首席書記官に

対して管理報告を自己に伝達することおよび報告の提出が直接に自己に宛てられることを請求することができる。管理者は、その他の行為が必要となる場合には、後見裁判官に対して申立てを行うことができる。裁判官は、それらの行為をすることを管理者に許可し、または後見を完全に設定することを決定すること（その意味については、前述(イ)参照）ができる（500条）。

(ハ)　被後見人の行為と行為能力　　裁判官は、後見の開始に際して、またはその後の判決において、治療担当医の意見に基づいて、後見に付される者が、1人で、または後見人もしくはそれに代わる者の保佐を得て、自ら行う能力を有する一定の行為を列挙することができる（501条）。

後見開始後の行為の効力については、被保護者が後見開始判決後に行うすべての行為は、493条の2の規定［後見は2か月後に発効］を留保して、当然に無効である（502条）と規定されている。

これに対して、後見の開始を決定した事由がその行為をした時期に公知のものとして存在していた場合には、無効とすることができるとしている（503条）。

後見の開始の後に行われる遺言は、家族会が成年者に対して後見人の扶助を受けて遺言を行うことを事前に許可した場合を除いて、当然に無効である（504条1項）。後見人は、家族会または裁判所の許可を得ても成年者の遺言を代理することができない（同条2項）。後見の開始以前に行われた遺言は、引き続き有効である。ただし、後見の開始以後、遺言者に処分することを決定させた事由が消滅したことを立証する場合には、その限りでない（同条3項：2006年改正）。

贈与は、家族会の許可を得て、被後見成年者の名において、①その卑属のために、かつ、相続分の前渡しとして、②兄弟姉妹またはその卑属のために（2006年改正）、③またはその配偶者のためにの

み、することができる (505条)。

　成年被後見人の婚姻は、前述の497条 (前述(ハ)) および499条 (前述(ホ)) の場合においても、それについて議決するために特別に招集される家族会の同意を得なければ、許されない。家族会は、将来の配偶者双方の聴聞の後でなければ、これを決定することができない。父母がともに婚姻に同意を与える場合には、家族会の集会は不要である。これらすべての場合において、治療担当医の意見を求めなければならない (506条)。

　(ト) 成年被後見人と民事連帯規約　　民事連帯規約に関連して、506-1条が1999年に改正された。同条によれば、①後見に付された成年者は民事連帯規約を締結することができない。②民事連帯規約が行われている間に当事者の一方が後見に付されたときには、家族会の許可を得た後見人、またはそれがない場合には後見裁判官は、515-7条1項または2項所定の方式により、民事連帯規約を終了させることができる。③規約解消の提案が他方当事者からなされたときは、同条2項および3項所定の通知は後見人がこれを受領する。

　民事連帯規約［契約・約款］(パックス：Pacte civil de solidarité) は、1999年11月15日法 (民法典改正：第12章新設、515-1条以下。以下「1999年法」) によって新たに導入された、婚姻関係にない異性または同性の、近親関係にない成年者のカップル (2人1組) に対し、民事規約 (契約) に基づいて認められた法的身分規程である。規約の成立・終了、ならびにその主たる効果は次のようなものである。①小審裁判所書記課への共同申請に基づく登録により、対抗力を得る (1999年法1条)。②社会的保護として、パックス締結者は、その相手方の社会保障上の権利の受益者となりうる (同法7条)。③国籍取得やフランス滞在名義との関連 (同法12条)。④相手方の死亡に際して、その賃借権を継承受益する権利を有する (同法14条)。⑤労働法関連 (同法8条)。⑥義務の面では、パックス締結者は、日常生

活の必要上の契約債務および共同生活上の出費につき、連帯して責任を負う（同法1条、民法515-4条）。⑦規約の終了に関しては、パックスは、相手方の死亡もしくは婚姻、または双方の合意によって終了する（1999年法1条、民法515-7条）。一方のみが終了の意思をもつときは、その旨を相手方に通知し、通知後3か月を経過することによって、終了の効果を生ずる。[注9]

　㈷　後見の終了　　後見は、それを決定した事由の終了とともに終了する。ただし、その解除は、その開始に至るために規定された方式を遵守して言い渡されなければならず、被後見者は、解除判決の後でなければ、その権利行使の資格を回復することができない。

　493条3項に基づく不服申立ては、後見の解除を認めることを拒否する判決に対してのみ行使することができる（507条）。

(g)　保佐に付される成年者

　㈱　保佐の要件　　成年者は、前述の490条に定める事由の1つによって、自ら法律行為をすることができないわけではないが、民事生活上の行為において助言を受け、または監督されることが必要であるときは、保佐制度を利用することができる（508条）。

　浪費等の場合については、前述の488条3項（(b)参照）に掲げる成年者は、同様に、保佐の制度の下に置かれることができる（508条の1）としている。

　保佐の開始と終了については、保佐は、成年者の後見と同一の仕方で開始され、終了するものとされ、後見と同一の公示に服する（509条）と規定されている。

　保佐においては保佐人以外の機関はないとしたうえで、夫婦の一方は、その配偶者の保佐人であるとしている。ただし、共同生活がその配偶者との間で終了していた場合、または裁判官が他の事由によってその者に保佐を託することが禁止されると判断する場合は、この限りではない。他のすべての保佐人は、後見裁判官が選任する

(509条の1)。

保佐人の負担については、未成年後見人の負担に関する規定が、それらが成年者の後見において受ける変更を前提として、適用される(509条の2)。

　(ロ)　被保佐人の行為能力　　被保佐人である成年者は、その保佐人の保佐なしには、成年者の後見の制度の下で家族会の許可を必要とするいかなる行為もすることができない。被保佐人は、この保佐なしには、元本を受領することも、その利用をすることもできない。また、被保佐人は、保佐人がある行為への保佐を拒否する場合には、後見裁判官に補充的許可を請求することができる(510条)。

　被保佐人が保佐人の保佐が要求される行為を単独でした場合には、その者自らまたは保佐人は、それを無効とすることを請求することができる。無効の訴権は、1304条に定める期間(原則10年)によって、またはこの期間の満了前であっても、保佐人がその行為を追認することによって消滅する(510条の1)。

　被保佐人に対するすべての送達は、その保佐人に対しても行わなければならない。これに反する場合には、それは無効とされている(510条の2)。

　保佐人の保佐を法律が要求していない場合であっても、被保佐人が単独でした行為については、裁判所の保護の下に置かれる者が行った場合と同様に、前述(e)(ロ)の491条の2に定める取消しまたは減殺の訴えが可能である(510条の3)。

　裁判官は、保佐を開始するに際して、または後の判決において治療担当医の意見に基づいて、前述の510条の適用を除外して、被保佐人が単独で行う能力を有する一定の法律行為を列挙すること、または逆に、同条が保佐人の保佐を要求する行為に他の行為を追加することができる(511条)。

　(ハ)　保佐人の職務　　裁判官は保佐人を選任するに際して、その

者が被保佐人の収入を単独で収取し、自ら第三者に対して支出の決済に当たり、かつ必要がある場合には、認可された受寄者の下に開設される勘定に剰余を払い込むことを命ずることができる。この任務をもって選任される保佐人は、毎年、小審裁判所の首席書記官に対して報告を行うものとされている。ただし、裁判官は、いつでも、首席書記官に対して管理報告を自己に伝達すること、および報告の提出が直接に自己に宛てられることを請求する権限を有する（512条）。

㈡ 被保佐人の遺言・贈与　被保佐人も、自由に遺言をすることができる。ただし、必要がある場合には、901条［贈与・遺言能力］の適用を妨げない。

被保佐人は、その保佐人の保佐を得てのみ、贈与をすることができる（513条）。

㈥ 被保佐人の婚姻　被保佐人である成年者の婚姻については、保佐人の同意を必要とする。それがない場合には、後見裁判官の同意を必要とする（514条）。

以上の解説に当たって、関連条文の翻訳については、稲本洋之助氏（東大名誉教授）のものを参照した。[注4]

(h) 裁判所の保護・保佐・後見の関係

保佐は、裁判所の保護（司法救助）制度が恒常化したものと考えても、大きな違いはない。司法救助制度は、ともかく臨時的な制度で、まずそこに受け入れて、そして後見と保佐に割り振るが、永続的に司法救助の下に置いたほうがよいという場合には保佐に割り振られるというシステムになっている。

被後見人が年間で2万人強ぐらい、被保佐人は、1980年頃には2000人台だったが、1990年には1万人台に急増している。司法救助は3万件ぐらいである（フランスの人口は約6000万人余）。なお、後見開始決定があっても、その結果として完全後見が組織される度合

いは、急速に減少している。[注5]

(2) 精神病者の監置制度

　フランス民法が定めている後見関連の3種類の制度の他に、精神病者の監置制度があるので、これについても簡潔に述べておこう。意思に基づかない入院は職権監置と呼ばれ、知事の職権監置と、私人の請求に基づく監置の2つに分かれる。私人の請求は、家族、近隣住民または第三者が精神病者を監置するように管轄行政に請求することである。いずれも、精神病者本人は入院に同意していない場合に行われる。

　職権監置のように、形式的に人権侵害に該当するような干渉の場合には、必ず裁判所が関与しなければならないというのがフランス法の大原則である。ところが、知事の職権監置に関しては、行政手続だということで、裁判所の関与がないという点が人権擁護の観点から批判されていたが、1990年の法改正でもその点は変更されなかった。警察などから緊急に連絡が入って、直ちに保護しなければならないという場合において、裁判所の判決をまっていられないような事情があるときは、行政手続の方が現実的だという理由で、その構造は変わらなかったようである。ただし、監置の後24時間以内に司法機関に連絡をとって審査を受けるという制度になっている。[注6]

(3) 障害者権利条約への対応

　障害者権利条約との関連については、特に、成年後見人の法定代理権について、条約に対する適合性に疑義があるとの意見もある一方で、現行法は包括的な行為能力制限と保護手段としての法定代理権を前提としている。もっとも、条約の批准に先立って、「障害者の平等並びに機会、参加、及び市民的権利のための法律」(2005年2月11日) を制定し、条約の批准に対する法的整備をしていた。具体例としては、成年被後見人の選挙権に対する配慮や公共施設へのア

クセス等に対しても配慮がなされた。

なお、条約12条の解釈についての政府見解によれば、第1項が権利能力に関する規定で、第2項が行為能力に関する規定であるから、権利能力については一切の制限が許されないが、第2項が定める行為能力については、一定の制限が許されると解釈している。一般的には、legal capacityは、権利能力と行為能力を意味すると解されているから、その点で独特の解釈であると言えよう。

(4) 改正民法による関連規定の構成

フランスでは、家族法の抜本的改正という目標の下で、離婚法、養子法、相続制度および恵与制度について2009年1月に改正された。以下のような成年者の法的保護に関する規定の改正は、民法の現代化の仕上げに相当すると解されている。本章の叙述は日本民法の改正に影響を与えた当時の制度である。改正法については、その構成について紹介するにとどめる。

「第11章　成年及び法律によって保護される成年者(414条〜495-9条)
　第1節　総則（414条）
　　第1款　成年者保護に関わらない規定（414-1条〜414-3条）
　　第2款　成年者保護についての共通規定（415条〜424条）
　第2節　成年者の法的保護措置
　　第1款　総則（425条〜427条）
　　第2款　法的措置についての共通規定（428条〜432条）
　　第3款　司法救助［裁判所の保護］（433条〜439条）
　　第4款　保佐及び後見（440条）
　　　第1目　措置の期間（441条〜443条）
　　　第2目　措置の公示（444条）
　　　第3目　措置の機関（445条）
　　　　第1段　保佐人及び後見人（446条〜453条）
　　　　第2段　保佐監督人及び後見監督人（454条）
　　　　第3段　特別保佐人及び特別後見人（455条）
　　　　第4段　成年被後見人の家族会（456条・457条）

第10章　外国の成年後見制度（概説）　193

　　　第4目　人格の保護に関する保佐及び後見の効果（457-1条～463条）
　　　第5目　行為の適法性（464条～466条）
　　　第6目　保佐人においてなされた行為（467条～472条）
　　　第7目　後見人においてなされた行為（473条～476条）
　　第5款　将来の保護の委任
　　　第1目　共通規定（477条～488条）
　　　第2目　公正証書による委任（489条～491条）
　　　第3目　私署証書による委任（492条～494条）
　第3節　司法的保護措置（495条～495-9条）
　第12章　未成年者及び成年被後見人の財産管理（496条～515条）
　第1節　管理の態様（496条～499条）
　　第1款　家族会又は裁判官の決定（500条～502条）
　　第2款　後見人の行為
　　　第1段　許可なくして後見人がした行為（503条・504条）
　　　第2段　許可を得て後見人がした行為（505条～508条）
　　　第3段　後見人がなしえない行為（509条）
　第2節　計算書の作成、確認及び承認（510条～514条）
　第3節　時効（515条）」

　民法典第11章第2節第5款に定められた「将来の保護の委任」は、日本の任意後見制度、ドイツの老齢配慮代理権制度に類似する制度であり、その新設は注目される。
　なお、最近の法改正に関する叙述については、山城一真氏（早稲田大学法学部准教授）の全面的協力を得ることができた。記して感謝する。なお、「フランスにおける成年被後見人の選挙権」については、山城氏の同名の論文（田山編著『成年後見制度と障害者権利条約』2012年、三省堂、208頁以下）を参照。

3 オーストリアの代弁人制度

　オーストリアは、人口が約800万人余である。福祉と相当に密接な関連を有する宗教については、約600万人がローマカトリックで、40万人弱がプロテスタントである。その他の宗教に属するものが約40万人で、不明と無宗教の者が約90万人とされている。

　1984年には、オーストリアの民法改正が施行され、後見人制度に相当する代弁人制度（Sachwalterschaft）は、その職務権限の範囲という観点から、以下の3類型を採用している。すなわち、①個別的な事務の処理、②一定の範囲の事務の処理、③本人の全事務の処理、の3つに類型化されている。ある特定の事務（特定の債権の行使など）さえ代行してもらえれば、その他の事務は自分で処理できるという場合は、代弁人（日本法の広義の成年後見人に近い）の権限範囲は、①でよい。財産の一部（例えば、不動産のみ）または全部の管理を代弁人に担当してもらいたい場合には、②でよいことになる。判断能力を欠く常況にあり、財産管理はもとより、些細な手続に至るまですべての事務が自分ではできないという人の場合には、③ということになる。

　本人の行為能力の制限を最小限度にとどめるという観点（本人の人権尊重の観点）から考えれば、できるだけ③以外の類型を利用することが望ましいが、高齢者の場合には、認知症が発症し進行することが考えられるし、実際問題としても、事務処理に際して、これは権限内であるがこれは疑問だというのでは、事務処理がやりにくいという代弁人側の事情もあるようである。そこで、実際には、③の類型が最も多く利用されている。

　代弁人の職務権限類型は、最近の統計でも、上記の③が約3分の2を占めている。

(1) 成年後見と代弁人

(a) 通常の代弁人とその概念

成年者のための「後見人」をどのように呼ぶか、いかなる意味を有する言葉をもって表現しているか、ということは、それ自体非常に興味のあることである。前述のように、オーストリア一般民法典（1881年）においては、「後見人（Vormund）」と「特別代理人」という制度があるが、現在では、双方とも主として未成年者のための制度であり、判断能力の不十分な成年者については、後見人ではなく、代弁人（Sachwalter）が選任されることになっている。Kuratorという特別代理人は、成年者については不在者の財産管理人として残っている（276条）。

代弁人とは、裁判所によって任命された自然人であって、裁判所の任命決定において定められた事務につき、法的生活において他の障害を有する者（自然人——被代弁人）を有効に代理し、裁判所の任命が取り消され、または変更されない限り、代理しなければならない者である。代弁人という語自体、法律上の概念としては、1984年の法律において新たに用いられたという見解もあるようだが、少なくとも1984年施行の立法によって新しい意味を与えられ、新たな課題（後述）を担って登場してきたことは確かである。言葉のニュアンスとしては、ドイツ法上の世話人に比べて、管理人的な要素がやや強いと言われている。

(b) 患者代弁人制度

通常の代弁人のほかに、患者代弁人制度を用意しているのがオーストリア法の特徴の1つである。1990年に措置入院法が制定され、それによって措置入院の際の限定的な任務を与えられた患者代弁人制度（Patientenanwaltschaft）が創設された。これは、閉鎖病棟に措置入院される患者または行動の自由を制限される患者のために、区裁判所の所長によって任命されることになっている（同法13条）。

(2) 代弁人選任の要件

以下では、1983年改正のオーストリア一般民法典の翻訳に基づいて解説する（同法の訳者は田山である。後出(9)の婚姻法および(10)の非訟事件手続法も同じ）。[注8]

(イ) 事務処理能力の不十分　心的病気に罹りまたは精神的に障害を受けている者が、その者の事務の全部または一部を受損の危険なしに自ら処理することができない場合には、その者の申請によりまたは職権により、その者のために代弁人が、その事務に関して任命される。

(ロ) 必要性　本人が他の援助、特にその家族の範囲内においてまたは公私の障害者援助施設によって、その事務を必要な程度に処理できる状態にある場合には、代弁人の任命は許可されない。代弁人の任命は、本人による単なる濫用的請求権の行使から第三者を守るためにのみなされてはならない。

(ハ) 3類型からの選択　前述のように、障害の程度と処理されるべき事務の性質と範囲に応じて、代弁人は、障害者本人の次の事務の処理を委託される。

① 個々の事務の処理、例えば、請求権の行使と防御または法律行為の着手および履行
② 一定範囲の事務の処理、例えば、財産の全部または一部の管理
③ 全事務の処理（以上、273条）

(3) 行為能力の制限

障害者（被代弁人）は、代弁人の権限の範囲内においては、その明示もしくは黙示の同意なしに法律行為をしまたは義務を負担することはできない。被代弁人の福祉がそれによって危険にさらされない限り、裁判所は、被代弁人は代弁人の権限の範囲内においても一定の物もしくはその収入またはその一部について自由に処分し、か

つ、義務を負担することができる旨の決定をすることができる。被代弁人が代弁人の権限の範囲内において日常生活の重要でない事務に関する法律行為をした場合には、この法律行為は、前述の裁判所の決定がない場合であっても、被代弁人の履行によってその義務は遡及的に有効となる。

被代弁人は、自分の身上についての重要な措置またはその財産に関する事務処理について、事前に代弁人を通じて適時に説明を受け、その点について、その他の措置の場合と同様に、適切な期間内に意見表明をする権利を有する。この意見表明は、そこで表明された希望が被代弁人の福祉に少なからず関係する場合において、考慮される。

(4) 被代弁人の選挙権

オーストリアでは、すでに1987年に、日本の公職選挙法に相当する法律の該当規定が憲法違反であるとの憲法裁判所の判決を受けて、同規定を削除した（田山編著『成年後見制度と障害者権利条約』2012年、三省堂、178頁以下、青木仁美論文参照）。日本の成年後見制度に相当する代弁人制度を利用する場合に、特に必要性の原則との関連において、同じ程度の判断能力を有する者でも、代弁人制度を利用している者と利用していない者とが存在していた。たまたま利用している者のみが選挙権を剥奪されるのは不合理であり、憲法違反であるとされたのである。その結果、法律の該当規定が削除され、代弁人制度を利用していることを理由として選挙権を剥奪されることはなくなった。広義の成年後見制度が補充性（補足性）の原則の下で利用されたり、されなかったりしている場合には、この観点は特に重要である。つまり家族・親族の援助のもとで生活している高齢者（特に認知症高齢者）と独居の高齢者との間で選挙権について決定的な差が生じることは制度上も重大な問題である。

もちろん、ある人が現実に投票行為を行えるか否かは別問題であ

る。投票行為に当たっては、一定の援助行動が認められるが、その際の不正行為の防止等については、オーストリアでも、選挙管理委員会の適切な対応が前提になっている。

(5) 身上監護に対する配慮

代弁人または特別代理人（Kurator）の選任に際しては、その者が処理しなければならない事務の種類につき、特に身上監護の必要性の程度につき、配慮されるものとされている（280条）。

(6) 代弁人の適性

1人の被代弁人には、その福祉のために特別の必要がない限り、被代弁人の身近にいる1人の適切な者が代弁人に任命されるが、被代弁人が未成年者であるときは、従来の法定代理人が代弁人に任命される。被代弁人の福祉にとって必要であるときは、代弁人は、可能な限り、適切な協会により指名された者の範囲から任命される。被代弁人の事務処理が主として法律知識を必要とするときは、弁護士（弁護士試補）または公証人（公証人試補）が代弁人に任命される（281条）。なお、特段の定めがない限り、後見人に関する規定が代弁人（特別代理人）の権利・義務についても適用される。代弁人は、裁判所が特別な命令を発しない限り、必要な身上監護について、特に医学的および社会的世話を確保しなければならない（282条）。

(7) 代弁人資格の消滅

代弁人または特別代理人資格の消滅については、249条［死亡による後見の終了］が適用される。代弁人または特別代理人は、被保護者がもはや援助を必要としない場合には、申請または職権により解任される。254条および257条［後見人の職権による解任］が準用される。裁判所は、その保護義務の枠内において適切な間隔をもって、被保護者の福祉にとって代弁人（特別代理人）資格の消滅または変更が必要であるか否かを吟味しなければならない（283条）。

(8) 被代弁人の遺言方法

被代弁人は、法廷において口頭で、または口述のうえ公正証書で、遺言を行うことができる（568条）。

(9) 未成年者の遺言

未成年者は、成人と同様には遺言をすることができない。満18歳に達しない未成年者は、法廷において口頭で、または口述のうえ公正証書によってのみ遺言することができる。裁判所は、適切な調査によって、最終意思の表明が自由になされ、かつ、熟慮してなされたことにつき心証を形成するよう努力しなければならない。最終意思の表明は調書にとられ、調査から得られたことが記載されなければならない。何人も満18歳後においては、何らの制限なしに最終意思を表明することができる（569条）。

(10) 7歳以上の知的障害者の行為能力

7歳未満の子どもおよび理性の行使ができない7歳以上の者は、151条3項［未成年者による日常生活上の些細な行為］の場合以外には、契約をしまたはこれを引き受けることはできない。その他の者で、両親、後見人または代弁人の監護の下にある者は、単にその者の利益にのみなる契約を締結することができる。その者がその約束と結合した負担を負い、または自ら何らかの約束をする場合には、151条3項［前掲］および273a条2項［日常生活の些細な事務処理］の場合以外にも、契約が有効となるためには、第1部第3章および第4章の規定（137条～284条）に従って、原則として法定代理人または裁判所の同意が必要である。この同意があるまでは、相手方は撤回することはできないが、その表示のための適切な期間を要求することができる（865条）。

なお、オーストリア婚姻法には、婚姻に関連して次のような規定がある。「行為無能力者とは、7歳未満の未成年者及び理性の行使をできない7歳以上の者をいう。制限的行為能力者とは、7歳以上

の未成年者および一般民法典273条による代弁人が任命されている者をいう。」(婚姻法102条)。

(11) 代弁人の任命手続

代弁人の任命手続は、オーストリア非訟事件手続法において、以下のように定められている。

(イ) 申請または通報　一般民法典273条による障害者のための代弁人の任命に関する手続は、本人自身が代弁人の任命を申請しまたは本人の保護の必要性に関する通報に基づいて、代弁人の任命の必要性についての合理的根拠が存する場合に、裁判所の職権により導入される（非訟事件手続法236条）。

(ロ) 本人への配慮　裁判所は、まず本人に関して個人的な印象を獲得しなければならない。裁判所は本人に手続の趣旨と目的について説明し、意見を聴取しなければならない。本人が裁判所の招致を承諾しない場合には、裁判所は必要な労りをもって本人を招致することができる。本人の裁判所への出頭が不可能、実行不可能またはその福祉にとって有害であるときは、裁判官は本人を訪問しなければならない（同法237条）。

なお、相続の開始後、手続が継続されるべき場合には、裁判所手続における本人の権利を保護することについて配慮しなければならない。本人が法定代理人または自ら選任した代理人を有しない場合には、裁判所は本人に手続のために暫定代弁人を任命しなければならない。そのことによって本人は法律行為において制限を受けることはない。手続のための暫定代弁人の代理権は、本人が裁判所に自ら選任した代理人による任意代理を報告するときは、消滅する。本人の福祉にとって必要であるときは、裁判所は、その他の緊急な事務を処理するために、手続期間中につき、本人のために暫定代弁人を任命しなければならない。この場合には、同法248条（後述(ト)参照）が準用される（同法238条）。

手続は口頭審理を原則としている。裁判所は、その裁判に必要な確認を、できる限り一定の期日に実施されるべき口頭の審理において行わなければならない。口頭審理に関する民事訴訟令の規定が適用される。裁判所は、本人の利益にとって必要である場合には、審理を非公開とすることができる（同法239条）。

口頭審理のためには、本人とその代理人が招致されなければならない。本人自らの出頭が不可能であるとき、またはその福祉にとって有害であるときは、本人の招致は断念することができる（同法240条）。

(ハ) 必要性の確認と鑑定意見　口頭審理に際しては、裁判所の確認のために必要な証拠は、可能な限り本人の近親者の招致の下で採取され、その他、裁判にとって重要な諸事情が提出されなければならない。代弁人は、1人または必要な場合には複数の鑑定人の意見聴取の後においてのみ、任命することができる。鑑定人は、その鑑定意見を口頭審理において提出しなければならない。口頭審理外の調査内容も、鑑定資料として採用することができる。この調査鑑定手続では、抗告・控訴などの権利救済の可能性を指示することは許されない（同法241条）。証拠採用の結果は、口頭審理において審理されなければならない（同法242条）。

裁判所が、代弁人の任命を必要としないとの結論に達した場合には、裁判所はいかなる状態においても、決定をもって手続を中止しなければならない（同法243条）。

(ニ) 任命決定の内容　代弁人の任命に関する決定は、次の事項を含まなければならない（同法244条）。すなわち、①一般民法典273条に従って本人に代弁人が任命される旨の言渡し、②代弁人が処理しなければならない事務の記載、③必要な場合には、本人が自由に処分し、義務を負うことのできる（事務の）範囲、④代弁人に関する表示、⑤費用に関する言渡し、である。

㈥　決定の理由　　手続の中止に関する決定または代弁人を付することに関する決定には、理由が付されることになっている。代弁人が付される場合には、さらに遺言の作成に関する特別な書式規定（一般民法典568条）が指示されている（非訟事件手続法245条）。

㈦　決定の送付と発効　　手続の中止に関する決定は、本人とその代理人に交付され、代弁人の任命に関する決定は本人に直接に交付され、その代理人と代弁人には送達される。裁判所は、決定の内容を説明しなければならないが、裁判所の委託により、代弁人が、本人にとって適切な方法で、必要な場合には担当医の立会いの下で、説明を行うことが合目的的であるときは、それが認められている（同法246条）。

代弁人を任命する旨の決定は、既判力の発生により有効となる（同法247条）。決定に対する異議申立て等については後述㈫参照。

㈧　公簿への登録など　　代弁人の任命については、適切な方法で、手続の結果が、特に代弁人についての記載事項に基づいて、了知につき合理的利益を有する者および官署［ならびに市町村（選挙人を明確にするため）］に通知される（［　］内は1988年に削除された）。裁判所は、さらに、代弁人の権限が当該公簿（登録簿）に記入されている権利を含む場合には、代弁人の任命が公簿または公的登録簿に記入されるように指示しなければならない。裁判所はさらに、代弁人の任命とその権限についての問合せがある場合には、法的利益を疎明するすべての者に対して、情報を提供しなければならない（同法248条）。

㈫　異議申立てなど　　代弁人の任命に関する決定については、同一審級に対する異議申立ての法的手段は認められない。同上級審に対する不服申立ての手段は、本人、その代理人および任命された代理人に認められる。当該不服申立てが本人（その代理人）以外の者によってなされる場合には、それは2通の申請書で、必要な場合

には3通の申請書でなされる。1通は本人（その代理人）に送達される。本人らは、不服申立書の送達後2週間以内に第一審の裁判所に答弁書を提出することができる（同法249条）。

第二審の裁判所は、本人が申し立て、または裁判所が必要と認めるときは、同法239条から242条［口頭審理に関する手続］の規定に従って手続を補充し、または新たに導入しなければならない。第二審の裁判所は、手続を補充し、または新たに導入した限度において、第一審の裁判所の確認を補充し、または変更することができる。第一審の裁判所の手続において、裁判の基礎となった事実について証拠が採用された場合には、当事者の同意を得て、採証調書を読み聞かせ、新たな証拠の採用を回避することができる（同法250条）。

同法236条から250条に定める代弁人の任命手続規定は、代弁人の権限の消滅、制限または拡張の場合に準用される。ただし、鑑定人の招致は省略することができる（同法251条）。

(リ) 手続費用　手続の費用は、連邦が立て替えて支払わなければならない。代弁人が任命され、または代弁人の権限が拡張される場合には、裁判所は、本人の生活関係、とりわけその収入、財産および養育義務を考慮して正義に適う限度において、費用の全部または一部につき本人に補填義務を課すことができる。その他の場合は、連邦が費用を負担しなければならない（同法252条）。

(12) 代弁人法の改正

オーストリアでも2006年に代弁人法が改正され、2007年7月1日から施行された。同改正によると、①最近親者の（法定）代理権（Vertretungsbefugnis）の創設およびいわゆる老齢配慮代理権（Vorsorgevollmacht）を授与することが可能となり、②代弁人を可能な限り効果的に任命することができるようになった。この改正も日本法の改正には影響を与えていないので、詳細は割愛する。上記の①については、第12章3(6)(h)(ロ)および(ハ)を参照してほしい。制度利用

の活性化を前提とする場合に、一度は検討せざるをえない点であるといえよう。

4 ドイツ

なお、ドイツの民法等の改正は1992年から施行されたが、その点については後に章を改めて述べる（第11章）。

5 コモンロー系の国

(1) 大陸法系とイギリス法

では、イギリスはどうであったのだろうか。この点については、法体系のあり方の相違について少し説明をしなければならない。フランスにはコード・シヴィルと呼ばれる民法典があり、ナポレオンの制定したものに由来する。ドイツには1900年施行の民法典がある。オーストリアには一般民法典（1811年）と呼ばれる法典があり、当時のドイツ各邦の個別民法等の影響を強く受けて制定された。いずれにしても、一定の編別構成に従って必要な条文が体系的に用意されている。広義の成年後見制度は、これらの法典と特別法とによって規制されている。

(2) コモンローと議会制定法

これに対して、イギリスに代表される国々（イギリスの旧植民地、特に、アメリカ、オーストラリア、ニュージーランド、カナダの一部を含む）においては、原則として、慣習法を含めて、判例法（裁判所の判断の蓄積）によって紛争が解決されることになっている。従って、後見などに関する特別な法律が議会で制定されるまでは、高齢者などのための代理人は、契約に基づいて権限を授与される以外に存在しえなかった。しかし、コモンロー上の原則によれば、代理権

を含む委任契約の有効性は、委任者が受任者（契約の相手方）をコントロールできることが原則であるとされているから、上記のような契約を、本人が判断能力を有している状況で締結しても、委任者が現実に判断能力を喪失すれば、受任者をコントロールできなくなるので、当該委任契約は失効することになる。したがって、成年後見を目的とする契約を有効に締結するためには、これを可能にするような、具体的な有効要件を定めた法律が議会によって制定される必要があった。この法律は、持続的代理権法などと呼ばれている。判断能力喪失後も授権行為が代理権の効力を持続するという趣旨である。コモンロー上の原則に対する例外を議会制定法において定めているのである。

　これらの国々の関連法律（1985年の継続的代理権法など）については、法務資料（志村武ほか訳）および志村武訳「アメリカ合衆国統一任意後見法（UNIFORM POWER OF ATTORNEY ACT）2006年11月27日付最終法」国民生活研究47巻1号（国民生活センター、2007年）を参照。

(3) 成年被後見人の選挙権

　イギリスでは、従来。精神的障害者は、選挙人名簿に登録することができなかったが、2006年の選挙管理法によってその制限が廃止された（橋本有生「イギリスにおける精神障害者の選挙権」田山編著・前掲書231頁以下）。

　アメリカでは、この問題は州法で規制されているため、さまざまであるが、制限をしない州や日本の旧法のような制限をしている州などさまざまである（詳細については志村武「アメリカ合衆国における投票権」田山編著・前掲書308頁以下）。

〈注〉
1　以上の解説は、水野紀子「フランス法における成人後見」野田愛子編

『新しい成年後見制度をめざして』(東京都社会福祉協議会、東京精神薄弱者・痴呆性高齢者権利擁護センター、1993年) 114頁 (以下「水野論文」と略記) に依拠している。
2 　　水野論文117頁も参照。
3 　　水野論文116〜118頁参照。
4 　　法務資料第458号「諸外国における成年後見制度」(法務大臣官房司法法制調査部) 1頁以下所収 (以下「法務資料」と略記)。
5 　　水野論文120頁参照。なお、フランスでは、2011年以降公式の司法統計が公表されていないようであるが、2013年に限って存在する概要版によれば、後見と保佐を合わせて7万件余であり、その比率はほぼ5対4であるという (成年後見法制研究会における山城報告)。
6 　　水野論文112頁以下も参照。
7 　　それ以前の法律制度については、田山輝明『成年後見法制の研究(下)』(成文堂、2000年) 468頁以下参照。
8 　　法務資料。
9 　　山口俊夫編『フランス法辞典』(東京大学出版会、2002年) 411頁。なお、条文訳付きの簡単な解説としては、松川正毅「実践フランス法入門(84回ないし91回) PACSについて(1)〜(8)—連帯に基づく民事契約—」国際商事法務28巻3号〜10号 (2000年) がある。

〈参考文献〉
- 青木仁美『オーストリアの成年後見法制』(成文堂、2015年)
- 猪熊律子『社会保障のグランドデザイン』(中央法規、2007年)
- 坂井洲二『ドイツ人の老後』(法政大学出版局、1991年)
- なお、本章のフランス法上の制度についての説明は、原則として、中村紘一・新倉修・今関源成監訳『フランス法律用語辞典』(三省堂、1996年) によっている。

第11章

ドイツの成年後見(世話)制度

▼

1 世話法の制定とその後の改正

ドイツでは、1900年に民法典が施行されて以来、行為能力剥奪宣告と障害監護制度（後者では、原則として行為能力の制限はしない）の2本立てで障害者の権利保護に対応してきたが、1970年代以降の国際情勢の変化（障害者の人権尊重など）や少子高齢化社会の到来により、また、周辺国の民法改正（前章の解説参照）などの影響もあり、新しい事態に対応せざるをえない状況になった。従来からの後見（Vormund：現代では後見ないし後見人を意味するが、沿革的には代弁する者や保護者を意味したようである）という名称を維持するか、新しい世話（Betreuung）等他の名称を採用するかをめぐっても論争がなされてきた（もちろん、そこに盛り込む新しい内容との関連においてであるが）。そこでの長い間（20年近い）の議論を通じて、以下の諸原則が明らかにされた。

(イ) 必要性の原則　私的自治の原則の下では、本来、世話は、本人が必要としているから提供されるべきものである。世話の射程範囲は、本人の判断能力の枠組（意思表示の補完）に限定されるべきものではない。ある人が生活上必要な事務処理をする上で、サポート（世話）が必要であるか否かがサービス給付開始の基準となる。しかも、本人が必要としているもの以上の給付はなすべきでは

ない。

　(ロ)　補充性の原則　　親族のサポートを含めて、他の制度などの活用によって本人の権利擁護が十分に図られているのであれば、世話制度の利用は控えるべきである。例えば、老齢配慮代理権（日本の任意後見制度に類似する）が十分に機能しうるのであれば、高齢者のための法定世話制度の利用は控えるべきである。しかし、だからといって、他の制度を試みたが、それでは本人の権利擁護ができないというときに初めて、世話制度が利用されるべきものと考えるべきではない。本人の努力の限界を超えて、生活状況が世話制度の利用を必要としているか否かが最も重要な観点である。親族による身上監護が十分になされていても、重要な財産等の取引について、世話人の同意権留保（後述2参照）による保護が必要であれば、世話制度を利用すべきである。

　(ハ)　本人意思の尊重　　判断能力が不十分であるとはいっても、それは財産の売却などの取引行為についてである。自分の事務は自分自身で処理するという原則から考えても、支援者としては、当然に本人の意思を尊重すべきである。健常者が判断能力の不十分な者を保護してやるのではなく、あくまでも本人の行為を本人のためにサポートするのだという観点が大切である。例えば、最重度の認知症高齢者の場合であっても、本人を普段から個人的によく知っている者であれば、本人の反応（挙動などを含む）により本人の意向を知ることができる場合もあろう。

2　ドイツ法の特徴——行為能力の不制限

　実体面でのドイツ世話法の特徴は、原則として行為能力の制限を行わないという点である。世話（後見）裁判所がある者に世話人を付する決定を行っても、特に必要を認めて行為能力の制限（世話人

による同意権の留保の決定）を付さない限り、世話人が付いていても本人は完全な行為能力を有している（本人が行った契約の取消しはできない）。実際には、世話人等の努力により契約が解消されるか否かは別問題である。

　手続面でのドイツ法の最大の特徴は、任命手続の開始について、申請主義ではなく、裁判所の職権主義を採用している点である。法的には、申請権を有しているのは本人のみである。同時に、関係者などによる情報提供により、裁判所が職権で手続を開始することができる。つまり、本人以外の者は、親族を含めて、裁判所に職権を行使するように働きかけることができるにすぎない。この職権行使の働きかけは、単なる隣人でもできるから、日本のように、4親等内の親族（申請権者）を探すような手間をかける必要はない。このような「働きかけ」があると、裁判所は、職権により調書を作成すると同時に、本人の住所地の市役所に本人の社会生活状況についての調査を依頼する。それらの資料を基にして、裁判所が当該本人について世話決定手続を開始するか否かを決定する。

　これに対して、申請主義を採用している日本法では、本人が成年後見を必要としていても、誰か法律上の要件を充たした者が申請をしない限り、家庭裁判所は手続を開始できないので、これが制度上の大きな相違点となっている。

　広義の後見制度につき判断能力などを基準にしてその要否を判断する場合に、類型的に（例えば、3類型）構成する立法主義と一元的に構成する方法（一元主義）とがあるが、ドイツ法は後者であり、後見、保佐、補助のような類型はない。本人につき世話人を必要とするか否かが判断され、その世話人の権限は、被世話人の状態により、裁判所が個別的に決定する。

3　世話制度の概説

連邦司法省発行のパンフレットに依拠して、ドイツの世話法（成年後見法）の概要を客観的に紹介しておこう。

(1)　世話法の制定

1990年9月の成年者のための後見および障害監護の法制度改革法（連邦法律官報第2部2002頁）は、1992年1月1日から施行された。これは、いわば、世話法というパッケージに民法や関連特別法の改正条文を入れたものである。これによって、従来、後見や障害監護の下に置かれていた成年市民の地位に著しい改善をもたらし、かつ従前からの後見人や障害監護者にとっても、新たに世話人として活動するに際しての多くの利点を含んでいる。

(a)　制度の利用主体

精神病または身体的、精神的もしくは心的障害により、その事務の全部または一部を処理できない成年者が、この制度の利用主体である。旧西ドイツでは、最終的に、東西ドイツ統合直前の時点で、約25万人の成年市民が後見または障害監護の下に置かれていたが、世話法によってその地位は本質的に改善された。

旧東ドイツにおいても、禁治産、後見、障害監護に関する規定は存在していた。しかし、実際上はほとんど機能していなかった。というのは、独自の裁判所による個人的な権利保護には価値が置かれていなかったからである。

世話制度の利用者の多くは高齢者である。この法規制は高齢者にとってますます重要性を増している。全人口に対する高齢者の割合は、ここ数年で本質的に高まる見通しである。現在すでに4人に1人は60歳以上であり（2015年の総人口に対する65歳以上人口の比率は21.25％）、2030年には3人に1人になるのである。これは、多くの者にとって、人生の最終段階において他人の援助を必要としている

ことを意味している。
(b) 旧法の改革の必要性
　旧法上の制度は、後見と障害監護との併存によって特徴づけられていた。後見は、当事者から行為能力を剥奪する宣告を前提としていた。行為能力剥奪宣告を受けた者は、例えば、選挙権を行使することもできず、遺言を作成することもできなかった。精神病を理由として行為能力剥奪宣告がなされると、当事者は結婚もできず、法律行為をすることもできなかった。つまり、生活必需品や衣類を購入することもできなかった。他の理由（身心耗弱、浪費癖、アル中または麻薬中毒）で行為能力剥奪宣告を受けた場合には、前述の行為をすることはできるが、その後見人の同意を得ることが必要であった。

　障害監護という制度は一様ではなかったが、主として、いわゆる強制的監護が利用されていた。つまり、本人の同意なしに命じられたものであった。その場合には、本人は選挙権を失った。法的関係からの排除（法律行為、遺言の作成、結婚からの排除）は、形式的には表明されてはいなかったが、強制的障害監護は、裁判所が当事者を行為無能力者と判断したということを前提としていたから、強制的障害監護は、実務においては、行為能力剥奪宣告と類似した効果を有していた。援助と引換えの権利剥奪が前面に出ていたのである。

　後見や障害監護の下に置かれた成年者の意思は、一部、しかもわずかに尊重されていたにすぎなかった。行為無能力者のための後見や障害監護の場合には、トラブルに際しては、本人が理性的な希望を述べていた場合であっても、後見人や障害監護人の意思のみが決定的な役割を果たした。

　関係機関の官僚的な弊害、責任の負担に対する不安、不充分な相談ないし審議およびその他の事由が、後見や障害監護を引き受ける

ことを少なくするという結果をもたらしていた。したがって、当事者は、部分的であれ100ケース以上も担当している職業的後見人や障害監護人によって世話を受けることもまれではなかった。その場合には個人的な後見は不可能であった。単にケースの（書類上の）匿名の管理がなされていたにすぎなかった。

旧法においては、本人の財産管理が前面に出ていた。これに対して、身上監護、特に健康に対する配慮は、法律においては重視されていなかった。

後見と障害監護は、しばしば一生涯継続した。それについての定期的な再審査の規定が欠けていたからである。

行為能力剥奪宣告の手続は、きわめて複雑であった。障害監護の命令のための手続においては、必要な手続保障に関する明文の規定を欠いていた。

(c) 行為能力剥奪宣告、後見、障害監護に代わる世話制度

世話法の施行以来、もはや誰も行為能力剥奪宣告を受けることはなくなった。成年者のための後見制度ならびに障害監護制度に代わって、世話法が施行されたからである。世話制度によれば、1人の成年者に対して、その者のために正確に権限範囲が決められた1人の世話人が任命されるのが原則である。

(2) 世話が命じられるための要件

(a) 世話人選任の要件

世話が命じられるのは、本人のもとで、次のような法定（1896条1項）の病気または障害に基づいた援助の必要性が存在する場合に限られる。

(イ) 精神病（Psychische Kranken）　これに属するのは、身体的理由に基づかないすべての心因的病気である。さらに、身体的原因を有する心因的障害、例えば、病気（例えば、髄膜炎）または脳の損傷の後遺症も含まれる。依存症（中毒）も相当に重度の場合には、

精神病でありうる。ノイローゼまたは人格障害（精神病質者）も同様である。

(ロ) 精神的障害（Geistige Behinderung）　これには、先天的な知的障害、ならびに出生の過程または幼児期の脳の損傷によって生じた様々な程度の知的能力の損傷が含まれる。

(ハ) 心因的障害（Seelische Behinderung）　これは、精神的病気の後遺症として生じた精神的侵害の残滓である。加齢による衰退の精神的効果もこれに属する。

(ニ) 身体的障害　身体的障害も世話人選任の事由となりうる。もちろん、自己の事務処理のための能力を少なくとも部分的に失い、または本質的に妨げられている限度においてである。例えば、継続的な運動能力の喪失の場合がこれに当たる。

病気または障害だけでなく、配慮の必要性が世話人選任の要件として追加される。つまり、世話人は、本人がこれらの病気または障害に基づいてその事務の全部または一部を処理することができない場合にのみ選任されることが許されるのである。その際には、財産問題、年金問題、住居問題のみならず、さらに健康への配慮または居所（自宅か施設か）の問題が重要である。

成年者が身体的障害によりその事務を処理することができない場合には、世話人はその成年者の申請に基づいてのみ選任されることが許される。ただし、その成年者が自己の意思を告知することができないときは、この限りではない。

(b) 世話人の選任に際しての必要性の原則

世話は本人にとって重要な援助を意味する。それは、特に本人が世話人選任について理解していない場合には、本人により侵害と受け取られかねない。したがって、世話法の全領域について、必要性の原則が妥当する。この原則は、①世話人を選任するか否か、②世話人の権限の範囲、③裁判所の措置の効果、④命令の効力存続期間、

に関係する。

(イ) 世話の必要性　世話人は必要な場合にのみ選任される。ある者がその事務の全部または一部をもはや処理できない場合である。この場合には、まず、他の援助の可能性が存在するか否か、特に家族、知人の援助または社会的援助が存在するか否かが確認されなければならない。このような援助が優先される。他の者に自ら委任できる者またはすでに委任した者は、その財産事務の処理のために世話人を必要としない。

(ロ) 重要事項　ある者が事実上の事務をもはや処理できない（例えば、その家計をもはややりくりできない、その住居から外出できない、など）ということだけが問題である場合には、これは、通常は、世話人の任命を正当化しない。このような場合には、通常は、実際の援助（介護）が問題なのであって（例えば、住居の清潔を保つこと、食事の世話をすること）、その者のためには何ら法定代理権を必要としないからである。

(ハ) 老齢配慮代理権　配慮代理権の制度にも触れておこう。誰でも、健康な日において、ひょっとして後日生じるかもしれない世話の必要な場合を見通しつつ、信頼できる者に個々の、またはすべての財産事務の処理を任せることができる。このような受任者は、このような場合が生じたときにのみ、行為することができる。ただし、それ以上の措置（取消権の付与など）を必要とする場合は、この方法では不十分である（世話制度の同意権の留保へ）。裁判所は、当事者の契約に干渉しないのが原則であるが、委任者がもはやできない「受任者の監督」が必要であることが証明された場合には、裁判所が関与する。その場合には、たいていは、委任者に代わって行為し、受任者に対する委任者の権利を行使する1人の者、いわゆる監督世話人（1896条3項）を決定することで充分である。受任者が、本人について、健康状態の診察、治療または医師の侵襲につき同意

しようとする場合には、本人がその措置によって死亡しまたは重大かつ長期にわたる健康被害を受けうるような、根拠ある危険が存在する場合には、受任者は、世話裁判所の許可を受けなければならない。

世話裁判所の許可は、受任者が本人を自由剥奪の方法で施設入所させたいときにも、必要である。これらの場合には、そのための代理権が文書で授与され、かつその当該措置が明記されていなければならない。

なお、健康・医療に関するリヴィングウィルについては、後述(6)(a)も参照。

(c) 世話の範囲

世話人は、世話が実際に必要とされる権限範囲のためにのみ任命される（1896条2項）。本人が独自に処理できる領域については、世話人が任命されてはならない。被世話人がまだ自分で行うことができること、およびその者が法定代理人を必要とすることは、裁判所の手続において確定される。

(3) 世話決定の効果

(a) 行為能力との関係

世話人の任命は公民権の剥奪を意味しない。また、それは、結果として、被世話人が行為無能力となることを意味しない。被世話人によってなされた意思表示は、他のすべての人と同様に、彼がその本質、意義および影響範囲を理解しているか、後にその行為を成就することができるか、に従って判断される。もちろん、多くの場合においてかかる洞察力はもはや存在しないから、その場合には、このような者は、自然的な意味において、――世話人の任命に関係なく――行為無能力である（104条2号）。すなわち、この者が行った法律行為は無効である。

(b) 同意権の留保

世話決定が本人の法律行為能力に影響を与えないという原則には、1つの重要な例外がある。裁判所が個々の権限範囲について同意権の留保を命じた場合には、これによって、法的取引への参加について制限が生じる。

本人は、その場合（日常生活のささやかな取引などは除かれるが）には、法律行為につき、世話人の同意を必要とする。本人が自分自身やその財産に損害を与えうる著しい危険が存する場合には、裁判所は同意権の留保を命じる。この措置は、第一に、洞察しえない自傷行為から本人を守るために役立つ（居所指定の場合、すなわち、入院の場合など）。さらに、同意権の留保は、例えば、被世話人が、個々の事例において彼に課せられている証明責任を果たせないために、行為無能力が認められない結果、不利な取引を（有効に）確定せざるをえないという事態を回避するためにも命じられる。

(c) 婚姻および遺言の作成、選挙権

被世話人は、行為無能力である間においても、結婚することができる。被世話人が遺言能力を有する場合、すなわち、本人がその意思表示の意義を理解し、その洞察力に従って行動できる場合には、同様に遺言を作成することができる。世話人の任命はそのことに何らの影響を与えない。そのための同意権の留保ということはありえない。これらの行為に対する世話人の同意はまったく必要ないとされている。

選挙権についても、被世話人は、すべての事務について包括的な世話人の任命がなされない限り、保持しているが、制限の全廃も議論されている（片山英一郎「ドイツにおける被世話人の選挙権」田山編著前掲書190頁以下も参照）。

(d) 世話の存続期間

世話人の任命と同意権の留保命令は、必要以上に存続してはなら

ない。そこで、民法1908条1項は、世話はその前提要件が消滅した場合には、取り消される旨明記している。したがって、利害関係人、特に被世話人および世話人は、いつでも、世話の必要性を根拠づけた前提要件の消滅を裁判所に知らせ、世話の廃止を行うようにする可能性を有している。さらに、すでに世話人の任命に関する裁判所の決定中に、裁判所が当該措置を審査しければならない期日が記入されている。遅くとも、5年後には、その廃止または更新が決定されなければならないのである。

(4) 世話人の選任をめぐる問題

(a) 原則として個人世話人

世話人は後見裁判所によって選任される。その際には、できるだけ、個人が選任されなければならない（1897条1項）。これは、本人の近親者、世話協会の構成員またはその他の名誉職的な者、自営の職業世話人、さらには、世話協会の職員もしくは世話管轄官庁の職員でもよい。

裁判所は、意味があると判断する場合には、複数の世話人を任命することができる。（1899条1項）。

また、いくつかのケースにおいてのみ、協会または世話官庁自体が任務を託されているが、これは個人による十分な世話が不可能である場合に限られる（1900条）。この個人的世話の優位によって、被世話人と世話人との間において信頼関係が育まれることが可能となるのである。

世話人の選任に際しては、本人の希望に大きな意味がある。準備がありかつ適任である一定の人物を、本人が提案する場合には、裁判所はこの提案に拘束される。その例外が認められるのは、提案された人物が本人の福祉に反するであろう場合のみである（1897条4項1文）。例えば、成年に達した精神的障害を有する子が、一時の気まぐれで、世話人に適した両親の代わりに、第三者を世話人として

提案する場合である。

本人が一定の人物を拒否する場合には、これが考慮されるべきである（1897条4項2文）。この者には、特別な事由がある場合にのみ、世話が委託される。

本人が誰も提案しない場合には、世話人の選任に際しては、親族関係およびその他の個人的関係、特に、両親、子ども、配偶者との関係、ならびに利益相反の危険の有無が考慮されるものとされている（1897条5項）。

なお、ドイツでも、前述のように（第8章3(2)）、複数世話人が認められている（1899条）。世話人相互の間をどのように理解し機能させるか、という点について工夫がなされている。その1つが「タンデム世話人」である。

タンデムとは「2人乗り自転車」のことである。名誉職世話人の任命を職業世話人との協力を前提として行う場合を、学説（文献）上「タンデム世話人」と呼んでいる。これは、本書第9章の解説でも述べたように、次のような目的の下で行われる。

① 従来経験を有しない名誉職世話人がよりよく職務を行うことができるようにするため。
② 名誉職世話人は仕事の初期において困難な局面にしばしば遭遇することがありうるが、その負担を軽減するため。
③ 世話について単独で過大な要求を課せられている親族が、世話人として職務を全うできるようにするため。

前記の①と②は過渡的なものであり、通常の名誉職世話人になれる状況になれば解消する。③については親族後見の減少に対する対策の意味もあろう。

(b) 世話協会および世話官庁

ドイツでは、法人後見のほかに官庁後見が認められている（1900条4項）。もちろん、世話人としては、被世話人の必要な範囲にお

いて、個人的に世話をなしうる者が適していると考えられている（後述(5)(b)参照）。もっとも、これは個別的には判断が困難であることもある。これに関する確立した基準は存在しない。すべてのケースが異なった状況に置かれているからである。

しかし、裁判所は、個人であればよいということで、職業世話人に無制限に世話を依頼するようなことはしない。というのは、それでは個人的な世話が保障されたことにはならないからである。また、本人が入所している施設に対して従属関係またはその他密接な関係に立っている者（例えば、本人が生活しているホームの職員）は、本来世話人の任務と利益相反の危険があるがゆえに選考対象から除外される（1897条3項）。

世話人の任命は、選任された者が引き受ける用意がある旨を表明したときに初めて可能となる。すべての市民は、彼らがこれに適任であり、かつ引き受けることに無理がない場合には、世話人を引き受ける義務を負っている（1898条1項）。もちろん、裁判所は誰に対してもそれを強制することはできない。世話の引受けを正当な理由なしに拒絶する者は、本人の下でそれによって生じた遅延損害を賠償する責任がある。

(c) 世話人の交代

被世話人にとっては、その世話人が交代し、そのために新世話人に慣れなければならないことは不利益である。したがって、世話人の交代はできるだけ避けられなければならない。もちろん、世話人は、就任後に新たに生じた事情により、世話がもはや無理である場合には、その辞任を求めることができる。また、その任務をもはや適切に履行できない世話人については、裁判所が解任すべきである。世話人が、一定期間の経過後に、同様に適任でありかつ世話を引き受ける準備のある者を提案する場合には、それが本人の福祉にとって有益であるときは、裁判所はその提案に従う。

(5) 世話人の任務

(a) 受任内容

　世話人は、任された権能の範囲において、被世話人を代理する権限を有する。世話人はその限度で法定代理人の地位を有する。被世話人の名において訴訟を遂行する場合も同様である（1902条）。しかし、その代理権限により、世話人に配分された権限範囲に属する行為だけがカバーされる。もし、被世話人が他の領域においても法定代理人による援助を必要としているということを確認する場合には、世話人はそこでは軽々に行動することはできない。世話人はむしろ世話裁判所にそれを報告し、その決定を待たなければならない。特に緊急の場合にのみ、世話人は委任なき事務管理者として行為することができる。世話人は、必要性の原則との関連において裁判所の決定の制限や廃止をもたらすかもしれないその他の諸事情も、裁判所に通知しなければならない（1901条5項）。世話人は、一定の行為がその権限範囲に属するか否かにつき確信が持てない場合には、世話裁判所に照会することが望ましい。

　世話人は、裁判所がその権限を明確に与えた場合にのみ、本人の郵便および通信交通をコントロールすることが許される（1896条4項）。

　被世話人が死亡した場合には、世話人は、これを世話裁判所に通知しなければならない。死者の葬儀については、世話人は、原則として、州法によって一般に死者の世話を課せられている親族に任せるべきである。もし、親族がこれを執行できないときは、通常は葬儀の援助権限を有する地域の公安官庁に通知することが望ましい。

(b) 個人的世話

　世話人は、被世話人を権限の範囲内において個人的に世話をしなければならず、書面処理に限定した世話をしてはならない。その重要な任務は、むしろ個人的な接触である。被世話人が世話人との会

話が不可能なほどに障害を有している場合には、その状態を直接知るために、世話人は被世話人を時々訪問しなければならない。世話人は、その権限内において、被世話人に残された能力を活性化し、リハビリの機会を作るように配慮しなければならない。少なくとも年に1回、世話人は、世話裁判所に対して被世話人との個人的関係の状態（変化）について報告しなければならない。これは書面でも口頭でもよい。

(c) 被世話人の福祉および希望

　世話人は、その任務を、被世話人の福祉に合致するように遂行しなければならない（1901条）。この場合における禁止内容には、被世話人の考えに関係なく決定をすることも含まれる。むしろ、被世話人の考えが正直に取り入れられるべきである。強制されるのではなく、その現存能力の枠の中で、かつ客観的可能性に従って、その希望と考えが生かされうることが、被世話人の福祉にとって有益なのである。世話人は、定期的な接触と重要な決定事項に関する会話によって、被世話人がどのような考えを有しているか、つまり、何をしたいのかということについてのイメージを作らなければならない。そして、世話人はそれに従わなければならない。ただし、これが明らかに被世話人の福祉に反し、または世話人に無理を強いる場合は、この限りでない。世話人は、強制を正当化できる理由なしに、自己の考えを被世話人のそれに代えることをしてはならない。また、世話人は、相応な生活資金がある限り、被世話人の意思に反して質素な生活を強いてはならない。世話の必要性が生じる前に被世話人の個人的事柄や生活のことに関して表明されていた希望（一種のリヴィングウィル）も尊重されるべきである。ただし、被世話人がその間にその意見を変更した場合は、この限りではない。

　被世話人の希望が確認できないときは、世話人は、被世話人の推測上の意思を見出すべきである。そのためには、近親者からの情報

が有益である。情報源は、従来の生活方式や状況からも生じる。

(6) 個人的事務における保護

　世話法の特徴は、次の点にも見られる。財産上の事務に対して身上事務が前面に出されたという点である。被世話人の個人的健康状態は、世話人にとって、彼の任務範囲に関係なく、無視しえないものである。

　世話人に身上監護の領域の任務が課された場合には、たいていの場合に健康上の配慮事務または居所指定が問題となる。この領域（健康状態の診察、治療、医師の侵襲――不妊手術、強制的施設入所または認知症の高齢者をベッドに拘束するような、類似した措置）における特に重要な事務については、法律は、世話人の行為を一定の条件の下で制限し、かつ必要に応じて裁判所の許可義務の下に置いている。この関係において、純粋に経済的な観点を超えた、被世話人の個人生活に重要な効果をもたらしうる住居の解約の場合の保護規定が新たに導入された（世話人による賃貸借等の解約の制限）。

(a) 健康状態の診察、治療、医師の侵襲

　これらの医師による措置は、患者がその措置につき十分に説明を受け、それと結合した危険につき説明された後に、患者がそれに有効に同意している場合にのみ許されるということ（インフォームド・コンセント）が、長い間判例において承認されてきた。このような措置が有効な同意なしになされた場合には、それは場合によっては違法で、処罰可能な患者の身体的安全に対する侵襲を意味する。患者が世話人を有する場合にも、患者が同意能力を有する場合にのみ、すなわち、患者が意図されている措置の種類、意味および影響範囲を理解し、かつその意思に従って決定できる場合にのみ、患者は自ら同意を与えることができる。この理由により、世話人は、その権限範囲が医師による措置を含む場合にも、被世話人が具体的状況において同意能力を有するか否かを確認しなければならない。被

世話人が様々に複雑な措置との関連において、あるケースにおいて同意能力を有するが、他のケースにおいては有しないといった点が重視されるべきである。

被世話人が同意能力を有しない場合には、世話人は、同意についての医師の十分な説明の後に、医師の措置について決定しなければならない。ここでは一般原則が妥当する。すなわち、重要な事務については、あらかじめ被世話人と話さなければならない。ただし、これが被世話人の福祉に反しない場合に限る。被世話人の希望（リヴィングウィル類似の世話処分証書において確認されているもの）は、これが被世話人の福祉に反せず、かつ世話人に無理を強いることにならない限り、尊重されなければならない。

一定の場合には、世話人の同意は世話裁判所の許可を必要とする。これは、被世話人がその措置により死亡しまたは重大かつ長期の健康障害を受けうる相当確実な危険が存する場合である（1904条1項1文）。許可手続は、このような重大な事例において、世話人が被世話人に対する責任に単独でさらされないように配慮することを目的としている。この規定における相当に確実な死の危険とは、手術の際にそれと結びついた一般的な危険、例えば、麻酔に常に伴うような危険を超えるような場合である。重大かつ長期の健康障害とは、例えば、視力の喪失の場合、手足の切断の場合または継続的な人格変更の場合に想定される。このような損害発生の危険は、具体的かつ現実的でなければならない。単に仮説的または信じられないような危険は、許可義務の根拠とならない。疑問がある場合には、世話人は世話裁判所に照会すべきであるとされている。

このような措置の遅延が危険をもたらすような緊急の場合には、許可義務はない（1904条1項2文）。

なお、裁判所の許可は、被世話人が同意を与えること、同意を与えないことまたは同意を撤回することに関して被世話人の意思に

そっているという点について、世話人と担当医との間に合意が存在している場合には、必要ではない。

(b) 不妊手術

不妊手術は、身体的不可侵性に対する重大な侵襲を意味する。それによってもたらされる生殖能力の喪失は、しばしばもはや回復できないものである。特に問題であるのは、侵襲につき本人自身ではなく、他の者が代理人として決定する場合である。

従来は、同意能力を有しない者の不妊手術は法的なグレーゾーンにあった。というのは、法律による規制が存在しなかったし、判例も統一されていなかったからである。

法律は、未成年者の不妊手術を完全に禁止している。同意能力を有しない成年者の場合には、世話人がこれを実施したいと考える場合には、これについての世話裁判所の許可を得なければならない。この許可は、極めて厳しい要件の下で厳格な手続に従って与えられる（1905条）。利益相反を回避するために、この決断には、常に特別世話人が任命される（1899条2項）。意思に反する強制不妊手術は許されない。さらに、他のあらゆる避妊の方法が優先される。不妊手術は、妊娠によってもたらされるであろう重大な困難状態を回避するためにのみ許される。そのような困難な状況とは、母親が子どもから引き離されなければならず、このことが母親のために重大な心の傷をもたらすであろうような場合である。

(c) 閉鎖施設などへの措置入所

世話人は、一定の要件の下で裁判所の許可を得て、被世話人を閉鎖施設または病院または老人ホームの閉鎖部門に措置入所させることができる。もちろん、措置入所は、被世話人につき著しい健康上の自傷行為または自殺行為の危険が存在し、または措置入所なしには必要な治療が実施できない場合に、1906条1項が定める要件の下でのみ許される。

成年者の措置入所は単に「教育的理由」よってなされてはならない。世話人は、被世話人を、この者が第三者を危険に陥れるからという理由で措置入所させることはできない。このような措置入所については、世話人の任務ではなく、各州の措置入所に関する法律によって、官庁と裁判所が管轄権を有するからである。

　事前の許可なしに措置入所を実施できるのは例外的場合のみである。それは、遅延すると危険である場合であるが、その場合でも、許可は遅滞なくとられなければならない（1906条2項）。

　世話人は、措置入所の要件が欠けた場合、例えば、従来存在していた自殺の危険がもはやなくなった場合には、これを終了させなければならない。世話人は、措置入所を終了させるためには、世話裁判所の許可を必要としない。疑いがある場合には、もちろん、世話裁判所に相談することができる。世話人が措置入所を終了させた場合には、これを世話裁判所に通知しなければならない。

(d) 措置入所類似の措置

　被世話人が、施設、ホームまたはその他の施設における閉鎖的部分の外で生活している場合には、これ自体は許可を要するものではない。しかし、この場合においても、被世話人につき、機械装備、薬またはその他の方法で相当な長期を超えてまたは定期的に自由を奪うことになるときは、裁判所の許可が必要である（措置入所類似措置——1906条4項）。

　自由の剥奪は、被世話人がその措置がなくても動けない場合、またはその措置が被世話人の意図的行動を妨害する場合には、行われてはならない（例えば、落下から守るためにベルトを使用する場合には、本人が望むときは、それを外すことができなければならない）。被世話人がその措置に同意しており、それに相応する同意能力を有する場合には、違法な自由剥奪はありえない。同意能力のない被世話人の場合にのみ、その世話人が、（「居所指定権」という権限により）措置

入所類似の措置についての同意について判断する。

自由剥奪措置としては、ベッドの台枠、ベッドまたは椅子への身体拘束、手足の拘束、被世話人の希望により開放が常には保障されていないような部屋または滞在場所に閉じ込めること、主として被世話人を沈静化させることを目的とする薬（該当しない例：沈静化が治療を目的とする薬の副作用であるとき）が考えられる。許可の要否につき疑いがある場合には、世話裁判所に相談すべきである。

被世話人を守るために事前の許可なしに行動しなければならない緊急の場合には、事後に許可は遅滞なくとられなければならない。

(e) 住居の解消

住居の解消によって、被世話人は生活の拠点、親しんできた環境および何よりも友人たちを失う。したがって、被世話人はその限りで、軽率な措置から守られなければならない（1907条）。

被世話人（またはその世話人）が賃借した住居の賃貸借関係を解消するためには、世話人は世話裁判所の許可を必要とする。このような賃貸借関係を解消することに向けられたその他の意思表示についても同様である（例えば、世話人と賃貸人との間の解除契約）。

賃貸借関係の終了原因となりうるその他の事情が生じた場合において（例えば、賃貸人による解約告知）、世話人は、その権限範囲に賃貸借関係の解消または居所指定が含まれているときは、これを世話裁判所に遅滞なく通知しなければならない。世話人が、被世話人の住居を解約告知または賃貸借関係の解消以外の方法で放棄する場合（被世話人が入院中に、家具を売却する場合など）には、世話人はこれを遅滞なく裁判所に通知しなければならない。世話人が被世話人の住居を賃貸したい場合には、同様にこの点につき裁判所の許可を必要とする。これは、世話人が被世話人の入院中にその所有家屋を賃貸したいというような場合である。

(f) 財産法的事務における世話人の活動

世話人は、財産目録の調製、計算書の作成、投資、世話裁判所の許可を要する行為などの業務を行わなければならない。

(g) 世話人が主張することができる権利

以下の点につき、法律上の配慮がなされている。

(イ) 費用の補償　この点については、報酬（後述）とは別に請求することができる。

(ロ) 責任保険　注意をしていても、事故を完全に避けることは難しいから、これも重要な配慮である。

(h) 費用と報酬をめぐる財政問題

(イ) 財政問題　これは、成年後見をめぐる手続費用と報酬についての問題である。前述のように、ドイツでも、国民は自分の事務は自分の責任と費用で処理するのが原則である。しかし、世話制度の利用に関する費用と世話人に対する報酬は、一定額以上の財産を有していない者（低所得者など）については、州の国庫が負担することになっている。職業世話人は報酬を要求できるが、被世話人が前記の者に該当する場合は、本人ではなく、世話人（世話協会）が後見裁判所を通じて州の国庫に請求することになっている。

ドイツ連邦共和国全体の人口は日本の約3分の2であるが、1992年の世話法施行以来、世話決定が110万件を超えており、公的な負担が実際上、州の財政にとって大きな負担となっているのである。2005年に世話法を改正したが、その最も大きな理由は、財政問題であった。職業世話人の報酬について世話協会と世話裁判所の司法補助官との折衝を簡略化するために、世話人報酬の概算払い方式を導入した。2013年8月には、（世話）費用の現代化に関する法律が制定され、名誉職世話人の費用請求等について一定の配慮がなされている。

(ロ) 老齢配慮代理権制度の奨励　補充性の原則に照らしても、

自分の老後の後見ないし世話については、あらかじめ自ら契約などによって配慮しておくことが望ましい。日本の任意後見制度に対応する方法であるが、ドイツでは民法上の委任契約の一種として一定の規定をおいているにすぎない。2005年の法改正において、この制度の充実が論点の1つとされた。この配慮代理権契約の登録制度も一部の州で実施されていたにすぎなかったが、連邦全体の登録簿制度が導入された（ただし、登録は義務ではない）。

(ハ) 親族法定代理権制度（案）　2005年の法改正論議の過程で、法定世話人の任命件数を減少させるために、一定の範囲の近親者に世話に関する法定代理権を授与する構想が提案された。高齢の成年者が後見に関するかなり包括的な代理権を契約によって与えるのであれば、その方法は前述の老齢配慮代理権になるが、そのような準備をしないままに判断能力を喪失したような場合のために、この構想が出現したのである。しかし、この場合に想定されている親族の多くは本人との関係で相続人でもあるから、真に本人のための財産管理を期待できるとは限らない（本人のための消費と相続財産の維持とは対立することがあるからである）。親族による財産権の侵害はどこの国でも生じうることであり、また、侵害とまではいえないが、本人のための財産管理とはいえないような「管理」は避けるべきである。そこで、法定代理人となりうる親族の範囲を狭く限定する案が検討され、最終的には配偶者に限定する提案もなされたが、結局は多数の賛成は得られず、議会への提案はなされなかった。配偶者の多くは年齢的に近いことを考えると、日本法での経験に鑑みても、配偶者法定代理権制度は適切な対応策とはいえないであろう。

(i) 官庁と世話協会による援助

ドイツでも法人世話（後見）が可能であるが、さらに福祉関係の官庁も世話人になれるという点で、日本の法制と相違している。

(j) 裁判所手続

裁判所でなされる手続は、以下のとおりである。

(イ) 世話人の任命の手続　手続の導入、裁判所の管轄権、当事者の地位、手続補助者の任命、鑑定などについて規定されているが、詳細は割愛する。日本法とのもっとも大きな違いは、手続補助者の制度であろう。これは手続導入に関する職権主義とも関連している。

(ロ) 同意権留保と鑑定　世話人の任命（例外を除く）と同意権留保を命ずることができるのは、裁判所が世話の必要性とその範囲ならびに援助の必要性の推定期間についての鑑定をとりよせた場合に限られる。鑑定人は、鑑定意見を作成する前に本人自身を診察し、聴聞する義務を負っている。裁判所は、介護金庫の疾病保険医療団の所見を含む提出済の鑑定意見を、世話人任命手続において利用することができる。

(ハ) 世話の有効性と世話人証書など　世話決定は、被世話人、世話人、手続世話人および管轄官庁に告知される。世話はこの時点で効力を発する。世話人は裁判所から世話に関する証書を授与される。

(ニ) 措置入所の手続　世話法によって、世話人による（私法的）措置入所のための手続と、精神病者に関する州法による（公法的）措置入所のための手続との統一が実現された。ここでは世話人の任命手続と同様の原則が妥当する。

措置入所が許可されまたは裁判所によって命じられた場合には、措置の期間は最長でも1年である。明らかに長期に措置が必要である場合にも、2年を限度とする。期間の更新は可能である。措置入所が暫定命令に基づく場合には、総期間において3か月を超えることはできない。

さらに、手続の費用、暫定命令、争訟手段についても規定されて

4 世話人の注意義務

　ドイツ司法省のパンフレットからは離れるが、世話人の注意義務について述べておきたい。世話人が注意義務を負うのは、原則として被世話人に対してであって（民法1901条）、第三者に対してではない、と解されている。もっとも、例外事例ではあるが、特に危険な被後見人のための契約交渉に際して、契約の相手方に特別な危険を生じさせることがあってはならない、とした連邦通常裁判所の、世話法施行前の判決がある（BGH,NJW 1987,2664）。

　上記のような解釈（原則論）は、日本民法の714条に類似した規定（独民832条）があるにもかかわらず、なされている点に注目しておきたい。

第12章

高齢者の取引と法的保護（民法）

広義の成年後見制度は、判断能力の不十分な者のために、それを補完（同意・取消し）または代替（代理）する制度である。したがって、高齢者などが法律行為をする場合に、十分な意思能力を有しているときは、成年後見制度は必要とされない。そこで、この制度と本人の意思能力との関係についても、説明しておかなければならない。

1 意思能力——契約の締結と判断能力

契約が有効に成立するためには、当事者がその契約内容について理解し、その締結の是非について判断することのできる精神的能力を有していることが必要である。そのような能力を学説上「意思能力」と呼んでいる。したがって、重度の認知症などによってその契約を締結するために必要な意思能力を欠いていると判断される状況でなされた契約は、意思に基づいたものとはいえないから、民法上無効である。この原則に照らすと、成年被後見人は事理弁識能力を欠く常況にあるから、その者の行った法律行為は無効ということになりそうである。

しかし、この原則論との関係で注意しなければならないのは、民法9条ただし書である。この規定は、後見開始決定がなされた者（事

理弁識能力を欠く常況にある者）が行った法律行為に関する規定であるが、そのうち一定の日常生活上の取引行為を取消権の対象から除外しているからである。本人が行ってしまった日用品の購入などの契約については、判断能力があるという前提をとっていることになる。つまり、意思能力は、一般的・抽象的に存否を判断すべきではなく、行われる行為の重要度に応じて判断されるべきものであるから、事実上、前述のような行為ができた者は、その行為については意思能力があったと考えることになる。高齢者の現存能力の活用という観点から、この制度の意義を説明する学説もある。

2　行為能力——判断能力の不十分な者の定型的保護

　未成年者や判断能力の不十分な者が契約を締結し、その内容が不利であった場合において、意思能力が不十分である者の側で、その契約の締結にとって必要な判断能力を有していなかったこと（意思無能力）を証明することは、必ずしも容易なことではない（特に20歳に近い未成年者の場合）。そこで、民法は、未成年者の場合には、社会的な経験の不十分な点なども考慮して、未成年であるという形式的な理由のみで、親権者の同意を得ないでした契約を原則として取り消すことができることとしている（5条2項）。未成年者の保護（取消権）と行為能力の制限（親権者の同意を要する）が一体をなしているのである。

　認知症や知的障害等のために判断能力が不十分な者については、あらかじめ家庭裁判所で、後見開始の審判などを受けておくと、成年被後見人などであることのみを理由として、その契約を取り消すことができる（9条など）。これらの者も、一応法律行為をすることができるが、取消権を有しているので、制限行為能力者である。

　このように、民法は、個々の法律行為について、意思能力の存否

の証明を必要とせずに、後見開始等の審判などを受けているという画一的基準によって、第7章で述べたように、判断能力の不十分な者を保護しているのである。このような制度を行為能力制度という。認知症高齢者についても、状況に応じて、後見・保佐・補助の制度の利用を検討すべきである。

3　詐欺・強迫——判断の瑕疵

　判断能力の減退などの事由がない成年の健常者相互の取引においても、売買契約などの相手方を騙して（欺罔という）目的物を著しく安く買い取ったり、不当に高く売りつけるような行為がなされることがあるが、このような行為は詐欺に該当し、被詐欺者はこの契約を取り消すことができる（96条）。強迫されて契約を締結した場合も同様に取り消すことができる（同条）。

　これらの場合には、被詐欺者などにおいて、売買契約を締結する意思がまったく存在しなかったわけではない。不正確な情報などに基づいて売買の意思表示をしているので保護に値するが、事情（その目的物がどうしても欲しいなど）によっては、それにもかかわらず、被詐欺者がその契約を維持したいと考える場合もないわけではない。そこで、契約取消権を付与することにより、被詐欺者などの意思の尊重を前提にして、その法的保護を可能にしているのである（契約の取消し→遡及的無効→原状回復）。原状回復とは、被詐欺者等を契約締結前の財産状態に回復することである。

4　意思表示の要素に錯誤を生じた場合

　健常者相互の取引においても、標記のような契約については、無効を主張することができる（95条）。すなわち、意思能力を有する

者が契約を締結した場合でも、契約の重要な部分（要素）について思い違い（錯誤）があったときは、法的拘束を正当化する根拠（真意）を欠くから、契約は無効である。ただし、表意者に重大な過失（著しい不注意）があったときは、その無効を主張することができない（同条ただし書）。詐欺によって錯誤に陥った場合には、取消しの他に無効の主張もできる。

5 判断能力の不十分な者に対する詐欺・強迫

　判断能力が不十分な者の相手方において詐欺的行為がなされたような場合については、意思無能力による無効を主張せず、民法や特定商取引法など（後述）により取り消す方法を選択するほうがよいとの考え方がある。意思無能力による無効を証明することは必ずしも容易ではないからである。これは、認知症高齢者の保護を考えるに当たっては重要な観点であると思われる[注1]。以下では、取消権の行使を中心に説明しよう。ただし、詐欺等は、前述のように、一般的には健常者間の法律関係を前提として法規制がなされているが（96条）、その限りでは、その詳細は本書の対象外である。

(1) 詐欺・強迫を理由とする民法による取消し

　判断能力が不十分であるために意思表示の内容を十分に理解できないで承諾をした場合には、意思能力自体の問題である。しかし、契約内容は一応理解できたが、欺罔的行為により重要な部分について思い違いをしてしまった場合には、詐欺（錯誤）の問題となる。

　ここで問題となるのは、被詐欺者の判断能力との関連である。健常者が判断能力の不十分な者に対して詐欺等を行った場合には、民法96条の要件の検討に際して、要件の緩和を検討すべきではないだろうか。要件上は、「欺罔行為により錯誤に陥ったこと」という要件の判断基準を緩和して（抽象的にではなく、具体的に考慮して）

適用すべきであろう。すなわち、十分な判断能力や意思能力を有する者であればその程度の欺罔行為では錯誤に陥ることはなかったであろうが（一般人を前提とした抽象的基準）、判断能力が不十分であったがゆえに錯誤に陥ったという場合（本人との関係における具体的基準）にも、詐欺の要件を満たすと解すべきである。具体的には、成年後見制度を利用していない高齢者などの取引の場合に生じることである。

(2) 消費者契約法による無効・取消し

上記の目的は消費者契約法（本書第13章5参照）の通常の適用によってもある程度実現することができるが（同法は民法上の無効・取消しの要件を緩和したという側面を有している）、判断能力が不十分な者については、健常者を想定している消費者契約法を適用するに当たっては、さらに解釈上要件の緩和を検討すべきであろうか。この点については、同法の適用の実態をみたうえでの今後の課題としたい。

(3) 特定商取引法

本書第13章3参照（特に同法7条、9条の2、同法施行規則7条など）。

(4) 任意後見人を無視して本人が契約をした場合

自分のために任意後見契約が発効（第6章参照）している者が、任意後見人を無視して契約をした場合には、その内容が本人にとって不利益なものであっても、消費者契約法等の適用がない限り（この場合も、本人のみ）、これを取り消すことはできない。取消権は民法により法定後見人等についてのみ認められているものだからである。不動産のような高価なものの取引については、意思無能力・無効を主張できると解すべきであろうが、このような解釈をもってしても救済が困難な場合が予想されるときは、あらかじめ「本人の利益のために特に必要があるとき」（任10条1項）に該当するものとして速やかに法定後見開始等の審判を申し立てるべきである。なお、

この問題については第13章も参照。

6 制限行為能力者制度と相手方の保護

制限行為能力者が行った法律行為は取り消すことができるが、その際に制限行為能力者が能力に関して詐術を用いたときは、取消権を行使することができない（21条）。この場合に何が詐術に当たるかが問題になるが、最近の判例の傾向は、「取引の安全の保護」を重視し、詐術の認定は緩やかになっていると一般に言われている。しかし、無限定的にそのように解してよいかははなはだ疑問である。以下では、最上級審における詐術の「肯定」判例を中心として疑問点を明らかにし、「判例の傾向」の限定を試みてみたい。

(1) 制限行為能力者の類型と詐術

制限行為能力者が行った法律行為は取り消すことができるが、その際に行為能力に関して詐術を用いたきは、取消権を行使することはできない（21条）。この制度が制限行為能力者制度と取引の安全との調和を図ったものであることは異論のないところである。

制限行為能力者とは、紹介するまでもなく、民法上は、未成年者、成年被後見人、被保佐人、被補助人である。戦前の判例を利用する場合には、これに妻（1947年改正前の旧14条以下）が加わることになる。家制度との関連であるから、これに該当するのは成年女性一般ではなく、婚姻中の女性（妻）のみである。

21条の適用は「能力者であることを信じさせるために」詐術を用いる場合に限定されるから、実際には、成年被後見人による詐術の事例は現れてこない。

未成年者の例は、下級審判決を含めるといくつかあるが、最上級審判例は少ない。大正2年の大審院判決（月日不明で7月30日付法律新聞掲載）の事案は、「①自分は既に徴兵検査を終え成年に達せり

と虚偽の陳述を為し、②且つ独立して営業を為し居れりと言明し、③前記の事実を信ぜしむる為商業帳簿其他の書類を示し」たことが詐術に当たるとされたものである。この判決は法律新聞（掲載部分）では、行為の当時に行為無能力者（制限行為能力者）であったと言っているだけで未成年者と明言しているわけではないが、内容から考えて未成年者の取消事例と考えられる。

妻の事案は、妻が行為能力者であることを信じさせるために、相手方に対して夫の無い「無夫の能力者」であるという虚偽の事実を告げ、かつ保険会社の外交員として保険の勧誘をしながら独立して生活している旨を述べて消費貸借契約を締結した事例である（大判昭和8・10・13民集12巻2491頁）。

以上、2つの例には共通している要素があると同時に、旧準禁治産者の例とは区別して考察すべき要素がある。すなわち、未成年者は15〜6歳までは外見上から判断することが可能であるが、20歳に近くなるに従って外見上からの判断は困難になることも少なくない。妻の場合にも未婚の女性や未亡人もいることであるから、年齢などからの外見上の判断は不可能である。

未成年者は意思能力を欠いている幼児から20歳直前までの者が含まれるが、意思能力との関連での保護の必要性は、一般的には年齢が上になるほど小さくなると解してよい。したがって、20歳に近い者の詐術の認定は、比較的緩やかに、すなわち取引の安全の保護に重点をおいて解釈すべきである。この点で少なくとも被保佐人（旧準禁治産者——心神耗弱者）とは決定的に異なっている。

(2) 制限行為能力者制度と取引の安全

最近の判例の一般的評価は、取引の安全を図ることにやや傾いているかのように思われる。しかしながら、判例の内容を検討してみると、取引の安全が重視されているように見えるのは、実はほとんどの場合が（旧）浪費者である準禁治産者（意思能力は不十分ではな

い場合も多い)の事例であり、意思能力の不十分な者については、「詐術」の事例が少ない上に、「詐術」の有無の判断に際しても、むしろ詐術の認定は慎重になされているのである。比較法的観点からみると、浪費者については、それ自体を理由とする制限行為能力者制度は廃止される傾向にある(同時に意思能力の低下があれば別である)ことを考えれば、浪費者が詐術を弄した場合に取引の安全を重視している判例の態度は妥当なものである。意思能力の不十分な者と、必ずしもそうでない浪費者とを区別せず画一的に処理していた民法の従来の態度は、修正されて当然であったといえよう。

本章では、判例を上のように評価しうるか否かを含めて検討し、併せて学説の傾向についても検討してみたい。

(3) 判例に現れた詐術と被保佐人(旧準禁治産者)

判例の中で最も多いのは、旧準禁治産者による詐術である。旧準禁治産者には心神耗弱者である場合と浪費者である場合とがあったが(2000年3月までの旧11条)、最近の判例の傾向を取引安全の保護の重視としてとらえると、心神耗弱者の保護が軽視される結果をもたらすおそれがある。

本来、心神耗弱者の保護を取引の安全によって制限するというのは原理的に矛盾した発想であり、納得できないところである。そこで、本当に、判例は、旧準禁治産者一般の詐術について緩やかな認定をしているのか否かについて検討してみたい。

(イ) 判例は、当初は、詐術といえるためには「積極的術策」ないしは「積極的詐欺手段」を用いることが必要であると解していた(大判大正5・12・6民録22輯2361頁——結果は消極)。

これと同様な基準を用いて、「手段トシテ準禁治産者ニアラサルモノノ如ク装ヒテ南海鉄道株式会社大株主ノ乗車券及狩猟免許状ヲ示シ」た事案において詐術に当たるとしている(大判大正12・3・14新聞2136号19頁)。この事案では、準禁治産者側が上告理由の中で、

「寧ロ狩猟免許状ヲ受有シ遊猟三昧ニ日月ヲ徒消シ乍ラ高利ノ金ヲ借リルコトハ浪費青年ノ所為ナルコトヲ直覚セシムル事実」であると主張しているところから判断すると、浪費者を理由とする旧準禁治産者の事案であったと思われる。

 (ロ) Ａは旧準禁治産宣告を受け、当時の戸籍上の妻Ｂを法定保佐人として就職届をしていた。Ｃと不動産の取引をするに当たり保佐人の同意を得ていたが、その後にＢとは婚姻の意思がなかったとして婚姻無効の訴訟を提起し勝訴・確定した。そのうえでＡ・Ｃ間の取引は保佐人の有効な同意を欠いていたので取り消すと主張した。判例は、Ａの一連の行為は、自己の取引行為が保佐人の同意を得たものであることをＣに信じさせるための術策であるとして詐術に当たるとした（大判大正12・8・2民集2巻577頁）。本件のＡは浪費者の事例であり、法律行為に関しては通常人以上の判断力を有するものと認定されている。

 (ハ) 旧準禁治産者ＡがＢに自己所有の土地を売却したが、保佐人の同意を得ていなかった。しかし、当時、Ａは自己の準禁治産者であることの発覚を恐れて土地の登記手続を避け、Ｂが市役所に調査に行こうとすると調査日を12月28日として御用納めのため調査不能とし、上記土地売買の前に第三者を通じてＡに借金能力がある旨を知らせ、自らも商業を営んでいる旨を告げ、ＢがＡの親族に準禁治産宣告の有無を問い合わせようとすると「虚構ノ言」をもって阻止し、第三者に頼んでＡは準禁治産者ではない旨をＢに告げさせ、さらには自ら準禁治産者でない旨の証明書を作成して第三者を通じてＢに届けた、という事案において、Ａの行為は詐術に当たるとしている（大判昭和2・12・24民集6巻728頁）。これも浪費者の事例である。

 (ニ) 準禁治産者ＡはＢから借金をしたが、その際、保佐人の同意を得ていなかったので、同契約を取り消した。しかし、同契約締結

の当時、BはAが準禁治産者ではないかと問うたが、Aはこれを否認し、「市役所及裁判所ニテ問合セヨ」と言うので、Aの本籍を管轄する区裁判所に問い合わせたが、宣告の事実はなく（Aは別の区裁判所で宣告を受けていた）、さらに本籍のある市役所で調べたが、4年数か月の間届出をしないでいたため（2000年3月までの法律においても裁判所から市長への通知は宣告後直ちになされるが、戸籍への記載は保佐人の就職届を待ってなされていたようである）、宣告の事実は判明しなかった。このようなAの一連の行為は詐術に当たるとしている（大判昭和2・11・26民集6巻622頁）。本件のAは浪費者であるかは明らかでないが、Aは「曾テ放蕩ヲ為シ居リシヲ以テ」という理由で、準禁治産者ではないかとBから問われているので、おそらくは浪費者を理由として宣告を受けていたものと思われる。

(ホ) 準禁治産者AはBから借金をしたが、保佐人の同意を得ていなかったので、これを取り消した。しかし、Aには保佐人が付されておらず、しかも、Aは、自分は元準禁治産者であったけれども父の死亡後に宣告は取り消され一級の選挙権も有するから迷惑はかけないと明言していた。このようなAの行為は詐術に当たるとした（大判昭和5・4・18民集9巻398頁）。Aが浪費者か否かは明らかでないが、保佐人を付さなかった点、父の死後に宣告を取り消すということが一定の意味をもっていたと思われる点（判断能力を理由としてなされた宣告が取り消された例はきわめて少ない）から、おそらく浪費者であったと思われる。

(ヘ) Aは準禁治産者であったが、米穀取引所における定期米の売買委託をなし、その証拠金代用としてBに債券を交付したが、その際Aは、自分は能力者であり、また「相当の資産信用ヲ有スル者」であるから安心して取引をしてほしい旨述べた。裁判所は、Aの行為を詐術と判断したが（大判昭和8・1・31民集12巻24頁）、その背後には、Aは法律を非常によく知っていたこと、Aは同取引の利益に

ついては受け取り、逆に損金が出ると取消しを主張したことなどの事実があったほか、Aは自己所有の不動産の大部分を当時すでに売却してしまっていたことを考えると、Aは浪費者を理由とする準禁治産者であったと思われる。

(ト) 67歳の旧準禁治産者Aは、国が当事者となる競争入札の方法による売買において落札者となり、契約書作成までの段階において、「学生自立協会」の肩書のある名刺を出して自分は同協会の理事長をしている旨を述べ、落札できたことに対して謝意を表明し、「この木材は他に転売し、それによって得た利益は同協会の資金にあてたい」と述べて契約保証金106万円（昭和25年当時）を納付した。裁判所はAの行為は詐術に当たると判示した（最判昭和35・5・24民集4巻7号1154頁）。本件のAは浪費者である。

なお、詐術を肯定した下級審判決（東京地判昭和58・7・19判時1100号87頁）も浪費者の事例と思われる。これは、連帯保証人になるに際し「取締役副社長」の名刺を出し、信用限度額をもっと多くしておく必要がありはしないか、と発言した事案である。

(4) 詐術をめぐる問題点の整理

(イ) 上で検討してきた判例は、前述のように、最上級審の判例のうちで詐術に関して肯定的判断をしたものであって、判決資料の中で浪費者か否かを判断しうる要素を欠いているものを除いたほぼすべてのものである。大審院時代の判決は、正式の判例集を除くと抄録ないし紹介が多いため、資料不足である場合が少なくない。そのため若干の推測を混じえた論述になったが、大体の傾向を指摘するには十分であると思われる。

(ロ) まず、禁治産者の詐術の例はないこと、妻の無能力は過去の問題であること、未成年者の場合には実際上は詐術を行う者の年齢が限られるため事例としてもあまり多くはないこと、などを確認することができ、したがって、圧倒的多数は旧準禁治産者の事例で

あった。

(ハ) 従来は、単なる黙秘が詐術に当たるかというような形で問題にされることが多かったが、確かに判例の要旨のみで比較検討している限りでは、そのような論点整理も可能かもしれないが、事案の実態にまで立ち入って検討してみると、それは一般論としては成り立たないことがわかる。上の論点を抽出しうる事例のほとんどが旧準禁治産者に関するものであり、かつそのすべてが相当な知能を有する浪費者の例であり、事理弁識能力の不十分な者にそのまま妥当するとは思われないからである。

(ニ) 詐術を認定するということ、特に認定を緩やかにするということは、取引の安全を重視することであるから、浪費癖を除けば、少なくとも精神的判断能力の点ではハンディキャップを持たない者についてのみ可能であると言わなければならない。したがって、詐術の認定に関する最近の傾向は、制限行為能力者一般ではなく、主として浪費者である旧準禁治産者と高年齢の未成年者の場合についてのみ妥当すると言うべきである。

なお、浪費者を準禁治産者とすることによって何を保護しようとしているかについては、民法上「家」制度が存置していた時代とそれが廃止された以降の時代とでは区別して考えなければならないと思われる。家督ないし家産を守るという観点があるかないかは、詐術の認定に当たっても影響を及ぼす要素だからである。「家」制度の存在しない今日では、家督を守る必要はないが、浪費者の家族のように、その家産に依存して生活している（少なくとも生活の保障を求めている）者の保護という点は若干残るが、その場合に保護される利益は、取引の相手方の利益と同次元での比較考量が可能なものであると言うべきである。その限りでは、最近の判例の傾向は肯定されるべきものである。

(5) 心神耗弱(事理弁識能力の不十分)である旧浪費者と詐術

(イ) 心神耗弱者（2000年3月までの旧11条）は、法律行為を行うのに必要な精神的判断能力が不十分であるがゆえに宣告を受けたのであるから、一般論としては、通常人である相手方を詐術によって欺くことは困難である。しかし、心神耗弱であり、かつそれが原因で浪費者であるという例はありうる。実例をあげておこう。

〔例〕準禁治産者AはBから借金をし、自己所有の農地に抵当権を設定したが、その返済ができなかったので、売買を原因としてBへの所有権の移転登記を行った。その後、Aは保佐人の同意を得ていなかったとして同売買契約を取り消した。これに対してBは、同消費貸借から売買に至るまで、一貫してAは自己が準禁治産者であることを秘していたから詐術に当たると主張した。最高裁は、上記のような黙秘は「無能力者の他の言動などと相まって、相手方を誤信させ、または誤信を強めたものと認められているときには」詐術に当たるが、黙秘のみでは詐術には当たらないと判示した（最判昭和44・2・13民集23巻2号291頁——消極）。

この判決を詐術に関する一連の判決の中に位置づけるには、若干の注意が必要である。上のAは多くの不動産を所有する資産家に生まれ、若年の頃から金銭浪費癖があったが、さらに生来「精神薄弱」であり自分の名前も印刷した名刺を横においてやっと書ける程度であった。したがって、Aの準禁治産宣告が「心神耗弱」を理由としたか浪費者を理由としたものであったかは明らかではないが、実質的にはAが心神耗弱者であったことは明らかであるから、前述(3)で紹介した諸判例とは異なった基礎の上で判断すべきものであったと思われる。上の判決が詐術に関する判例の緩和傾向に対して1つの基準を示すことによって明確な歯止めをかけたのは、むしろ当然のことであり、その意義は、純粋な浪費者のケースに関する判例法理についての制限としてではなく、実質的な心神耗弱者の例であった

という点にあると考えるべきだろう。すなわち、心神耗弱者は精神的な判断能力の点でハンディキャップを負っているために保護されているのであるから、詐術の判断に際してもその点を十分に配慮すべきであり、単純に取引の安全の保護（相手方保護）を持ち出すべきではない。その意味で、本件のAが、一連の取引において自分が準禁治産者であることを黙秘し、浪費癖のゆえに土地取引に経験があり農地法上の許可申請や登記手続に積極的に協力し、「自分のものを自分が売るのに何故妻に遠慮がいるか」と答えた程度では詐術には当たらない、と解した判例の態度は、無能力者制度（当時）の趣旨に照らしてもむしろ当然といわなければならないであろう。

　(ロ)　詐術の有無が問題となった例をもう1件紹介しておこう。

〔例〕Aは心神耗弱を理由として旧準禁治産宣告を受けていながら、保佐人である妻の同意を得ないでBに不動産を売却したが、後に同売買契約を取り消した。同契約の際に、Aは、自分の準禁治産宣告についてはその取消訴訟を起こし第一審で宣告取消しの判決があり、その裁判において医師もAは心神耗弱者ではない旨の鑑定を行っていると述べ、かつ第一審判決を確定させるために控訴につき権限を有する妻とは離婚訴訟中であると述べた。しかし、実際には、契約締結の直後、Aは離婚訴訟を取り下げ、宣告取消しに関する控訴審においても準禁治産の原因ありと主張して敗訴してしまった。大審院は、Aの行為は、Aが「現在自己ガ能力者ナルコトヲ信セシメントシタルニ非シテ唯将来準禁治産宣告ノ取消ヲ確定セシムヘキ希望ヲ以テ」Bを欺いたものであり、詐欺（96条）に当たるかどうかは別として、詐術には該当しないとした（大判大正7・11・9民録24輯2158頁）。

　上の大審院判例は、後に取消訴訟が提起されたとはいえ、Aは準禁治産宣告を受けた者であるから、それが取り消されるまでは準禁治産者として扱うのが法律上は当然であるという前提に立って、A

の精神的判断能力に関して詐術を用いたわけではないとしている。最も軽度な心神耗弱者の例であると思われるが、それを理由とした準禁治産者である以上、相手方にもさらに慎重な対応を要求することが許されるのではないだろうか。その意味で判旨は妥当であったと思う。

なお、最近、運転免許証などの呈示行為につき詐術を否定した裁判例（名古屋高判昭和61・1・30判時1191号90頁）があるが、知的障害者の事例である。

(6) 詐術の要件——学説の状況

(イ) 「詐術」を用いたこと、という要件については、学説は、次の3点を出発点としていたと解してよい。①必ずしも積極的手段である必要はなく、消極的手段であってもよい。②自己を一般的に能力者であると信じさせる場合でなくても、特定の行為について行為能力を有すると信じさせる場合（例えば、同意を得ていると告げる）であってもよい。③その手段によって新たに相手方の誤信を誘発した場合でなくても、相手方の誤信を強めた場合であってもよい。[注3]

「詐術」の概念についても、制限行為能力者制度の趣旨に鑑みて、詐術は詐欺よりも狭く、行為能力者であることの陳述は詐術には当たらないと解されていた。[注4] しかし、昭和2年11月26日の大審院判例（民集6巻622頁）を契機として「詐術」は広く解されるようになり、[注5] 現在では、通常人を欺くに足る何らかの術策を弄し、それによって相手方に能力に関する誤信を生じさせた場合には、「詐術」に当たると解されるようになっている。[注6]

(ロ) こうした学説の流れを前提として、須永教授は、残された問題点として次の2点を指摘されていた。[注7] ①能力者たることの文字どおり単純な言明あるいは制限行為能力者たることの否認、②制限行為能力者たることの黙秘、が問題となる。①については、単純な言明であったとしても、具体的行為の前提状況との関連において詐術

性をもつことがあることを考慮すべきであり、未成年者と準禁治産者との区別も必要である、としている。

②については、文字どおりの単純な黙秘が詐術として認められる余地のないことは当然であるし、契約的合意の後の手続過程への積極的参加も詐術には当たらないが、制限行為能力者であることが黙秘されている状況のもとで契約当事者としての安全性ないし適格性を示すに足る言動が取られる場合には、能力についての問題を含めての安全性ないし適格性を示す言動とみて「詐術」ありと解することが可能である、としている。このようにして、判例学説による「詐術」の意味内容の拡張ないし希薄化は「ほぼ限界点にまで達している」といわれている。[注8]

(7) 詐術に関する判例の動向の評価

(イ) 取引の安全との調和を強調する判例の動向は、一般的な意思能力の点では問題がないが浪費癖のゆえに旧準禁治産宣告を受けていた者や20歳に近い未成年者の場合に妥当する理論として位置づけるべきである。判例は必ずしもこの点について意識してきたとはいえないが、判例が取引の安全を強調しているのはほぼ浪費者の事例であるといえる。したがって、このような整理が判例の傾向と実質的に矛盾することはない。

(ロ) また、すでに学説においても、未成年者の場合と旧準禁治産者の場合とを区別すべきであるとする加藤一郎説[注9]と、それを受けて準禁治産者のうち特に浪費者を区別すべきであるとする須永説[注10]等が現れていたのであり、これらはこの問題に関する解釈論の進むべき方向を示していたものと評価することができる。

浪費癖を理由として旧準禁治産宣告をしたのは、本来家産を守るためであったから、その点から考えても、取引の安全との調和を図ることは重要な観点であった。しかし、精神的判断能力の不十分な者を取引社会の危険にさらすことはフェアなやり方ではない。その

意味においても、旧準禁治産宣告の事由による区別は合理的であると思われる。

(8) 旧準禁治産者制度の問題点

(イ) 心神耗弱者（知的障害者など）を保護するために取消権の制度があることを考えれば、その制度自体が取引の安全の犠牲の上に成り立っているのであるから、「詐術」を安易に認めて取消権を奪うべきでないことは当然である。

問題は、知的障害者である浪費者の場合であった。この場合は、「詐術」の判断基準としては、浪費者であるか否かではなく知的障害者であるか否かを問題にすべきであった。知的障害を有するがゆえに浪費者であるという場合はあるが、この場合は知的障害を理由とする被保佐人となりえた。この点は、かつて「聾者、唖者、盲者」が宣告事由から削除されたが（昭和54年の改正）、それが原因で知的障害者などとなっている場合には、その後も、これを理由として旧準禁治産宣告（保佐開始審判）を受けることができたのと同様である。

浪費癖のある知的障害者の場合には、現在でも、基本的には被保佐人として保護すべきである。このような場合には、通常そうしても取引の安全を害することにはならないからである。そのような者の「詐術」は、それによって相手方を誤信に陥れる危険は少ないし、多くの場合に誤信に陥った側にも過失があると言うべきであろう。

(ロ) 知的障害者などに該当しない浪費者の場合には、それを理由として保佐開始の審判を受けることは現行法上はもはやできない。この場合にも、本人の財産的保護とその親族の財産的保護とが問題になりうる。本人の保護については、特に本人が自らの労働によって獲得した財産については本人の意思を尊重する必要があるから、その利用方法が一般的にみて妥当でないからといって安易に取消しを認めるべきではない。旧準禁治産宣告を受けている者（移行規定

により被保佐人とみなされる者）についても、現時点では、本人の意思の尊重という点では基本的に変わりはないが、この者は現行法上も被保佐人であることに違いはないから、要件を満たせば取消権の行使は可能である。

　問題は、本人に帰属している財産が相続等によって取得した財産（いわゆる家産的性格を有しているもの）である場合である。現在では家制度は存在しないのであるから、そのような財産も個人的な財産である点では労働によって取得したものとの間で法的には違いはないが、本人、家族（核家族）および一定範囲の親族が経済的困窮に陥った場合に、事実上その財産に依存することを期待している場合がありうる。家制度の廃止以後においても、2000年3月まで浪費者が民法上準禁治産宣告の理由とされていた以上、このような期待も法的な保護に値するものと考えざるをえなかった。しかし、ここで問題となる利益は、一般取引法上の利益と本質的には同視すべきであり、知的障害者などとして保護される場合の利益とは異なり、保護の点で取引の安全に対する優越性はないと解すべきものだったのである。

　(ハ)　前述のように、もはや浪費者であることを理由として保佐開始の審判を受けることはできないが、2000年3月までの準禁治産者は原則として現在でも被保佐人であるから、これらの者による詐術は今でも行われうるのである。

　〈注〉
　1　西山詮『民事精神鑑定の実際〔追補改定版〕』（新興医学出版社、1998年）290頁、高村浩『Q&A成年後見制度の解説』（新日本法規出版、2000年）71頁。
　2　欧米諸国の成年後見制度に関する文献については、野田愛子編『新しい成年後見制度をめざして』（東京都社会福祉協議会、東京精神薄弱者・痴呆性高齢者権利擁護センター、1993年）の資料編と国内文献参照。

3 平野義太郎「無能力者の詐術」『日本資本主義社会と法律』(理論社、1955年) 43頁以下。

4 鳩山秀夫「無能力者の詐術について」民法研究1巻 (1925年) 429頁以下。

5 宮崎孝治郎「仲介人に対する無能力者の詐術と民法第20条の適用」判民昭和2年47事件 (有斐閣、1929年)、同「民法第20条に所謂詐術を用ひる場合」判民昭和2年94事件 (有斐閣、1929年)、三潴信三「無能力者の詐術に関する大審院判例に付いて」法学志林19巻4号 (1918年) 9頁以下、谷口知平編『注民(1)』〔旧版〕(有斐閣、1964年) 238頁以下 (山主政幸)、加藤一郎「無能力者の取消と詐術」谷口知平・加藤一郎編『民法演習1〔総則〕』(有斐閣、1978年)。

6 石田喜久夫「制限能力者たることの黙秘」ジュリスト民法判例百選 I 〔第三版〕(1989年) 20頁、於保不二雄『民法総則講義』(有信堂、1955年) 65頁。

7 須永醇「無能力者の詐術」谷口知平・加藤一郎編『新版判例演習民法 I』(有斐閣、1981年) 42頁以下。

8 須永醇『民法総則要論』(勁草書房、1988年) 71頁。

9 加藤一郎「無能力者の取消と詐術」谷口知平・加藤一郎編『民法演習 I』(有斐閣、1958年) 25頁以下。

10 須永醇「無能力者の詐術」前掲43頁。

第13章

高齢者の取引と法的保護(特別法)

1 はじめに

まず、消費者としての高齢者(認知症等を前提としない)をも守ってくれる特別法、特に、割賦販売法、特定商取引法、消費者契約法について概観しておこう。

2 割賦販売法

日常的に利用したいと思う商品(動産)であっても、高価であるために購入をためらってしまうようなことはよくあることである。現在のようにクレジットシステムが普及していなかった時代(第2次大戦後まもなくの頃まで)には、高価な商品について10か月払いの販売が広く行われていた。販売店側の信用売りであったため(目的商品の所有権留保が前提であったが)、代金の取立ては売主にとって大きな負担(リスク)であった。この金融部門を多くの販売店のために独立させたのが、提携ローン会社であったと考えてよい。

現在では、2か月以上にわたり3回以上の分割払いによる指定商品の割賦販売については、割賦販売法による法的規制がなされている(1961年制定)。同法により、売主は、割賦販売条件の表示と契約内容を明らかにする書面の交付を義務づけられている。

また、十分に考慮しないで購入する場合もあるので、一定期間内であれば買主側から契約を解消することができる「クーリング・オフ」と呼ばれる制度が導入されており（同法2条1〜4項参照）、さらに売主の契約解除権や損害賠償請求権についても一定の制限が設けられている（同法5条、6条）。提携ローンや前払いについても、同法において一定の規制がなされている。この法律は、消費者としてのすべての一般市民を保護する制度であり、特に高齢者や知的障害者等の利益を守るためのものではないが、高齢者などにも当然に適用される。

3　特定商取引法(訪問販売法)

　セールスマンによる訪問販売の対象は、かつては百科事典や書籍の全集物が多かったが、最近では英会話教材など子ども向けの学習教材や健康機器なども多くなっている。さらに、お年寄りを相手にした印章や壺などの販売も多く、トラブルの原因ともなっている。もちろん、訪問販売自体が悪いわけではなく、セールスマンの中に許される一線を越えて商売をしている悪質業者がいるということである。ここでも、業者側の営業の自由と高齢者などを含む消費者の保護とが調整されなければならない。

　一般的には、売買契約の当事者は、契約自由の原則に基づいて、どのような契約の内容で合意しようとも自由である。もちろん、代金などの合意に至る過程で違法な手段が用いられれば、前述のように（第12章）、詐欺または強迫による契約として、民法（96条）に基づいて取り消すことができる。しかし、本当に詐欺等が行われたとしても、それを主張するには勇気がいるし、最終的には訴訟を覚悟しなければならないかもしれない。一般の消費者にとってはそれが実際上困難であるため、結果的にいわゆる泣き寝入りを余儀なく

される場合も少なくなかった。そこで、①訪問販売（特定商取引法3条〜10条）、通信販売（インターネットショッピングなどを含む。同法11条〜15条）、電話勧誘販売による取引（同法16条〜25条）、連鎖販売取引（同法33条〜40条の3）、特定継続的役務提供（英会話やエステなど。同法41条〜49条の2）ならびに業務提供誘引販売取引（いわゆる内職商法。同法51条〜58条の3）を公正なものとし、②購入者等が受けることのある損害の防止を図ることにより、購入者などの利益を保護し、③商品などの流通およびサービス提供を適正かつ円滑にすることにより、国民経済の健全な発展に寄与することを目的として、1976年に訪問販売法が制定され、2000年に大幅な改正がなされた。同年の改正の際に法律の名称も、標記のように変更された。同法にはクーリング・オフに加えて取消権が導入され、さらに、中途解約権や損害賠償額の制限などが盛り込まれた。これも特に高齢者などの保護を図るための法律ではないが（同法7条3号の経済産業省令（同法施行規則）7条2号では、「老人その他の判断力の不足に乗じ、訪問販売に係る売買契約又は役務提供契約を締結させること」を禁止行為としている。同施行規則23条（電話勧誘販売）と39条（特定継続的役務提供）および54条（訪問購入）も同様である）、これによって高齢者などの救済を図ることが効果的である場合も少なくない。

　同法はさらに、消費者が十分な判断材料を得て主体的・合理的に契約内容などを判断できるように、業者に対して様々な情報開示義務などを規定している。これに違反すると行政処分や刑事罰が課される。このような事後規制が本法の特徴である（登録や許可制ではない）。なお、本法は2008年と2012年にも重要な改正がなされている。

4 特定商取引法による契約の解除の場合
――裁判例の検討

　契約関係が解消される場合において、給付された物が現存しているときは、それを相互に返還すればよいから、困難な問題は生じない。しかし、修理請負契約のような場合には、困難な問題が生じる。この点については、最近の裁判例が参考になる（東京地判平成7・8・31判タ911号214頁。【参照条文】旧訪問販売法5条1項、6条1項1号、同法施行規則3条、4条）。

　〔事実〕　Xは建物の増改築を業とする会社であるが、平成5年に84歳の高齢者Y（翌6年に禁治産宣告を受けた）との間で代金額175万円（消費税を除く）の屋根改装工事契約（フッ素樹脂塗装鋼板の販売と取付工事請負契約の混合契約）を締結し工事を施工したが、Yにより解除されたため176万円余の損害を被ったと主張し、民法641条〔注文者による契約の解除〕による損害賠償を求め、同契約が不成立または無効とされた場合の予備的請求として、同額の不当利得の返還を求めた。

　本判決は、支払命令送達当時、Yが軽度の認知症〔原文では痴呆〕の状態にあったとし、意思能力の欠如および公序良俗違反の主張は排斥したが、旧訪問販売法6条1項による解除の主張を容れた。すなわち、同法6条1項1号にいう同法5条1項の書面については、同法施行令3条・4条によって内容が定められているところ、X側でYに交付した契約書には、商品の販売価格と役務の対価、支払時期、引渡しおよび提供時期、商品の数量等の記載がなく、また、Yは認知症高齢者により通常人よりは判断能力が劣っていたこと、Xの従業員が契約書の内容等について充分説明した形跡がないこと等の事実から、同契約書は、同法6条1項1号にいう同法5条の書面には該当しないと判示し、クーリング・オフ期間が進行しないものとして

解除を認めた。

　上記の判決では判断対象とされていないが、仮に業者Xが、損害賠償（641条）ではなく、Yの解除（クーリング・オフ）を前提にして履行済給付の返還を求めていたとしたらどうであろうか。給付された物（鋼板）は建物に付合している結果、その現物返還は不可能である。それに代えて、民法248条を類推適用しつつ、給付物相当の金銭による返還を請求できるであろうか。これは論理的には可能であるように思われるが、これを認めてしまうと注文者Yにとっては請負代金を支払ったのと同様の結果になってしまうから、特定商取引法上の解除権の趣旨から考えて、これを認めることはできない（同法9条7項）。このように、現物での返還が不可能である場合には、Yが現に利益を受けていても、特定商取引法の趣旨により不当利得とはならないと解すべきことになる。同法はむしろ、消費者の所有物について業者が無償で原状回復することを規定しているのである（同条7項）。そのような意味において、民法における契約関係清算の処理原則（不当利得の返還）が修正されていると解すべきである。

5　消費者契約法

　消費者（保護）基本法が1968年にすでに制定されていたが、2000年に至って、民法の特別法として消費者契約法が制定された。同法によって、消費者が悪質な勧誘を受けて締結した契約は取り消すことができ、不当な条項を含んでいればその無効を主張することができる。商品やサービスを買う立場にある消費者は、売る側の事業者よりも、情報量や交渉力の点で圧倒的に弱い立場にある。この格差を埋めるのがこの法律の主たる目的である。自己決定・自己責任の原則が貫徹する市民社会を創造するには、その前提として最小限

度、法律による弱者の保護が必要なのである。この法律の内容は、大きく分けて3つの部分からなる。

(1) 契約の取消し

　同法の前半は、悪質な勧誘などによって締結してしまった契約を、消費者が取り消すことができるための要件を定めている。前述（第12章）のように、民法にも、詐欺や強迫の場合にはその契約を取り消すことができる旨の規定（96条）があるが、要件が厳格であるため、実際上、適用が困難な場合も少なくない。そこで、その要件の緩和を図る方向で、消費者契約法に具体的規定が設けられた。

　この法律によって取り消すことができるのは、①事業者が勧誘時に嘘をつくこと（消費者契約法4条1項1号）、②「絶対に値上がりする」など将来の見込みを断定的に言うこと（同条1項2号）、③消費者に不利益な事実を故意に告げないことなど（同条2項）（以上誤認の3類型と呼ばれる）、④消費者の自宅に居座って契約を迫ること、または勧誘場所から退去させないこと（同条3項）（困惑の2類型と呼ばれる）、などによってなされた契約である。これにより、消費者側の権利主張のための立証責任が、民法上の詐欺・強迫の場合に比べて軽減された。

(2) 契約の無効主張

　同法の後半では、消費者が契約を結んだ後でも、契約の無効を主張できる「不当条項」のリストが規定されている。事業者の賠償責任をまったく免除する契約条項や、法外な違約金を消費者に求める条項などであり、これらを無効としている（消費者契約法8条）。消費者が支払う損害賠償額を予定する条項などの無効（同法9条）も定められている。これらの場合も、公序良俗に反する契約の無効を定めた民法90条を適用することが可能かもしれないが、消費者契約法による無効主張の方が立証の点ではるかに容易である。

(3) 事業者に対する差止請求

　消費者被害の発生または拡大を防止するために、適格消費者団体が事業者等に対して差止請求をすることができるようになった。適格消費者団体とは、不特定かつ多数の消費者の利益のために、消費者契約法により差止請求をするのに必要な適格性を有する法人である消費者団体として、内閣総理大臣の認定を受けた者である。

　これらの規定によって、消費者契約に関するトラブルの公正かつ円滑な解決が期待されている。なお、消費者庁から実例が公表されている。

6　消費者被害の実態調査

　国民生活センターの調査（知的障害者・精神障害者・痴呆性高齢者の消費者被害と権利擁護に関する調査研究、2003年3月）によれば、以下のような実態である。まず、認知症高齢者の消費者被害の救済をいかにして実現したかについて、同報告書が紹介する事例に依拠して述べておこう。ここで紹介する例（特に(1)について）は、必ずしも法律に基づいた救済事例ではない。

(1)　認知症であることや判断能力不十分の証明

　広義の成年後見審判などを受けていない場合には、意思能力を欠いていたことや、それがきわめて不十分であったことを主張して、契約の効力を争うことになる。実際には、ケアマネジャーによる「認知症であるとの所見」や介護保険による「要介護・要支援の認定」、医師の「意見書」（介護保険認定の際、必要な資料）、医師の「診断書」等が活用されている。以下は、いずれも消費生活センターが事業者と交渉し、無条件で解約に至った事例である。

(a)　ケアマネジャーの所見などで交渉

　認知症の女性（70歳代）が訪問販売でふとん（44万円）を契約し

た。いつ契約したか不明であるが、女性は要介護認定がなされており、ケアマネジャーの見解によれば、本人は認知症であり判断能力は不十分である。この点を業者に伝え解約に応じるよう交渉した。

(b) 医師の診断書等利用の場合

(イ) 要介護2の女性（80歳代）が訪問販売で老眼鏡（3万円）の購入契約をした。介護保険認定時の医師の意見書に老人性認知症と診断されていることを確認し、無条件解約を交渉した例である。

(ロ) 医師の診断書を添付して交渉した例もある。女性（70歳代）が訪問販売で絵画・掛軸（83万円）を契約していた。契約から半月後に、業者に医師の診断書を送り解約交渉を行った。

(ハ) 商品を開封していたが、無条件で解約した例もある。認知症の男性（70歳代）が訪問販売で健康食品（43万円）を買い、一部開封した。14日後に解約を求めたが、解約するなら解約料が必要と言われた。成年後見開始の審判の申立てをしているところであり、業者に販売の問題点（認知症であることを悪用して次々と販売しており、商品の開封を誘導したものと思われる）を指摘し、医師の診断書も有効に使用して解約に至った例である（参照条文：特定商取引法9条1項2号、同法施行令5条、別表4-1）。

(c) ヘルパー、ケアマネ、訪問看護師等による被害の発見

以下のいずれの事例も無条件で解約となっている。何らかの形での「見守り」がいかに必要かつ重要であるかを示すものである。

(イ) ヘルパーが気づいて解約　成年後見開始の半月前に、女性（70歳代）宅で健康器具（11万円）と9日前の日付の領収書が発見された。本人は何も覚えていない。本人の散歩コースから販売業者を突き止めて交渉して解約した。

(ロ) ケアマネジャーが気づいて解約　女性（70歳代）が訪問販売で健康治療器具（48万円）を契約したらしい。契約書が見つからず、いつ契約したのか分からなかったが、ケアマネの努力で最終的

には解約した。

(ハ) 訪問看護師が浄水器の契約に気づいて解約　訪問看護先の男性（70歳代）が、訪問の前日に、水道局職員風の販売員に浄水器（50万円）を取り付けられた。男性は認知症であり契約を理解できない状態であった。

(ニ) デイサービスの職員が気づいて解約　要介護2の女性（70歳代）が訪問販売で羽毛ふとん（63万円）を契約したことにデイサービスの職員が気づき、姪に連絡が入ったので、交渉して解約した。

(ホ) 福祉施設職員が気づいて解約　8か月前、認知症の男性（70歳代）が半年間の新聞購読の契約をした。男性は新聞は読まないし、新聞代も払えない状況であったので、新聞社の本社と交渉し解決した。

(ヘ) 民生委員が気づいて解約　2か月半前、認知症の一人暮らしの女性（70歳代）が浄水器（20万円）を取り付けられた。生活保護を受けており、支払えない状況であった。

(2) 消費者契約法を活用した事例

消費者が、消費者契約法4条を適用して取り消した具体例をみておこう。なお、本章5(1)も参照。

(イ) 健康食品購入契約の取消し　20日前、認知症の母（70歳代）が、訪問販売業者に「肝炎が治る。ガンに効く」と言われ、健康食品（130万円）を買い、薬と勘違いして飲んだ（娘からの相談）。相談者が、内容証明郵便で「薬と勘違いさせられ持病をガンに進行させないために必要な商品と思い契約した。しかし、不実告知であることがわかり、契約を取り消す」旨の通知を出した。そのうえで、センターが、販売業者と信販会社に、消費者の申出に応じるよう交渉した。その結果、契約は取り消された。

(ロ) ヘルパーが気づいて取消し　2か月前、女性（70歳代）が、訪問販売で効能効果を説明されて健康食品（25万円）を買わされ、

支払いに困っていた。一部飲んでいる（ヘルパーからの相談）。契約者は脳血管疾患で話もできないが、そうした症状に効くと説明されており、薬と一緒に飲むようにとメモがあった。効能効果の不実告知と契約者の心身機能の状況を記し、取り消しを求めた。センターの問合せに対し、業者は効能効果の説明の行き過ぎを認め、契約書の署名は契約者の夫（ともに判断力が十分ではない）のものであると回答してきた。その結果、業者は残品を引き取り、既払金を返還した。センターは、書面の不備なども含めて販売方法の改善を求めた。

(3) クーリング・オフを活用した事例

　クーリング・オフとは、訪問販売など特定の取引について契約した場合でも、「法定の契約書面が交付された日」または「クーリング・オフの告知の日」から一定期間は消費者に考え直す機会を与え、無条件で契約を解除することを認める制度である（本章2、3も参照）。

　(イ)　契約解除の意思を通知したことを証明するために、必ず書面（配達記録または簡易書留はがき、内容証明郵便など）で事業者に郵送し、クレジット契約の場合はクレジット会社にも同じ内容で通知すべきである。

　(ロ)　クーリング・オフが可能な期間は、特定商取引のうち訪問販売、電話勧誘販売、特定継続的役務提供（エステティックサービス等6種）については、消費者が申込書面・契約書面（クーリング・オフ制度について告知のあるもの）を受領した日から（その日を含めて）8日間であり、連鎖販売取引（マルチ商法）、業務提供誘引販売（内職・モニター商法）は20日間である。

　訪問販売、電話勧誘販売は商品58種類、権利3種類、役務21種類に適用される。ただし、業務提携誘引販売（内職・モニター商法）、連鎖販売取引については、指定制はとられていない。

さらに、家庭訪問販売――ふとん販売の例を紹介しておこう。認知症の母（60歳代）が訪問販売でふとんを購入したと言っている。だが、契約書も名刺も商品もなく、業者名のわかるものは一切ない。信販会社からの確認電話もない。どうしたらよいかとの相談が娘からあった。センターが、その種の消費者相談の多い業者に相談者の契約について問い合わせたところ、4日前に契約をしていることが確認できた。業者は書面を交付したと主張したが、クーリング・オフ期間内であり、相談者がクーリング・オフの手続をした。その結果、無条件解約となり、内金は返還された。その後、センターは、成年後見制度について家族に情報提供をした。

(調査資料の利用に際しては、国民生活センターの元調査室長の木間昭子氏の援助を得た。)

第14章

成年後見制度と障害者権利条約

1 はじめに――成年後見制度の現状

　成年後見制度に関する最高裁判所の統計（2014年）によれば、広義の成年後見制度（3類型）のうち、狭義の成年後見制度の利用が、80％を超えている。成年後見人には広範な法定代理権が付与されるから、本人意思の尊重を定めている障害者権利条約（以下、権利条約という）との関連で、以下に述べるように、重大な問題が生じている。

　また、成年被後見人の医療に関する権利保障との関連で、成年後見人の医療代諾権も改めて注目されている。権利条約（25条）との関連のみならず、内容的には、欧州生命・倫理条約との関連も重要である。

2 権利条約の求めているもの

　権利条約は、障害者の意思を尊重することを大原則としているから、法定代理制度のような「他人による決定」は、排除されるのが原則である。まず、これに関連する権利条約上の条文（外務省訳による）をみておこう。成年後見人等の法定代理権について定めているのは、第12条であり、医療代諾権ついては第25条である。

(1) 権利条約第12条

同条は、次のように定めている。

「1　締約国は、障害者が全ての場所において法律の前に人として認められる権利を有することを再確認する。

2　締約国は、障害者が生活のあらゆる側面において他の者との平等を基礎として法的能力を享有することを認める。

3　締約国は、障害者がその法的能力の行使に当たって必要とする支援を利用する機会を提供するための適当な措置をとる。

4　締約国は、法的能力の行使に関連する全ての措置において、濫用を防止するための適当かつ効果的な保障を国際人権法に従って定めることを確保する。当該保障は、法的能力の行使に関連する措置が、障害者の権利、意思及び選好を尊重すること、利益相反を生じさせず、及び不当な影響を及ぼさないこと、障害者の状況に応じ、かつ、適合すること、可能な限り短い期間に適用すること並びに権限のある、独立の、かつ、公平な当局又は司法機関による定期的な審査の対象となることを確保するものとする。当該保障は、当該措置が障害者の権利及び利益に及ぼす影響の程度に応じたものとする。

5　締約国は、(中略――障害者が財産権に関する)均等な機会を有することについての平等の権利を確保するための全ての適当かつ効果的な措置をとるものとし、障害者がその財産を恣意的に奪われないことを確保する。」

第2項以下の「法的能力」という概念は、日本法には存在しないが、あえて既存の日本法上の概念で説明するならば、権利能力と行為能力を含む。後述のように、行為能力と同意能力を区別する見解のもとでは、医療に関する同意能力をも含むと解すべきである。

第4項の「国際人権法」には、人権の普遍的保障を定めた「児童の権利条約」のようなものに限らず、欧州人権条約や欧州生命倫理

条約のような人権を地域的に保障する条約も含まれると解される。

このように、権利条約は、障害者本人の意思の尊重を強調している。その結果、施策の実行等に際しても、その意思を尊重し、意思の決定と表明等をサポートすべきであるとの態度を表明している。障害者一般について言えば、これは全く正しい。

しかし、障害者にとって法律行為が必要になったり、医療同意（厳密には、意思表示ではないが、これに準じて考えてよい）が必要になったりする場合において、その意思を表明できない者も、精神的障害者の中にはいるので、その場合に限って、最小限度、民法の法定代理制度を残さなければならない。法定代理制度を一般的に禁止した規定は権利条約には存在しないし、「障害者の状況に応じた施策」(第4項)が求められていることなどから考えて、必要最小限において法定代理制度を維持することは、同条約との関連でも認められていると考えられる。また、「障害者がその財産を恣意的に奪われないことを確保」するためには、広義の成年後見制度の取消権が必要とされる場合もある。このような観点からは、以下の点が、検討対象として重要になる。

(2) 権利条約と法定代理制度

権利条約は、前述のように、本人意思の尊重を大原則としているから、他人決定を意味する法定代理制度とは基本的に調和しない。そこで、尊重されるべき「本人の意思」の決定や表明ができない者についてどうすべきか、という点が問題となる。「本人の意思」の確認には一般的に時間がかかるし、その前提としての説明にも時間がかかる場合があるが、本人が理解できる能力を有している以上、もちろん法定代理制度は利用すべきではない。

判断能力の有無についての、何れの場合においても、本人意思の尊重を如何にして手続きに組み込むか、が問題となる。具体的には、現行制度の改正案として後に述べることにする。

(3) 権利条約25条

同条は、健康・医療について、以下のように定めている。

「締約国は、障害者が障害に基づく差別なしに到達可能な最高水準の健康を享受する権利を有することを認める。締約国は、障害者が性別に配慮した保健サービス（略）を利用する機会を有することを確保するための全ての適当な措置をとる。締約国は、特に、次のことを行う。

(a) 障害者に対して他の者に提供されるものと同一の範囲、質及び水準の無償の又は負担しやすい費用の保健及び保健計画（略）を提供すること。

(b) 障害者が特にその障害のために必要とする保健サービス（略）を提供すること。

(c) （略——保健サービス提供の場所）。

(d) 保健に従事する者に対し、特に、研修を通じて及び公私の保健に関する倫理基準を広く知らせることによって障害者の人権、尊厳、自律及びニーズに関する意識を高めることにより、他の者と同一の質の医療（例えば、事情を知らされた上での自由な同意を基礎とした医療）を障害者に提供するよう要請すること。

(e) 健康保険及び（略——場合によって）生命保険の提供に当たり、（略）障害者に対する差別を禁止すること。

(f) 保健若しくは保健サービス又は食糧及び飲料の提供に関し、障害に基づく差別的な拒否を防止すること。」

このように、権利条約は、判断能力の不十分な者にも保健・医療を享受する機会が平等に与えられなければならない旨を定めている。しかし、現行の日本の成年後見制度では、成年後見人等に医療代諾権は与えられていないと解されている。そこで、医療を受けられるように一定の配慮が検討されなければならない。

3 医療代諾権

(1) 障害者と医療代諾権

　権利条約25条が定めている健康に関する権利の中には医療をめぐる障害者の権利も含まれている。

　医療契約は、医療行為の基礎であり、かつ、その枠組を意味している。しかしながら、当該契約は治療の過程で行われるすべての医療的な措置と侵襲とを正当化するものではない。治療は、患者の身体的完全性とその身体に関する自己決定権への侵襲を意味しうるから、その実施のためには独自の正当化事由、すなわち通常に説明（25条(d)）を受けた患者の同意を必要とする。

　実務的に見れば、医師と患者は、診察と診断の後に、一定の治療の実施に関する決断を共同して行う。法的には、治療過程の対話的構造は、患者を治療過程に継続的に参加させることを意味し、かつ個々の治療の意義と効果の範囲について情報を与えるべき医師の義務を前提にしている。患者は、診察の場合であれ、治療の場合であれ、医師の処置に同意し、場合によっては拒否をすることができる。このような諸原則は、身体的疾病の治療であれ、精神的病気の治療であれ、妥当する。また、それは、終末医療、とりわけ延命的措置の実施についても妥当する（田山輝明編『成年後見人の医療代諾権と法定代理権』（三省堂、2015年）所収のリップ論文参照）。

　判断能力に障害を有していても必要な治療について同意ができる者は、必要なサポートを受けながら治療を受けることができるが、同意能力のない者については、権利条約において「他の者と同一の質の医療（例えば、事情を知らされた上での自由な同意を基礎とした医療）を障害者に提供するよう要請すること」が定められている（25条の冒頭部分及び(d)も参照）。したがって、このような場合には、必要な医療行為について同意ができない者のために、医療代諾権者制

度を含む必要な制度を創設すべきである。

(2) 本人以外の者による医療同意(代諾)を認めるべきか。

　まず、医療に関する同意権ないし代諾権について、その本質の把握から始めたい。その意味でまず、極めて示唆に富む内容を含む欧州生命倫理条約の検討から始めたいと思う。

　この問題に関する限り、障害者権利条約の規定よりも、欧州生命倫理条約（以下、倫理条約という）の規定の方が、以下に紹介するように、具体的であり、かつ分かりやすい。この問題を考えるには、人権に関する前提的認識が必要である。同条約にも、関連する規定がある。

　(イ)　人間の尊重と人権の尊重　　同条約では、以下のように、人間の尊厳および人権の尊重が社会のみの利益に優先することが宣言され、この問題を考察する際の基本的視点が示されている。まず、同条約の関連条項を紹介しておこう（条文は文部科学省仮訳による）。

　第3条においては、「人間の尊厳及び人権」と題して、「a)　人間の尊厳、人権及び基本的自由は十分に尊重される。

　b)　個人の利益及び福祉は科学又は社会のみの利益に優越すべきである。」と定めている。

　第4条においては、「利益及び害悪」と題して、「科学知識、医療行為及び関連技術を適用し推進するに当たり、患者、被験者及びその他の影響が及ぶ個人が受ける直接的及び間接的利益は最大に、また、それらの者が受けるいかなる害悪も最小とすべきである。」として、医療に伴う「害悪」を最小にすべき旨を定めている。

　(ロ)　医療行為における原則　　以上のような人権尊重の原則に立ったうえで、医療行為については、個人の決定に基づいて行われるという原則が示され、具体的には、個人の同意を要件とすることの基礎ないし前提が示されている。すなわち、医療行為におけるいわゆるベストインタレストの思想が示されている。

第5条では、「自律及び個人の責任」と題して、「意思決定を行う個人の自律は、当人がその決定につき責任を取り、かつ他者の自律を尊重する限り、尊重される。自律を行使する能力を欠く個人に対しては、その者の権利及び利益を守るための特別な措置が取られる。」として、個人の「自立」を他者の自律の尊重との関連（バランス）でとらえたうえで、「自立を行使する能力」（自己決定能力）を欠く者について、特別の措置をとりうる可能性を示している。

　第6条では、「同意」と題して、「a）　いかなる予防的、診断的、治療的な医療的介入行為も、関係する個人の、十分な情報に基づく、事前の、自由な同意がある場合にのみ行われる。同意は、適当な場合には、明示的でなければならず、また、いつでも、いかなる理由によっても、その個人に損失又は不利益を及ぼすことなく撤回されるべきである。」として、インフォームド・コンセントの原則と同意撤回の自由が定められている。これが、基本的・本質的に最も重要な具体的規準である。

　そのうえで、直接的には医療（治療）の問題ではないが、医学の発展のためになされる「研究」に対する同意の要件とその撤回の自由が、以下のように定められている（同意能力を有しない者については次項参照）。「b）　科学的研究は、関係する個人の、事前の、自由な、明示の及び情報に基づく同意が得られた場合にのみ実施されるべきである。情報は、十分で、わかりやすい形で提供され、同意を撤回する方法も含むべきである。同意は、いつでも、いかなる理由によっても、その個人に損失又は不利益を及ぼすことなく撤回することができる。この原則の例外は、この宣言に定める原則及び規定、特に第27条（犯罪捜査等のための例外──著者注）、並びに国際人権法に適合し、各国により採択された倫理的、法律的基準に従う場合にのみ認められるべきである。　c）　集団又は地域社会などを対象とした研究につき、適当な場合には、その集団又は社会を法的

に代表する者の追加的同意も求められることがある。いかなる場合にも、集団的な地域社会の同意又は地域社会の指導者その他の権限ある機関の同意が個人の情報に基づく同意に代替されるべきでない。」と。

㈠　同意能力を有しない個人　　前述（第5条）のように、同意能力を有しない個人については、特別な配慮が必要となる。まさに成年後見法の領域の問題である。後見法の領域では、アメリカ法やイギリス法等の影響の下で、「最大の利益」（しばしば、ベスト・インタレストと呼ばれる）概念が用いられるが、これを本人の意思の客観化であると解することが許されるならば、それを如何にして実現するか、が問題となる。わかりやすく、かつ十分な情報提供は代諾権者に対しても絶対に必要である。その際に、後の撤回の自由が保障されている点も、重要である。

第7条では、「同意能力を持たない個人」と題して、「同意能力を持たない個人には、国内法に従い、特別な保護が与えられる。

a)　研究及び医療行為の実施の許可は、関係する個人の最大の利益にかなうかたちで、国内法に従って、取得されるべきである。しかし、関係する個人は、同意の意思決定過程及び撤回過程に最大限可能な限り関与すべきである。

b)　研究は法律によって定められた許可及び保護条件に従い、関係する個人の直接の健康上の利益のためにのみ実施され、その研究と同等の価値を持ち被験者が同意し得る実効的代替研究が他に存在しない場合に行われるべきである。直接の健康上の利益をもたらす可能性のない研究は、最大限の抑制をもって、この個人の危険性及び負担を最小にし、同等の人々の健康上の利益に貢献するとされる場合に、法律に定める条件に従い、関係する個人の人権の保護と両立するかたちで、例外としてのみ実施されるべきである。そのような個人の研究への参加の拒否は

尊重されるべきである。」と規定されている。

さらに、第8条では、関連して、「人間の脆弱性及び個人のインテグリティの尊重」について、次のように定めている。「科学知識、医療行為及び関連する技術を適用し、推進するにあたり、人間の脆弱性が考慮されるべきである。特別に脆弱な個人及び集団は保護され、そのような個人のインテグリティは尊重されるべきである。」と。

(ニ) プライバシーと守秘義務　障害者のプライバシーに対する配慮も重要である。障害者一般についてはもとより、認知症高齢者や知的障害者等についても、この面での配慮は重要である。知的障害者に関する個人情報が漏えいされたというような事件を時々耳にするので、これらの人たちと接する機会が多い者は、特に注意しなければならない。倫理条約では、この点について、次のように定めている。

第9条において、「プライバシー及び秘密」と題して「関係する個人のプライバシー及び個人情報に関する秘密は尊重されるべきである。そのような情報は、国際法、特に国際人権法に適合して、最大限可能な限り、その情報が集められ、同意を得た目的以外に使用され又は開示されるべきでない。」と。

この点は、日本においては相当程度に実現されているが、さらに充実されなければならない。

(ホ) 平等、正義および衡平や差別の禁止　これらの点も、差別禁止との密室な関連のもとで、第10条において、「平等、正義及び衡平」と題して「すべての人間が公正かつ衡平に扱われるために、人間の尊厳及び権利における基本的な平等は尊重される。」とされ、第11条では、「差別の禁止及び偏見の禁止」と題して、「個人及び集団は、いかなる理由によっても、人間の尊厳、人権及び基本的自由に反して差別され、偏見を持たれるべきでない。」とされている。

このような規定が、生命倫理条約中に存在することの意味にも注目すべきである。

㈻　生命倫理条約の意義　このような内容を有する生命倫理条約は、障害者権利条約とは異なり、その正式名称の通り、欧州を適用範囲とするものであり、日本に直接適用されるものではないが、この問題の本質を考察する際の判断基準としては、我々にとっても極めて重要な内容を含んでいる。医療行為に関連して問題となるべき事柄（問題点）のほぼすべてを網羅し、その解決の方向付けを行っているからである。

最も重要な点は、重大な医療行為に対する同意権者は、原則として、本人のみであるという点である。周辺の者によるサポートによっても本人の同意が不可能である場合にのみ、例外的として、代諾的なサポートが認められるべきであるとされている。これは成年後見人の医療代諾権の問題を考察する場合には、最も大切な観点である。前述のように、その際、判断能力の不十分な本人にとっての「最大の利益」とは何か、が常に問われなければならない。

(3) 成年被後見人の意思と医学的判断──立法的課題

日本の現行の成年後見制度では、成年後見人には医療代諾権はないと解されているが、立法的課題としては、それでよいかが問題とされている。

患者に対するリスクをほとんど伴わない治療の場合と、生命の危険を伴う手術や重大な後遺症の危険がある手術等の場合があるが、特に後者が問題となる。このような場合に、成年後見人の判断のみに任せることは好ましくない、という点では、大方の意見が一致しているが、裁判所の許可があればよいかというと、心配な点が残る。裁判官は医学的には専門家ではないということがその一つであるが、その点は医学的な鑑定意見を求めることにより、相当程度カバーできるとしても、その手続きには時間がかかる。その結果、判

断に緊急性を要する場合（医師の正当業務行為が問題となる）には、ほとんどが事後手続きになってしまうと思われるからである。

そこで、客観化された本人の意思（リビングウイル等）の尊重を前提として、裁判所の判断を要する場合を限定し得るか、などが問題になる。その点に関して、本人のリビングウイルが存在する場合には、それと、医師の判断と成年後見人の判断が一致すれば、裁判所の許可は必要としない、とする方法なども検討されるべきである。しかし、このような効力を有するリビングウイルの要件を如何に定めるか、我が国のようにそれ自体の制度化が不十分な場合には、大いに議論が必要になろう。

4　法律行為と代理・同意(特に、医療同意)

(1)　意思表示による法律行為

入院して手術が必要になったということで、それに必要な契約を締結する場合がある。本人が医師の説明を受けて、それを理解して承諾する場合には、問題はない。このような契約を民法上、準委任契約と解するか、請負契約と解するかは別として、本人の意思（効果意思）と医師（病院）側の意思とが合致すれば、入院・治療に関する契約は有効に成立する。このような場合には、手術に関する「同意」が独自に問題となることはない。

しかし、本人がこのような効果意思を有しえないか、もしくは表明できない場合において、成年後見人が任命されているときは、成年後見人等が本人を代理することができるであろうか。

成年後見人が上記契約を締結し、本人が手術について同意する、ということが可能であれば、法定代理人による医療契約締結と成年被後見人の同意によって、手術等は合法的に実施されると解してよい。そこで、本人がこのような同意能力を有しない場合が問題とし

て残るが、現行法上は、成年後見人による代理や代諾は困難であると解されている。

(2) 同意の法的性質と代理

(イ) 財産権を巡る民法上の同意・承諾　医療同意の特殊性を明確にするために、一般的に、民法上、「承諾」や「同意」が問題となる場合であって、成年後見人が代理できる場合を見ておこう。

第三者のためにする契約（537条）の場合は、「承諾」の例である。第三者（C）は契約当事者（A・B）が創設した利益を受けるか否かにつき、承諾という形で、意思決定することができる。これは、受益の意思表示と呼ばれている。負担付きの利益でないかぎり、単に利益を受ける行為であると解して、通常の契約締結に必要な意思能力よりも低くてもよいと解される。成年後見人による代理も可能である。しかし、リスクを伴う医療同意の場合には事情が異なる。Cが重度の認知症高齢者である場合を想定してみれば、明らかであろう。

また、賃借目的土地を借地人が第三者に転貸しまたは地上建物を第三者に譲渡する場合は、後者の例である。転貸するためには、賃貸人（地主）の同意を得なければならない（612条）。この場合には、賃貸人が有する同意権は、自己の目的物に関する財産的利益を守るためのものである。

このように、上記いずれの場合も、承諾権者ないし同意権者の財産的利益を守る点で共通している。しかも、一身専属的利益（この場合には、本人の意思が特別に重視される）は、問題にならないから、成年後見人等の他人による同意等の代理行使は可能である。

(ロ) 医療同意の特殊性　医療同意権は、上記(1)の諸権利とは異なり、財産上の利益ではなく、生命や身体に関する利益・不利益に関する同意である点が重要であり、したがって、同意権者は原則として本人のみである。

(ハ) 代理と代諾　代理は法律行為に関する制度である。しかし、同意、特に医療同意は、生命や身体の安全に関するものであるから、原則として当該本人によってなされなければならないが、その効果は本人の効果意思に基づくものと解すべきではない。本人が手術をめぐる利益と不利益を理解できればよい。その意味においても、本人の効果意思の内容は問題とならない。しかし、その様な判断能力を有しない者につき、生命や身体の安全を守るために、代諾権者が必要になる場合があることを認めざるをえない。

5　現行制度の具体的検討

権利条約の批准という日本における新たな法的状況を前提とすると、現行の成年後見制度は、特に上記権利条約の2か条との関連で、具体的にいかなる影響を受けるのであろうか。

(1)　補助制度

これについては、必要性に関する定期的な再審査（条約12条4項）の問題を除いて（被補助人の判断能力は常に低下するとは限らないから、補助の必要性に関する再審査は必要である）制度上の「抵触」問題はほとんどない。もちろん、補助制度の運用に際しては、権利条約の趣旨に反することのないように気を付けなければならない。そのためには、必要性の原則を重視した運用がなされなければならない。その点では、運用にあたって、特に本人意思の尊重義務の規定（858条）が重視されるべきである。

しかし、補助制度も、「司法」の枠内に存在する制度である以上、法定代理権にも同意権（取消権）にも関係がない、単なるサポートシステムに変更することはできないから、双方またはそのいずれかを利用することになるが、その際には、必要性の原則を前提とすべきである。その意味では、法改正に当たっては、原則として代理権

(876条の9)を廃止し、同意権と取消権のみを残すべきであろうか。

補助人については、被補助人が同意能力を有する以上、医療代諾権は考えられないので、補助人は、それ以外の事務処理について、本人の判断をサポートするものとすべきである。

(2) 保佐制度

これについては、現行法によれば、保佐開始審判がなされると、一括して、自動的に民法13条所定の行為について行為能力が制限されるので、その点の法改正を行うことが必要である。すなわち、所定の行為能力についての一律の自動的制限の制度を廃止し、家庭裁判所は、保佐開始審判に当たって、13条所定の行為から、当該本人に必要な行為を選択する制度（必要性の原則を重視した制度）に改正すべきである。それを前提としたうえで、さらに13条所定の行為以上に、必要な行為を追加することができる制度（13条2項参照）を維持すべきである。必要性の原則を前提として、現行の保佐人への代理権付与の制度も存続させるべきである（876条の4）。すなわち、同意権と代理権の双方につき、必要性の原則を基礎とした制度に変更すべきである（必要性の原則の明記）。ただし、権利条約の趣旨を尊重しつつ、代理権の付与については、厳格な要件を設けるべきである。

保佐人は被保佐人の一定の行為（13条）について、同意権を有しているが、これは被保佐人の利益を守るための権限であって、被保佐人に代わって行為を行うものではない。法律行為自体は本人が行うのであるから、サポートの一種であると解することができる（他益保佐）。もちろん、保佐人としては、実質的に他人決定にならないように注意すべきである。「他益保佐」を実現するために保佐人に取消権が付与されているのであるから、保佐人は制度趣旨に沿った権利行使をしなければならない。

(3) 成年後見制度

　成年後見制度については、保佐制度を前述のように変更することを前提として、その適用範囲を抜本的に縮小すべきである。すなわち、単独ではおよそ法的な意味を有する行為を行うことはできない者のみが利用できる制度（法定代理権を含む）にすべきである。イメージとしては、ドイツ法の世話人（成年後見人）のうち、「被世話人のすべての法律行為につき権限を有する世話人」を模範として、またはオーストリア法の「すべての領域につき権限を有する代弁人（成年後見人）」を（限定的に）模範として、成年後見の適用範囲の縮小につき、具体化を検討すべきである。このような場合に限定するならば、成年後見人への法定代理権の授与も、本人に対する支援制度として機能しうると考えられからである。そのためには、まさに必要性の原則を前面に立てて、本人の意思を確認するのが難しいほどに判断能力が低下してしまっている者のみが利用できる制度とすべきである。このように解するならば、成年後見人の医療代諾権についても、検討せざるを得なくなる。

　なお、ドイツの世話人制度は、原則として本人の行為能力を制限しないが、適切な判断能力を有しない者については、必要性に応じて世話人に同意権を付与している。全く判断応力を有しないと思われる場合には、世話人にすべての事務につき法定代理権を付与しているのである。

　現行の民法第9条ただし書の存続もこの観点から議論すべきである。上記の改正を前提とすれば、同条ただし書が適用されるような行為をなしうる者の多くは、成年被後見人ではなくなるであろう。同条ただし書きは残してよいと思われるが、あまり適用されなくなることが望ましい。

　上記のような立法的解決が実現するまでは、現在のように、狭義の成年後見を偏重した運用（「はじめに」参照）を改めなければなら

ない。申請者側から申し出があっても、家庭裁判所は、本来の制度趣旨に立脚して、特に後見開始審判については、限定的に行うべきである。そのうえで、立法府は制度の抜本的な改正を早期に実施すべきである。

(4) 法定代理制度のまとめ

全体的構想としては、日本の広義の成年後見制度は、保佐制度を中心とした制度に再編成されるべきである。そのためには、3類型のすべてについて、必要性の原則を明記する必要がある。特に、保佐人には、必要性の原則を前提として、一定領域について個別・具体的に（13条所定の行為の一部及び同条を超える行為の）権限が与えられるように改正することによって、保佐制度が成年者保護制度の中核となるようにすべきである。

なお、法改正までは、後見と保佐のグレーゾーンの事例については、保佐類型を利用すべきである。

(5) 医療代諾権制度のまとめ

(イ) 成年後見人に関する法改正を先行させるべきか　2000年の成年後見法の改正に際しては、成年後見人に医療代諾権を与えるべきかについては、時期尚早として見送られた。その後、特に医療代諾権の問題が集中的に議論されてきたとは思われないが、一般的に議論は継続されてきたと言えよう。

成年後見人に成年被後見人のために医療代諾権を与えるべきか、という点に絞って考えるならば、日本弁護士連合会の意見（医療同意能力がない者の医療同意代行に関する法律大綱、2011年）を含めて、幾つかの見解が示されている。そこで、以下では、成年後見人の代諾権に焦点を合わせて比較法的に論述してみたい。成年後見人は成年被後見人の身上監護を任務としているのであり、成年被後見人については、一般の成年に比べて、医療代諾の必要性が特に高いからである。比較法的に見る限り、多くの国において、成年後見人等の

医療代諾に関する一定の法規制がすでになされている（田山編著『成年後見人の医療代諾権と法定代理権』（前掲）第2章、第3章参照）。

㈣　成年後見人に関する法規制は、民法改正によるべきか、特別法によるべきか

①裁判所の利用を前提とする方法

成年後見制度は、民法上の制度であるから、その権限についての規制は、民法によるべきである、という考えは、原則的には正しい。しかし、医療に関する代諾は、単なる代理権の問題ではないので、私法の枠を超えていると考えることができる。つまり、代諾が本人の意思に基づくことなく、法定代理の要素を含むことになると、権利者による濫用を含む様々な問題が生じる。その際、代諾権の行使のために、医学的判断をも要するのであれば、本人のベストインタレストを確保するために、司法の枠内で、すなわち、裁判所の手続きを前提とした制度とすること等が考えられる。

その場合でも、基本的要件を民法で定めて、手続きを家事事件ないし非訟事件手続法にゆだねることが考えられる。この場合には、問題は裁判所の所管になるが、どの裁判所が所管するかによって、裁判所の財政を含む様々な問題を生じさせる。家庭裁判所の所管とする場合でも、事務量の観点から、人的・物的両面からの配慮が必要となろう。それは、裁判所にとって、単にオーバーワークになりうるという問題ではない。裁判所による権利擁護が十分になされないような状態を招来しかねないのである。

②行政機関を利用する場合

さらに、家庭裁判所などの手続きではなく、裁判所外の手続きを新たに設置することも考えられる。例えば、医療代諾に関する、一種の行政機関を新たに設置する方法も考えられる。この場合には、医学の専門家を中心とした専門家を構成員として必要とするから、事務局を含めた費用等を考えると各都道府県に設置できるか否かを

含めて、慎重な議論が必要になろう。その際には、医療をめぐる裁判外の紛争処理機関ではなく、原則として、事前手続（審査）機関とすべきである。

③ドイツにおける規定の仕方と内容——同意の拒絶と同意の撤回

ドイツにおいても、医的治療が必要である場合には、まずはじめに、患者が認識能力および判断能力または同意能力を有しているかどうかを常に調査しなければならない。

さらに、本人の医療措置への同意能力が具体的に問題になる。例えば、医療措置における同意がドイツ民法典1904条において規定されていたが、2009年の改正により、一定の治療に対して同意しないことおよび同意の撤回に関する規定が導入された。

④オーストリアにおける規定の仕方とその内容

オーストリアの一般民法典〔以下、一般民法典とする。〕は、通常の成長を遂げた14歳以上の者は、適切な分別能力（Diskretionsfähigkeit）および裁量能力（Dispositionsfähigkeit）を有しているという法的推測を前提としている（一般民法典146条c）。ドイツにおいては、法律がそれほど明確に述べていなくても（ドイツ民法典1626条参照）、これに関する法的状況は非常に類似している。分別能力とは、およそどのような利益および不利益が医的治療に伴いうるのかを認識できる能力である。裁量能力とは、この認識にしたがって行動もできる能力と解されている。もっとも、実務においては、特定の人物がある特定の瞬間において認識能力および判断能力を有しているかどうかを確定することは、難しいことがよくある。人間の一般的な認識能力を確定するために、このようなケースにおいては、いわゆる「簡易な精神状態テスト（Mini-Mental-Status-Test）」が頻繁に用いられている（田山編著『成年後見人の医療代諾権と法定代理権』（前掲）、ガナー論文参照）。

総合すると、患者は、具体的医的治療に関連して、治療、治療の

可能性および可能な代替策ならびにこれらに伴うチャンスとリスクに関し、決定に関係する利益を患者が理解できるかどうか、そしてこれらの認識に基づいた態度をとることができるかどうか、ということが問題となる。ここでは、3つの重要な疑問が出される。すなわち、患者は、事実と因果関係の経緯を認識できる能力を有しているか、患者は、事実と因果関係の経緯を評価できるか、そして、患者は認識に基づいた自己決定を行う能力を有しているか、の3点である。

6 条文の改正(私案)

上記のような内容を民法の条文に反映させれば、以下のようになる。

(1) 「7条　精神上の障害により、事理を弁識する能力をまったく有しない者については、……」と改正し、前述のような改正趣旨を徹底する。

日本語の問題としては、現行法の表現と大きな違いがないように思われるが、上記のような趣旨を明確にするためには、条文の改正を要すると思われるのである。

(2) 成年後見人の医療代諾権について、規定を設ける場合には、7条の2として、次のような規定を新設する。

「成年被後見人が、医療について承諾する能力を有しないと認められる場合には、裁判所は、成年後見開始審判に際して、成年後見人に医療に関する代諾権を与えることができる。ただし、医療行為が成年被後見人の生命の危険又は重大な後遺症を伴う恐れがある場合には、裁判所の許可を得なければならない。」

この場合には、通常の行為能力と同意能力とは明確に区別すべきである。すなわち、法律行為を有効に為し得るための判断能力と、

医的侵襲により自分にいかなる利益及び不利益が及ぶのかを判断し得る能力とは明確に区別されなければならない（二2(3)参照）。

なお、将来、日本においても、医療に関するリビングウイル制度が整備された場合には、それを前提とした規定を設けるべきである。

(3) 第11条 「精神上の障害により、事理を弁識する能力が著しく不十分である者については、……補佐開始の審判をし、その際、第13条所定の行為から、本人が必要とするものを選定する。」

このように、裁判所の関与に際しても、必要性の原則を明示すべきである。

(4) 第11条2項 「前項の場合において、裁判所は、同項以外の行為をする場合であっても、本人の必要性に基づいて、保佐人の同意を要する旨の審判をすることができる。同意権及び取消権の付与に当たっては、行為能力に対する制限を最小限にするよう、努力しなければならない。」(前述、四2参照)

(5) 876条の4第4項（新設） 「本条の適用にあたっては、保佐人には必要最小限度の代理権のみを認める。ある事務につき判断能力を有している被保佐人については、保佐人への当該事務の代理権の付与はなされてはならない。」

(6) 876条の9 本条については、削除するか、「特に必要がある場合に限り」という文言を挿入する。

(7) 19条の2（新設） 後見、保佐、補助の審判については、審判が効力を有した後、後見については10年、その他については5年以内にそれを維持すべきか否かについて、再審査すべきものとする。なお、審判開始の事由が消滅した場合には、審判の取消ができること（19条）は前提である。

第 15 章

認知症高齢者と成年後見制度

▼

1 はじめに

　高齢者が成年後見制度を利用するのは、自身の判断能力が低下した場合であろう。実際には、そのような状態に気が付くのは、本人よりも家族などの周囲の者である場合が多いのではないかと思われる。特に認知症を発症した場合には周囲の者のサポートが重要である。

2 認知症とは——広義の認知症についての類型的理解

　認知症は、アルツハイマー型認知症の場合が全体の半数を超えると言われているが、次に多いのは脳動脈硬化症等に起因する認知症とレビー小体型認知症であり、いずれがより多いかについては諸説があるようである。なお、認知症は、その他の類似の症状に分類することができる場合もある（最近では詳細になっている）。

①アルツハイマー型認知症は、脳の神経細胞が異常なたんぱく質の沈着などが原因で変化して萎縮する結果発生するものであり、変性性認知症の一種と言われている。

②脳血管性認知症は、脳梗塞や脳出血が原因で脳の機能が低下する病気であるが、損傷を受けた部位によって症状の出方が異な

る。
③レビー小体型認知症は、大脳皮質に「レビー小体」と呼ばれる異常なたんぱく質のかたまりが現れ、これにより、しばしば認知機能の低下が始まる病気であるとされている。「幻視や幻覚」が起こることが特徴である。「パーキンソン症状」が現れる場合もある。
④その他、前頭側頭型認知症（ピック病等）や正常圧水頭症等があり、混合型認知症もあると言われている。これらの認知症は、医学的には全く異なる原因によるものであろうが、理解力ないし判断力の減退という点では類似の症状と問題点を含んでいるため、認知症として関連させながら検討することにする。

このように一口で認知症と言っても、その原因や症状もさまざまであるが、法的問題との関連では、判断能力への影響が重要である。

3 医学と法律学の接点——論理的整理

任意後見契約の締結に公証人が関与する場合を想定して、考察してみたいが、判例や裁判例の蓄積という点では、公正証書の作成をめぐる事例が参考になる（第5章4以下参照）。

ここでも、第一段階は病状である（生物学的要素）。第二段階では判断能力（心理学的要素）が問題になる。医師は第一、第二段階にかかわるが、裁判官や公証人は第二段階にのみかかわる。公証人がかかわる任意後見契約の場合には、第三段階（制度利用の要否）においては本人の意思が優先するから、公証人の判断は不要である。このような理解は、一定の学説に基づくものであり、これと異なった学説も存在する。

なお、公証人は、公正証書の作成に際しては、作成者の判断能力について、一定の義務を負っている。法律に違反した事項について

はもとより、無効の法律行為や能力の制限により取り消すことができる法律行為についても、證書を作成してはならない（公証人法26条）。また、同法施行規則13条には、「その法律行為が有効であるかどうか、当事者が相当の考慮をしたかどうか又はその法律行為をする能力があるかどうかについて疑いがあるときは、関係人に注意をし，且つ、その者に必要な説明をさせなければならない」という規定がある。

4 成年後見制度の利用前の段階

　認知症になった場合に、高齢者の判断能力に関して、どのような変化や問題が生じているかを、裁判例を通じて、具体的に見ておこう。

(1) アルツハイマー型認知症

　(イ)　アルツハイマー型老年認知症の第2期の状況にある遺言者が、公証人に対して一応の挨拶をし、遺言内容の確認に対して応答したとしても、そのために要した時間は20分程度であり、遺言者は単に頷いたり、「はい」と言った程度であったこと、医師の「自用を弁じ得ない状態にある」との診断書記載事項を、夜間に失禁がみられるという程度の意味に誤解していた事例においては、アルツハイマー型老年認知症により記憶障害および理解力、判断力が著しく低下した状態にあり、遺言をなしうる意思能力を有していなかったとされた事例（東京地判平成4・6・19家月45巻4号119頁）がある。

　(ロ)　アルツハイマー型認知症は症状が安定しており、治療により病気の進行を遅らせることはできるが改善はできないとされているので、遺言に先立つ医師の鑑定や診断は重要である。本人の死後に鑑定する場合にも、どの時点における診断であったか等が重要な意味を有するとされている。過去の診断でも、重度の診断であれば決

定的な意味を有する。

アルツハイマー型認知症に関する鑑定書記載例（最高裁事務総局家庭局）により、参考になる項目を挙げておこう。①家族歴および生活歴、本人の略歴と家族関係など、②既往症および現病歴、本格的な病気だけでなく、物忘れ等についても記載し、③生活の状況および現在の心身の状態、日常生活の状況としては、寝たきりであるか、生活全体について介護が必要か、その他身体の状態として、検査結果等を記載する。精神の状態として、意識および意思の疎通性、記憶力、見当識（家族の名前、診察の日付、場所等）、計算力、理解・判断力、現在の性格の特徴、その他（気分、感情状態、幻覚、妄想、異常な行動等）、知能検査・心理学的検査（長谷川式簡易知能スケール〔改訂版〕（HDSR-R）の点、筆談を交えて実施）につき、記載すべきものとされている。いずれの項目も、本人の判断能力の有無や程度の判断について重要だからである。

(2) 多発硬塞性認知症(まだらボケ)

(イ) 医学鑑定が対立した事例〔1〕　腹壁搬痕ヘルニアと腸閉塞の手術後に妻以外の親族の顔を判別できないような状態になった84歳の遺言者につき、血管性認知症の中程度であるとの鑑定を採用せず、多発性脳梗塞はみられるが脳血管性認知症と診断することはできないとする鑑定が採用され、遺言能力が肯定された事例（東京高判平成10・2・18判タ980号239頁）がある。

(ロ) 医学鑑定が対立した事例〔2〕　公証人が、（旧）禁治産者である遺言者に、「まず住所、氏名、生年月日等を尋ねて確認し、さらに、公正証書の作成を依頼された代理人から予め聞いていた遺言内容が本人の意思に合致していることを確認したこと、特に遺言執行者を誰にするかという問題については、本人自らH他1名の名前を挙げ、最終的にHを指名したことにより、公証人は遺言者の体調および心神の状態が予想以上によいと判断した。結論を異にす

る医学鑑定もあったが、その場において医師も正常な判断能力を有するものと判断していた事例においては、遺言能力が肯定されている（名古屋高判平成9・5・28判時1632号973頁）。

(ハ)　胃炎、自律神経失調症、糖尿病（疑い）、座骨神経痛に老人性認知症の病名が付け加えられた時点で公正証書遺言をしたが、認知症の症状がひどくなったのはその後であった事例においては、1人の証人と公証人のチェックに基づいて、遺言者の意思能力がなかったとはいえないとされた事例（東京地判昭和62・9・16判タ665号181頁）がある。

(ニ)　動脈硬化に起因する精神障害（脳動脈硬化症）により、遺言.当時、中程度の人格水準低下と認知症がみられ、是非善悪の判断能力ならびに事理弁識能力に著しい障害があったとした鑑定結果に基づいて、遺言をなしうるための必要な行為の結果を弁識・判断するに足るだけの精神能力を欠いていたとされた事例（東京高判昭和52・10・13判時877号58頁）がある。

(ホ)　脳軟化症による運動機能の障害や失調症の言語障害が存したけれども、意識は確かで判断力もあり自己の行為の結果を認識しうる精神的能力である意思能力を有していたとされた事例においては、公証人に対する遺言内容の伝達も、単に身体の挙動のみで肯定・否定の意思を表明したものではなく、自らその趣旨について口述しており、ただ、言語障害によりその言語が言葉として明瞭を欠くところもあったため、介添え的な通訳がなされたに過ぎないことが認定された事例（大阪高判昭和57・3・31判時1056号188頁）もある。

なお、脳血管性認知症は、日、時間帯により変化があるので、認知症が進行している場合には、遺言に際して医師の立会いが最も望ましいとされている。

認知症に類似した症状は、様々な原因で生じるが、遺言能力の有無に関する判定については、医学鑑定の結果と公証人の面談結果が

重要である。その際に、判断能力と意思の表示能力（言語障害等による）とは明確に区別すべきである。遺言者の意思を付度することと言語障害に対する援助とは全く異質な事柄であるからである。

(3) レビー小体型認知症

(イ)　主要な症状　注意力や覚醒レベルの顕著な変動、具体的な幻視ないし幻覚が見られることが多いが、後述(ロ)に述べるパーキンソン症状が見られることも少なくない、とされている。初期の段階ではアルツハイマー型認知症に似ているが、これとは異なり、図形描写が早期に障害されることが多いとされている。

(ロ)　パーキンソン症候群　手足の安静時の震え、歩行障害、筋固縮等の症状を発する病気であり、最終的には寝たきりになることもある。

遺言者は70歳で、パーキンソン症候群にかかって言語障害、幻覚、妄想の症状も見られ、健常者に比べその精神力が相当に低下していたことが認められるが、意思能力を欠いていたとまではいえないとされた事例がある。この場合には、当該遺言はもともと本人が妹に口述し、妹が筆記したものであり、公証人がその書面に基づいて公正証書用紙に筆記し、これを本人に読み聞かせたところ、本人が間違いないことを肯定し、これに署名したものであった（千葉地判昭和61・11・1・判時1227号127頁）。

(4) 統合失調症（精神分裂病）

(イ)　遺言当時には統合失調症に罹患しており、入退院を繰り返していたが、その症状は人格障害の程度が高度に至らない「単純型」の中程度に属するものであり、就労経験もあり、自らの計算で書籍を購入したり、1人で交通機関を乗り継いで通院したりしていたという事例において、遺言者が、祖母、父および自分を世話してくれた叔父に全財産を遺贈する旨の遺言をしたが、この場合には意思能力を有していたとされた（大阪高判平成2・6・26判時1368号72頁）。

このような患者の日常生活にとっては、いわゆるキーパーソンが重要であることも配慮すべきであろう。つまり、他人の指示は受けたくない人でも、ある特定の人の言うことには従うというようなことはありうるからである。

(ロ) 統合失調症の鑑定書記載例についても、①家族歴および生活歴、本人の略歴と家族関係などの他に、②既往症および現病歴、本格的な病気だけでなく、物忘れ等についても記載する。病状については具体的に記載される。③生活の状況および現在の心身の状態、日常生活の状況としては、主治医や施設職員の介助がどの程度必要であるかについても、具体的に記載する。その他身体の状態として、検査結果等を記載する。精神の状態として、意識および意思の疎通性（鑑定に対する拒否的態度を含む）、記憶力（妄想である場合もある）、見当識（家族の名前、診察の日付、場所等、検査の困難性を含む）、計算力（検査の困難性も含む）、理解・判断力（具体的事実をもって記載する）、現在の性格の特徴（興奮や易怒性等）、その他（気分、感情状態、幻覚、妄想、異常な行動等）、知能検査・心理学的検査は不要であれば、その旨記載するものとされている。

(5) 肝不全・肝癌による肝不全症状・貧血その他

(イ) 本人は、肝細胞機能障害による代謝異常から起こる肝不全症状が強まり、眠ったりうとうとしたりするいわゆる傾眠状態が進行していた。他からの問いかけには返事をしたりするが、自ら積極的に話すいわゆる自発信が減り、看護師の呼びかけにもただうなずくという動作をもって応ずるという状態であり、その反応の鈍化が進み、公正証書遺言作成日の2日前には、終日看護師の呼びかけにもなんら反応を示さない状態であった。遺言の実質的な内容（案）を作成する時点までは、本人の意思能力はあったと思われるが、公正証書遺言の作成時点においては、その内容を理解しうる正常な判断力はなかったと断定された事例（大阪地判昭和61・4・24判時1250号

81頁）もある。

(ロ)　手術後の病状の悪化、敗血症により、公正証書遺言作成の当時の遺言者は「その数日前から、敗血症の影響による意識レベルの低下した状態にあり、常時ではないものの、ある一つのことを関連づけて発言することができないことに加え、妄想的、幻想的な言動を繰り返し示しており、右同日に至っては、ベッドの上に自力で起き上がることが難しく、点滴を投与することさえできない程に重篤な症状を来しており、したがって、例えば、自ら署名すること自体は可能であるものの、それを何のためにするのかということやその意味については分からなくなっている有様であった」が、遺言者の病状につき医師の確認を得ていなかった。公証人は本人に挨拶し、「私の財産はお袋にすべて任せたい、私の考えどおりにして欲しいので甲野氏に頼んだ」という言葉を聞いて、あらかじめ作成していた原稿（内容は母親に包括遺贈すること）を読み聞かせた。このようにしてなされた遺言書の作成から約20時間後に遺言者は死亡した事例において、意思能力が欠如していたとは言いきれないまでも、極めてそれに近い状態であったと判示し（山口地判平成9・12・26前述(1)と同じ事件）、遺言は無効であるとした。

(ハ)　開頭による血腫除去手術を受けたが、その当時、運動性の失語と精神活動の低下があり、簡単な会話は理解できたが、発語は少なく、あっても意味の分からない言葉になってしまう状態であった。脳卒中の後遺症による機能障害の回復は、手術から6か月以内にピークに達するとされている。その期間を1年数か月過ぎてから、公正証書遺言を作成した。遺言者はあまりものを言わず、不動産の受遺者たちが主として発言していた。これに先行してなされた養子縁組無効確認訴訟においても、遺言者は支離滅裂な供述をしていた。このような状態における遺言者を、遺言能力がないとは考えなかったという公証人の判断にもかかわらず、遺言能力を欠くもの

として遺言は無効であるとされた事例（東京地判平成10・6・29判時1669号90頁）がある。

㈡　胃癌の治療および手術を受けたが、容体が悪化して再入院した遺言者が、遺言の変更をしたいというので、公証人が「どのように変更したいのか」と尋ねたところ、「全財産を妻にやるように変更してもらいたい」旨答えたので、用意していた原稿を読み上げ、本人の意思と食い違いがないか尋ねたところ「それで結構です」と答えた事例において、医師や看護師の問いかけに対してもはっきりとした応答があったことも確認の上、意思能力を有していたと判示した事例（東京地判平成3・9・30判時1429号121頁）がある。

㈢　脱水症状による代謝性アシドーシスと診断された者が遺言をしたが、医師の見解が入院治療後に改善された可能性につき分かれている事例において、公正証書作成時の意思能力については、その場にいあわせた者の証言により、高齢の遺言者の意識状態の動揺に関する部分を斟酌しても、特に不自然なところはなく、遺言の内容も概括的で簡明な内容であることを考慮して遺言を有効と認めた事例（静岡地判平成1・12・20判タ719号187頁）がある。

㈣　医師の診断書に「脳血管の循環が不十分なために判断力等に間欠的な喪失があり、自らの意思で日常の用事や用足しが完全にはできない」との記述があるが、この診断書は、適当な介護者を付けてもらうための便法として発行したものであるとの事実を認定し、公証人の面接に際しての遺言者の理解力・判断力からして意思能力はあったと判断した事例（東京地判昭和63・4・25判時1274号30頁）がある。

㈤　高齢者の場合には、外科手術の後に全身衰弱する場合が多いと思われるが、その際に判断力や意思表示力（発信力）も衰弱することが多い。このような場合には、前述のように意思能力と表現能力とを明確に区別した上で、医学的鑑定等を参考にしつつ判断する

ことになろう。遺言作成後間もなく死亡することがあっても、それ自体が重要なのではなく、遺言時における判断能力に関する資料がどの程度確保されているかという点の方がはるかに重要である。

(6) 年齢と判断能力

本章で引用した裁判例にも、以下のような後期高齢者の例が含まれている。

①94歳（東京地判昭和63・4・25前掲）、②94歳で脳梗塞の事例（東京地判平成9・10・24前掲）、③80歳を超える高齢と合わせて、脳動脈硬化症、高血圧症のため精神的能力が低下していたことは認められるが、意思能力を欠いていたとまでは認められないとされた事例（東地判昭和59・4・27判時1145号75頁）、④84歳（東京高判平成10・2・18前掲）。

一般的には、年齢が高いほど認知症等に気をつけるべき必要度も高いが、同時に、高齢者については個人差がきわめて大きいという点に注意しなければならない。

高齢者の脳血管性認知症の場合には、遺言作成や任意後見契約締結の時点で会話が成り立っても、その時に本人が判断能力を有していたと即断することは適当ではない場合も少なくないようである。特に、遺言等の場合には、目の前にいる介護者と以前にお世話になった恩人との比較等ができない状態である場合もしばしばみられるからである。それもその時の遺言者の意思だと割り切ってしまってよいのであれば、意思能力はあったということになるであろうが、果たしてそれが真に本人の意思と言えるのであろうか、疑問をぬぐい去ることはできない（特に遺言の書き換えの場合）。

5 重度の認知症による徘徊等と監督者の責任を想定した法律の規定

(1) 重度の認知症高齢者と責任能力

　民法との関係では、認知症高齢者の判断応力が主として法律行為（契約等）の分野で、問題にされてきたが、最近では、不法行為の分野においても、重大な問題が発生している。例えば、認知症の高齢者が徘徊中に他人に損害を与えたというような場合である。認知症高齢者であっても、責任能力があれば不法行為責任（損害賠償責任等）を負う。しかし、認知症が重度で、責任を問うのはふさわしくない（責任能力がない）と判断される場合もある。そもそもこのような場合を想定した法律は、存在するのであろうか。具体的適用を考える前に、その関連制度の趣旨を検討しておこう。

　本人（行為者）の責任は否定されるが、民法714条によれば、責任能力のない者が他人に損害を与えた場合において、その者に監督義務者がいる場合には、その者が責任を負うとされている。以下では、監督義務の根拠となりうる条文について検討しておこう。

(2) 夫婦間の監督義務者

　(イ)　明治民法との関連　　現行民法の752条は、明治民法789条（妻の同居義務）と同790条（夫婦の扶養義務）を一本化し、夫婦の同居・協力・扶助義務を一括して定めたものである。扶助義務については、扶養と同義であるとの理解もあるのは、このような沿革による。しかも、旧法では、夫婦間の扶養義務について独自の条文（旧790条）を置き、親族間の扶養義務については、その順序につき、旧957条において、直系尊属、直系卑俗、配偶者と定めていた。そこで、夫婦間の扶養についても、旧957条の適用を受けると解するならば、配偶者の扶養権利者としての順序が直系尊属に遅れることになり、近代法的夫婦の間における扶養義務の本質に反することに

なると考えられた。

そこで、中川（善）説は、「生活保持」と「生活扶助」という二元的な扶養理論を提唱し、両者は異質な扶養関係であると説いた（同・家族法研究の諸問題227頁以下）。そのうえで、その本質に鑑みて、前者の方が優先すると理解し、夫の妻子に対する扶養は前者に属するので、親の扶養に優先すると説いた（中川編・註釈親族法（上）182頁、於保不二雄、米倉明・家族法の研究、236頁参照）。

(ロ) 現行法の解釈——民法752条の趣旨　　上記の旧規定は削除又はその後改正されたので、現行法では、夫婦間の扶養義務の直系尊属のそれに対する劣後という問題は解決したが、「生活保持義務と生活扶助義務の理論」は、承継された（我妻栄・親族法、84頁等）。

しかしながら、二つの扶養義務をわかりやすく説く際に、生活保持義務について食糧が不足する場合においても、最後の一粒の米をも分け合う義務である、と説かれていたため、多少の誤解を生じさせている点は否定できない。実際にそのようなことが行われても、それはその夫婦の倫理的・道徳的な領域に任されるべきであり、法的な義務の問題であるとは考えるべきではない（後述「**8　まとめ**」参照）。

(2) **特別法**——精神障害者福祉法とその沿革

(イ) 精神障害者に関する法

①精神障害が疾病のみならず、法律上「障害」として認知されたのは、1993年の障害者基本法においてであった。しかし、基本法の形式をとる法律は、一般に、当該領域における基本政策を法律の形式において宣言するものであり、通常の法律のように具体的な規範を設定するものではない。同法では、障害者のうち、精神障害者に関して、「…精神障害（発達障害を含む。）がある者であって、障害及び社会的障壁により継続的に日常生活又は社会生活に相当な制限を受ける状態にあるもの」とされている。なお、精神障害に関す

る定義も、基本法には存在しない。

②精神保健福祉法5条においては、精神障害者とは「統合失調症、精神作用物質による急性中毒、又はその依存症、知的障害、精神病質その他の精神疾患を有する者」と定められている。しかし、このような医学的診断をそのまま法概念として用いて、法律上の定義規定とすることには、この法律の沿革（1900年・精神病者監護法、1919・年精神病院法、1950年・精神衛生法、1993年・精神福祉法）から考えても疑問がある。

精神障害者であることは、措置入院（29条）や医療保護入院（33条）等の要件の一つになっているのであるから、それとの関連において恣意的な強制処分がなされないための診断基準の明確性と客観性が必要である（池原毅和・精神障害者法、5頁）。仮に医学的には精神疾患であるとされる場合であっても、入院治療等によって改善が望めない場合には、家族等の同意による精神障害者としての強制処分（33条）等の対象にすべきではない、という指摘は正当である（同書、5頁）。

㈹　精神障害の領域における複数の法律の関係　当該領域に複数の法律が存在しても、そのいずれかが一般法であり、その他の法律が特別法であるということにはならない。関連法律が対等な関係において、複数存在するにすぎない。障害者基本法と精神障害者福祉法もそのような関係において理解すべきである。基本法が定める「精神障害」に該当するから直ちに精神障害者福祉法の全条文が適用されることになることはない。その適用はそれぞれ法律の趣旨に従ってなされるべきである。

なお、精神保健福祉法の沿革を含めた本質については、田山編著『成年後見人の医療代諾権と法定代理権』（前掲）36頁以下を参照。

6 成年後見問題の家族・親族的側面と社会的・公的側面

(1) 少子化と高齢社会の到来

　戦後半世紀以上を経過する中で、終戦直後に発足した「本来の措置」の対象者の減少とこの領域における市民のニーズの変化により、社会福祉の在り方は根本的に変更されざるをえない状況になった。高齢社会を迎えて、老後の生活資金を蓄えた者も、それを有効に活用できない場合が生じるようになったからである。これが「社会福祉の基礎構造改革」(2000年) をもたらし、介護保険と新しい成年後見制度の導入の契機となった。契約を媒介にして福祉サービスを実現することになった以上、要介護者のために契約を含む法律行為に対する援助手段が、当然に必要とされることになったのである。

　民法上の成年後見(禁治産)制度は、「家」制度を支える機能は後退ないし消滅して、それ自体としては私法的・個人的制度に純化してきたと考えてよいが、同時に、「家」制度の廃止、核家族化、・急速な少子化・高齢化等の社会構造の変化は、成年後見制度に新たな観点から公的・社会的側面を付与することにならざるをえない。

(2) 介護・後見問題の本質

　少子高齢社会においては、配偶者や子による介護や後見が困難である場合が増加している。第一世代に2組の夫婦 (4人) を想定し、合計特殊出生率 (1.4) を前提にすれば、第二世代は約2人半であり、第3世代も通常はせいぜい2人である。仮に、夫婦・親子間で介護することを前提にすれば、3世代同居の家族形態を想定しても、家族による介護はかなり困難である。つまり、この問題は家族の問題領域を超え、本質的には社会の問題である。介護や後見の分野における親族に対する支援も、このような実態を理解したうえで、検討

すべきである。「親子の絆」等についても、しばしば語られるが、それが意味を有するような社会的前提状況がなければならないのである。

7 認知症高齢者をめぐる私法上の問題
―― 名古屋地裁・高裁判決をめぐって

最も困難な事例は、認知症高齢者が重度で、かつ徘徊癖を有するような場合であろう。これは、特別養護老人ホームのように、多くの人にとって経済的に負担可能な費用で利用できる施設が十分に存在するか、という問題とも密接に関連している。

この点で、2013年の8月に名古屋地裁であった損害賠償請求事件判決（平成25・8・9判時2202・68）は、重大な問題を提供している。2014年4月にはその名古屋高裁判決が新たな問題を提起している。

(1) 事実上の後見

前述のように、成年「後見」の問題は、その法的枠組みの中でのみ生じるわけではないということを考えさせられる問題が発生した。日常用語としての「後見人」は、本人の相談相手であり、支援者であるが、必ずしも裁判所の関与はない。私たちは、前述のように日常生活の中で、高齢者等のために事実上の「後見」を行っている場合が少なくない。すなわち、親族中の高齢者の認知症が重度になってしまった場合において、法律行為の代理や取消を必要とするときには、成年後見人の選任を申し立てるべきであるが、それがなされていない場合も少なからずある。

そこで上記の判決を素材として、最広義の「後見」領域（事実上の後見を含む）における国家ないし社会、さらには家族の責任について考えてみたい。なお、広義の成年後見3類型との関連では、「事実上の後見」をオーストリアの制度（本書第10章3参照）のように、

何らかの形で法的後見の範囲に取り込むべきか、という問題もある。

(2) 上記判決の事実の概要

徘徊癖を有する重度の認知症高齢者（後見開始審判を受けていなかった）Yが、JRの線路内に立ち入って、通過列車と衝突して死亡した。それによって、列車に遅れが生じるなどの損害を被ったとして、JRは、YおよびYの遺族（軽度の認知症の妻を含む相続人）に損害の賠償を求めた。

(3) 責任無能力者と不法行為

判決では、Yは、重度の認知症のために、責任能力を欠いていた（責任無能力者）として、Yにつき賠償責任を認めず、その親族の責任を問題にした。その際、親族による、厳しい「見守り義務」が前提とされた。冒頭に述べたように、本人は成年後見開始の審判を受けていないが、申し立てをすれば後見開始審判がなされたであろう事例であり、見守り等の注意義務という点では、事実上の後見であっても、成年後見人の場合と共通する面を含んでいるとの判断であったと思われる。

(4) 法定監督義務者(714条)と現実の監督者

責任無能力者の不法行為については、一定の要件の下でその監督義務者の責任が法定されている。本地裁判決は、民法714条2項を準用して、さらには709条を適用して、親族の一部に損害賠償責任を認めた。判決では、配偶者や同居の親族を、事実上の監督者（？）としており、それを前提として、714条2項を準用している。しかし、本来の法定監督義務者がいない状態で、代理監督者の責任を問題にすること自体に理論構成上の無理があったのではないかと思われる。

さらに、判決は、親族の一部につき、709条の責任をも認めた。同居に近い親族や配偶者に事実上の監督者として、極めて厳しい

「見守り義務」違反を認定した点が特に問題である。

(5) 714条の責任と709条の責任

714条によれば、法定の監督義務者に注意義務違反があった場合に、その責任が問題になりうる。しかし、本件において賠償義務を認定された被告は、近い親族ではあるが、それだけのことである。裁判所が、ほんらいの監督義務者としてではなく、代理監督者のような立場にある者として「見守り」義務を認定したのもそのためであるかもしれない。しかし、代理監督者とは、幼児の親に代わって監督をしている保育園の保母さんのような立場の者をさすのが通常である。成年後見開始審判の要件を満たしているがそれを申し立てていなかったために、成年後見人がいないので、それに代わって、見守りを行っている親族について同様に考えたのであろうが、そのような理解には理論的に無理があるように思われる。

また、本件のような事例において、同居の親族に損害賠償責任が認められるということになると、成年後見人については、当然であるということになるから、成年後見人を引き受けることを躊躇する人が多くなってしまうのではないだろうか。

ここで想起されるのが、旧精神保健福祉法上の「保護者」である。同法の保護者は、成年後見人がいない場合には、主として家族が該当し、家族の負担が重過ぎるとの批判を受け入れて、法改正がなされ、保護者という名の下での家族の負担が緩和されたのである。民法の成年後見人制度やその候補者としての家族を、旧「保護者」制度の置かれていたような状況に追い込むことは避けなければならないであろう。

714条は、近代法上の個人責任の原則と伝統的な家族団体的責任（例えば、ゲルマン法における団体主義的責任論）との調和を図ったものであると言われている（旧注民255頁［山本進一］有斐閣）。個人責任に徹すれば、責任無能力者によって被害を受けた者の救済が図れ

ないからである。これが本条ただし書きの趣旨でもある。民法修正案（前三編）の理由書（広中編）によれば、「防止の能不能は実際上極めて判定し難きに因り本案は独乙民法草案瑞士債務法其他二三の立法例に従本条第一項但書の規定に依り本条の責任者は監督の義務を怠らさりしことを証明するときは賠償の責に任せすと為せり」とされている（原文はカタカナ）。

(6) 賠償義務者がいない場合

なお、加害者本人はもとより、その相続人にも責任が認められない場合についても考えておかなければならない。このようなケースにおいてうまく機能する損害保険が開発できればよいが、さもなければ、一定の要件の下で何らかの公的補償制度の創設を検討すべきである。これも、後見制度の利用の有無を超えて、広い意味での公的後見制度の問題と言えるのではないだろうか。

徘徊癖を有しているが故に加害者となりうる者が責任無能力者であるが、資産は相当に有しているという場合には、一般的には高齢者ホームへの入居が望ましい。そこでは、徘徊癖があっても、しかるべき対策をとってくれるであろう。もし、対策が不十分であったために、他人に損害を与えた場合には、本人が責任無能力者である以上、監督義務者としての施設の責任が発生する。したがって、施設としては、その様な場合にも対応できる「責任保険」に加入するであろう。施設であれば、そのための保険料なども、費用計算に含めることが可能であろう。

しかし、実際には、本人の意思を尊重しつつ施設入所させるか否かは、本人及び家族の判断に従う以外にないであろう。施設入所が何らかの理由で実現できなかった場合には、民法717条を類推適用して、本人の所有財産を物的有限責任として、無過失責任（無責任能力責任）が発生すると解することはできないだろうか。

(7) 名古屋高裁判決の特徴——地裁判決との理論構成の違い

(イ) **別居の長男の責任を否定**　結論的には妥当な判断であったと思われる。長男にも独自の生活がある以上、重度の認知症の父の介護のために全生活が犠牲になりかねないような「見守り」を義務化すべきではない。妻の場合とは区別がなされるべきであるが、共通点もある。

(ロ) **妻の監督義務**　高裁も、妻の「見守り義務」については地裁判決と同様に厳しい判断を示した。判決が示すような「監督義務」は、夫婦間の愛情に基づくのであれば、その限りで理解できる。しかし、それは全面的に法的な義務として理解すべきではないだろう。法的には妻の独自の生活を前提としたうえで、可能な範囲の注意義務として理解すべきである。極端な例になるが、本件のような夫を施錠等により閉鎖的な部屋に閉じ込めてしまえば、徘徊を阻止することはできるが、多くの場合に人権侵害になるだろう。

重度の認知症の夫に対する妻の監督義務の根拠を民法752条に求める点については、慎重な検討が必要である。民法上回復不可能な精神病が離婚原因になっている点も考慮すべきである（770条1項4号）。夫に対する妻の監督義務と714条を媒介とする第三者に対する責任とは明確に区別すべきである。

(ハ) **精神保健福祉法の適用**　高裁が本件のような夫に対する妻の監督義務を改正前の精神保健法を適用して認めた点は疑問である。精神保健福祉法に基づく保護すべき義務は、本人に医的治療による回復ないし改善が期待される場合に限定されるべきである。理論的には、公法的性格を有する法規を媒介にして第三者に対する損害賠償責任を導くことには問題がある。

(ニ) **過失相殺**　訴訟技術上の問題を抜きにして考えれば、地裁判決においても過失相殺は検討されるべきであった。高裁がJRとの間の過失相殺を検討したことは、当然である。

8 成年後見人の場合

(1) 介護や後見の現実を直視することの必要性

　認知症高齢者の場合には、介護のみならず、成年後見についても、事情は基本的に同様である。最高裁の統計（平成26年度）によっても、親族後見人の割合が、35.0％になってしまった現実を直視しなければならない。しかし、この事実は、親族が認知症の高齢者等を放置しているということを意味しているわけではない。統計的には分からないが、多くの家庭で現に事実上の後見が行われていると思われる。このような現実を否定的にのみ見るべきではないが、正式に後見制度の利用に踏み切れない具体的理由を明らかにすべきである。本件においても、成年後見制度や特養等の施設を利用しなかったという事実を前提にして、親族などに厳しい「監督義務」を認定したのであれば、その判断は短絡的であると言わざるをえない。

　立法論としては、配偶者等に法定代理権を付与することも考えられるが、「老老」介護や「老々」後見を考えると、にわかに賛成できない。2000年の民法改正で、配偶者を当然に法律上成年後見人にする規定を削除したことも思い起こさなければならない。

　なお、オーストリアでは、狭い範囲の親族に小さな法定代理権（日常家事代理権のようなもの）を与えている（『成年後見制度と障害者権利条約』、前掲、青木論文参照）。ドイツではこの制度の濫用の恐れから、十分に審議したうえで、これを採用しなかった。我が国では如何にすべきであろうか。時間をかけて議論したいテーマである。

(2) 成年後見人の身上監護義務——見守り義務

　名古屋高裁・地裁判決の事案は、本人について成年後見開始審判はなされていなかったが、同審判がなされていた場合には、同様の責任問題が成年後見人について発生する。

　この義務はもちろん成年後見人の成年被後見人に対するものであ

る。

(イ) 専門職後見人を含む第三者後見人の場合　ここでも見守り義務が問題になるが、その判断基準は善管注意義務である。成年後見人は通常は本人と同居しないから、徘徊癖を伴う重度の認知症高齢者の場合には、施設又は病院への入所を勧めるべきかが問題になる。しかし、費用がかかることでもあり、本人の意向も尊重すべきであるから、成年後見人としてはどの程度強く提案できるかは問題である（前述(5)参照）。施設利用の場合には社会福祉の領域における支援が重要になる。精神病院の場合には本人の「自由」の問題も考慮しなければならない。

(ロ) 親族後見人の場合——特に同居の親族　この場合には、前記裁判例における妻が仮に成年後見人であったとしたら、という前提で考えてみればよい。成年後見人としての義務違反は、善管注意義務を基準にして考えればよいが、この場合に注目すべき特徴は、法的義務を超える問題（倫理上もしくは愛情の問題）が生じうるという点である。

(ハ) 見守り義務の私法上の制度としての限界　成年後見人の見守り義務は、広範な義務であるが、医療代諾権のような重大な干渉権限を含まないが、まず沿革から検討してみよう。

① 廃止条文（旧858条）との関係

2000年に廃止された旧858条には、「①禁治産者の後見人は、禁治産者の資力に応じて、その療養看護に努めなければならない。②禁治産者を精神病院その他これに準ずる施設に入れるには、家庭裁判所の許可を得なければならない。」（原文はカタカナ）と定めていた。これは、明治民法の同趣旨の922条を引き継いだものであった。梅・要義によれば、「療養看護の方法に付いては固より本人の資力に応じて自ら差等あるべきが故に能く其資力を量り以て其方法を定べきものとす而して禁治産者を瘋癲病院に入るか又は之を私宅に監

置するかは啻に費用の点に於いて相違あるのみならず禁治産者の健康の為にも大いに影響ある所なり」と述べていた。法的義務としての限界を考える際には参考になる。

② 精神保健福祉法の旧規定との関係

統合失調症が原因の認知症はありうるから、この場合には精神保健福祉法の適用も考えざるをえない。しかし、この問題を考えるには、前提として、旧法上の保護者と法改正の趣旨についての十分な理解が必要である。主として、本人の保護ないしは本人の福祉の増進を目的とした成年後見制度と、主として社会防衛を目的とする法制度とは理論的に区別されるべきである（この点は、沿革的理由が重要）。前者は私法領域において発展してきたが、後者は、いわゆる「社会防衛」を考慮して公法領域において発展してきたと考えてよい。714条が本来前提としていなかったような特別法の適用については、慎重な理論的検討が必要である。

ドイツにおいても、世話法上の制度と強制的施設入所の制度とは法律上も区別されており、後者は州法として特別法が制定されている。

9 まとめ

(1) 成年後見人自身の生活

成年後見人にも人間としての固有の生活がある。自身の生活の維持を前提にして、成年後見人としての義務は発生すると解すべきである。これは、第三者後見の場合には、言わずもがなであると思われるが、親族、特に妻が夫の成年後見人である場合には十分に意識すべき観点である。老々介護・後見の場合には、特にそうである。

(2) 成年後見人としての善管注意義務——見守り義務の具体化

(イ) 本人の健康維持のために行う見守り　　これは、極めて重要

な義務であるが、その性質上、強制執行は困難である。具体的には、
　①健康状態の良好な本人の様子を時々確認するだけでよい場合もある。
　②本人が発作を伴う持病を持っている場合もある。緊急連絡の方法などを考慮しなければならないであろう。
　③認知症、特に重度の場合には、症状に応じた見守りが必要になる。この場合には、介護と後見を区別する観点が必要である。
　⑤徘徊癖を伴う重度の認知症の場合には、前掲の裁判例のような問題が生じうる。閉鎖施設や身体拘束によって徘徊を不可能にするようなことは人権侵害になりうるので、慎重な検討が不可欠である。
　⑤生命維持装置を利用している場合には、その継続をめぐる問題なども発生する。医療同意権を有しない成年後見人は、このような問題に関する権限も有しない。

　(ロ)　法規範と他の社会規範との区別　善管注意義務を基準にして考察し得る「見守り」義務と愛情、倫理・道徳上の「見守り」義務とは区別されなければならない。後者は、それに違反しても法的効果は生じない。前者に違反すると、法的義務が発生するが、損害賠償義務にとどまる。夫婦間の後見の場合には重要な観点である。

　(ハ)　714条の性格　ドイツ法に関連して述べたように、世話人や後見人は、原則として被後見人（被世話人）に対して監督義務を負うのであって、第三者に対してではない、という観点は重要であると思われる。後見人の監督義務がそこまで及ぶのは、法律の具体的規定や契約が存在する場合に限ると解すべきである。ドイツ民法832条もそのように解釈されているのである。

第 16 章

まとめ
―成年後見制度の課題―

1 親族後見人の確保

　親族に囲まれて生活している高齢者は、後見が必要になった場合にも、申請手続から成年後見人への就任までの必要な事務を親族が負担してくれるであろう。しかし、そのような親族がいない場合や、民法が定めている4親等内の親族はいるが後見に関する様々な負担を引き受けてくれない場合もありうる。本人と日常的な付き合いがなかったことが拒否の主たる理由である場合もあろうし、自分の生活が精一杯であるために、親族であっても家族以外の者の面倒までは見られないという場合もあろう。

　逆に、親族の中に成年後見人になることを希望している者はいるが、近い将来に予想される相続問題をめぐって親族内に対立があり、成年後見人としては適任者がいないという場合もあろう。

　さらに、場合によっては、高齢者に対する人権侵害（虐待や財産権の侵害）のおそれがあるため、その親族には成年後見を任せることができないという場合もあろう。

2　成年後見人のサポートをどうするか

　いずれにしても、適任である親族等が存在し、後見人になる決意をしても、申立ての手続の段階からすでに何らかのサポートを必要とするのが普通であろう。家庭裁判所を直接訪問しても、ひととおりの説明と関係書類を入手することはできるが、具体的ケースにそった書類の作成などについてのサポートまでは通常は期待できない。弁護士や司法書士などの民業に対する裁判所側の配慮もあろうが、裁判所がマンパワーの面でこのようなニーズに対応できる体制になっていないということも大きな理由であろう。

　そこで、このような成年後見制度を利用するためのサポートは、主として行政や民間機関に任されることになる。実際にも、多くの自治体や社会福祉協議会を含む民間団体が、この分野に進出している。行政の例としては、調布市、稲城市、日野市、多摩市、狛江市の5市によって立ち上げられた有限責任中間法人（後に一般社団法人）「多摩南部成年後見センター」がある。杉並区でも同区と区社協が有限責任中間法人（後に公益社団法人）「杉並区成年後見センター」を設立している。民間では、日本司法書士会連合会によって立ち上げられた社団法人「成年後見センター・リーガルサポート」、各単位弁護士会や日本社会福祉士会による成年後見団体などがある。社協が成年後見を担当している例もある。

3　法人後見制度の評価

　成年後見制度はマンツーマンで個人的に行われるのが望ましいことは言うまでもないことである。しかし、少子高齢社会にあっては、前述のように、それがすべての高齢者にとって可能とはいえない。親族後見人の場合はもとより、成年後見人が報酬を必要とする

職業後見人であっても、個人後見人の場合には、成年被後見人は通常は1人の成年後見人に見守られていることが多い。しかし、法人後見においてこれに近い状態をつくり出すには、法人組織内において、ある成年被後見人の担当者を極少数に限定するなどの工夫をしなければならない。

このようにして「顔の見える成年後見」を実施できる法人が成年後見人になることには、どのようなメリットがあるだろうか。通常は、成年後見法人では、後見事務を実施する職員の他に、法律、医学、福祉などについての専門家を、相談員や内部の運営委員会のメンバーとして確保している。そのおかげで、いわゆる困難ケースが発生すると、速やかに専門家に相談することが可能である。それは質の高いサービスを受けられることにつながるから、成年被後見人などにとってもメリットである。

個人後見の場合には、特有の問題が発生することがある。人間的にも成年後見に関する知識・経験においても申し分のない人に成年後見人になってもらうことができたが、就任後まもなくしてその成年後見人が死亡してしまったというような場合である。早速に後任者を探したが、前任者のような適任の人が見つからない。このようなことは誰にとっても起こりうることである。

法人後見の場合であれば、法人の倒産や解散ということがなければ、新たに成年後見人を探さなければならないような事態は生じない。倒産というような事態は、株式会社のような営利法人でない限りは、通常は生じにくい。その意味でも、後見法人は営利法人でないことが望ましい。

解散はすべての法人においてありうることであるが、社会福祉法人や地域行政が関与した後見法人の場合には、後任の成年後見人を至急に探さなければならないような状況で解散を行うことは、通常は考えられない。この点も法人後見のメリットであろう。

4 知的障害者、精神障害者の権利擁護の課題

　本書では、主として認知症の高齢者を念頭に置いて説明してきたが、知的障害者や精神障害者についての固有の問題もある。以下にそのいくつかを述べておこう。

(1) 親なき後問題

　知的障害者の子どもを持つ親からは、「親なき後問題」についての相談を受けることが多い。内容は多様であるが、要は、今は自分（親）が面倒見ているからよいが、このようなことが体力的にみてもいつまで可能であるか自信がない、というようなことである。最終的には、親の死後、障害を持った子どもの面倒を誰が見てくれるかということであるが、実は障害者の親も一人の人間として老いていくのであり、自分自身の介護や成年後見の問題も抱えているのである。その意味では、これは障害者の「親の老後における問題」のひとつというべきであろう。

　これに対しても様々な提案がなされているが、子どもに残せる財産の有無など、前提となるべき状況によって対応策は異なる。例えば、障害のある子どもが1人で暮らしていける程度の財産を残せるとして、成年後見制度の活用が可能であろうか。

　まず、親が元気なうちは、自らが成年後見人になり相対的に若い第三者に成年後見監督人になってもらう、または逆に成年後見人になってもらって自分は成年後見監督人に就任する、というような方法が考えられる。これを一定の期間継続することによって、この第三者にわが子を十分に知ってもらって、このような過程を通じて、三者相互の間において信頼関係が確立されることも可能である。その結果、ある程度安心してこの第三者にわが子を託すことができるだろう。

　なお、遺言代用信託（第5章3参照）の利用も検討に値する。

(2) 精神障害者と後見

　精神障害者の場合には、適切な治療を受けているときは、成年後見を必要としない状況は少なからずある。しかし、病状の重さや後遺症などにより判断能力が不十分な状態にある人もいるから、成年後見を必要とする場合はある。精神保健福祉法により「保護者」が付されることになっていたが、後見人のような財産管理権は有していない。同法上の保護者は、法律に基づいて医療保護入院の際の同意を与えることができる。そのほかにも、特に親族である保護者に実際上期待される事項は多い。また、親族であるからこそ厳しく対応する場合もあり、親族にとって困難な問題を提供している。例えば、保護者が親でなかったら発生しなかったであろうと思われるような殺傷事件なども発生していた。精神保健福祉法の保護者制度については、関係者が知恵を出し合って法改正が実現したが、さらなる改善が必要な段階にきている。

　成年後見制度との関係でいえば、知的障害者や認知症高齢者については、狭義の成年後見開始の審判がなされた場合に、この審判を取り消すということは通常考えられない。しかし、精神障害者の場合には、病状の改善により後見開始審判が取り消されることがありうる。単純に審判が取り消される場合、保佐開始審判に切り替える場合、さらには補助開始審判に切り替える場合もあろう。

5　マンパワーの確保

　東京都は「後見人等養成事業」を提起し、社会貢献的な精神で後見業務に当たる「社会貢献型後見人」の候補者を養成し、区市町村や成年後見制度推進機関における後見人の紹介や支援の取組みにつなげたいとしている。そのために「養成講習」を実施するなどして、社会貢献型後見人の質の向上と維持に努め、各区市町村の推進機関

に紹介等を行っている。この場合には前述のドイツの「タンデム」世話人の関係も参考になろう。

6 予想される民法後見関連規定の改正

(1) 成年後見人による郵便物等の管理に関する規定

第860条の2（新設）第1項関係として、「家庭裁判所は、成年後見人がその事務を行うに当たって必要があると認めるときは、成年後見人の請求により、信書の送達の事業を行う者に対し、期間を定めて、成年被後見人に宛てた郵便物又は民間事業者による信書の送達に関する法律第2条第3項に規定する信書郵物（以下「郵便物等」という。）を成年後見人に配達すべき旨を嘱託することができるものとする」旨の規定が用意されているが、詳細は省略する。

(2) 成年被後見人の死亡後の成年後見人の権限（873条の2の新設）

成年後見人は、成年被後見人が死亡した場合において、必要があるときは、成年被後見人の相続人の意思に反することが明らかなときを除き、相続人が相続財産を管理することができるに至るまで、次に掲げる行為をすることができるものとする。ただし、③の行為をするには家庭裁判所の許可を得なければならないものとする。

①相続財産に属する特定の財産の保存に必要な行為
②相続財産に属する債務（弁済期が到来しているものに限る。）の弁済
③その死体の火葬又は埋葬に関する契約の締結その他相続財産の保存に必要な行為（①及び②の行為を除く。）（第873条の2関係）

なお、「成年後見制度の利用の促進に関する法律案要綱」も準備されている。

あとがき

　著者は民法の研究者であるのに、なぜ成年後見法について研究をしてきたかについて、少し述べておきたい。二十数年前までは、私はごく普通の民法研究者として民法総則の禁治産宣告制度などについて研究し、学生などを前にして講義をしたりしてきた。1990年代の初め頃に、東京都の精神薄弱者・痴呆性高齢者（当時の呼称）擁護機関検討委員会に委員として参加し、障害福祉の専門家の意見を直接に聞くことができた。私は、当時の民法の禁治産制度も決して悪い制度ではないということを、つまり、いかに本人の権利を擁護する側面を有しているかということを、委員会で発言した。しかし、次第に自分の発言内容があまり説得力のないものであると思うようになってきた。例えば、旧禁治産制度を利用したくないと主張する人に対して、それは本質的・制度的には禁治産者本人を保護することを主として設けられた制度です、と説明しても、戸籍記載や「宣告」という形式に対する心理的反発を鎮めることにはならなかったからである。そこで、民法改正を視野に入れながら、当面は障害者福祉の勉強をしようと考えたのである。この委員会の最大の成果は、東京都社協に設置された知的障害者と認知症高齢者のための「権利擁護センターすてっぷ」であった。これは現在は発展的に解消し、その機能は各区市町村の機関が担っている。

　高齢者の権利擁護や福祉の問題は、「すてっぷ」の権利擁護委員の時代から勉強してきたが、現実には、介護保険制度への移行期に、私自身80歳代の両親を抱え二世帯住宅に同居していたので、措置と保険による介護についてある程度実地に勉強することができた。母は88歳で要介護度3であった。この間、妻は弁護士であったが、

引退して家事と介護に専念してくれた。

　父は、退職後、亡くなる数年前まで、釣りなどを楽しむことによって余生を過ごしていた。その間、私自身は、一度も釣りにつきあうことができなかった。しなかったという方が正確であるかもしれない。その代わりと言っては申し訳ないが、私の高校時代の友人、故・金成斉規君が私の父をしばしば釣りに誘ってくれたので、父はたいへん喜んでいた。本書を金成斉規君の御霊に捧げさせていただきたい。

著　者

第2版のあとがき

　筆者自身が古稀を過ぎて、執筆活動をしているのであるが、判断能力の点について全く不安がないかと言えば、「嘘」になる。しかし、正直に言えば、私の場合は、判断能力よりも、足腰や眼の方に不安が出てきている。自分自身が「成年後見制度」を利用してもよい年齢になり、少なくとも任意後見制度や遺言制度を利用するのに適した年齢になったことを前提として、成年被後見人の側からこの制度を見ながら、本書の内容を読み直してみているのである。

　第2版の改定作業の時点では、判断能力の減退を理由にして、読者の皆様にご迷惑をかけることはないと確信している。むしろ高齢者の心を忖度しながら、もうしばらく改訂をしてゆきたい。

事項索引

※〔オ〕はオーストリア、〔独〕はドイツ、〔仏〕はフランスの法制度における項目を示す。

A to Z

conseil de famille〔仏〕……………………181
Tutelle………………………………………13,52

あ 行

アメリカ合衆国統一任意後見法……205
医学と法律学の接点………………………282
移行型契約(任意後見)……………123,125
遺言……………………………………………99
　——の意義…………………………………99
　——の種類………………………………100
遺言執行者…………………………………101
遺言内容……………………………………106
遺言能力………………………………………89
意思能力…………………………………87,231
　——確認手続……………………………105
意思能力〔仏〕……………………………176
磯部四郎………………………………………16
委任契約…………………………………68,114
医療同意(代諾)権………………………265
(医療のための)同意能力を
　有しない個人…………………………268
梅謙次郎…………………………14,17,27,34
欧州生命倫理条約……………………266以下
大木喬任………………………………………52

か 行

介護……………………………………………3,75
　——給付……………………………………80
　——・後見問題の本質…………………294
　——や後見の現実を直視する
　　ことの必要性………………………300
　——保険…………………………………73,77,80
　——保険法…………………………………71,73
　——予防事業………………………………81

家族会〔仏〕…………………………………181
割賦販売法…………………………………250
患者代弁人〔オ〕…………………………195
完全後見〔仏〕……………………………190
官選未成年後見人…………………………20
肝不全・肝癌による肝不全症状・
　貧血その他……………………………287
菊地武夫………………………………………16
岸本辰夫………………………………………14
旧民法………………………………………14,17
禁治産…………………………………14,17,47,130
　——後見……………………………………22
　——後見人…………………………………30
クーリング・オフ……………………251,259
区市町村長による申立て
　…………………………………136,152,161,172
苦情解決機関…………………………………92
現行(後見)制度の具体的検討………273
　——補助制度……………………………273
　——保佐制度……………………………274
　——成年後見制度………………………275
　——条文の改正(私案)………279以下
行為能力………………………………14,47,54,232
　——〔オ〕…………………………194,196
　——〔独〕…………………………207,208
　——〔仏〕…………………176,178,186,189
後見………………………………11,17,20,51,130
　——開始の審判…………………………164
　——消滅の効果……………………………35
　——に付される成年者〔仏〕………180
　——の開始事由……………………………21
　——の管理者〔仏〕……………………185
　——の社会化………………………………62
　——の終了事由……………………………35
後見監督…………………………………37,65
　——の社会化…………………………62,66

後見監督人················38
　——の改選················39
　——の欠格事由················39
　——の指定················38
　——の職務················40
　——の選任················38
　——の必置················38,45
後見裁判官〔仏〕················178
後見裁判所〔独〕················217,222
後見制度支援信託················135
後見登記制度················128,141
後見人
　——の数················48
　——の義務················31,137
　——の欠格事由················26
　——の権利················137
　——の更迭················39
　——の辞任················25
　——の事務················28
　——の選任················21,46
　——の報酬················13,34
後見人〔仏〕················181
後見人一人論················25
公証人················103
公正証書遺言················101,103
高齢者ホーム················112
国連障害者権利条約
　⇒障害者権利条約················261
　——12条················262
　——と法定代理制度················263
　——25条················264
戸主後見················23,44
個人世話人〔独〕················217
個人的ケアの原則················57,127
個人的世話〔独〕················220
個人法的後見················60

さ 行

財産管理権················29,56,65
財産管理者················30
財産状況報告義務················31
財産目録調製義務················28
裁判所の保護〔仏〕················190
自益的後見················61,62
支援費制度················74
自己決定権の尊重················57,126
事実上の後見················295
持続的代理権法················205
指定後見監督人················38
指定未成年後見人················19
私的自治の原則················62,68
自筆証書遺言················100
司法救助〔仏〕················177
社会福祉················5,67
　——の基礎構造改革················5,7,72,73
社会福祉協議会················82,83,92,150
　——の職員················148
社協⇒社会福祉協議会
重度の認知症による徘徊等と
　監督者の責任················291
重度の認知症高齢者と責任能力················291
少子化と高齢社会の到来················294
準委任契約················108
準禁治産················130
　——者················247
障害監護〔独〕················211
障害者権利条約················261
障害者自立支援法················74
消費者契約法················235,254,258
将来型契約(任意後見)················116
職業世話人〔独〕················155,218
職権主義〔独〕················209
事理弁識能力················90
親権················20,33,59
身上監護〔オ〕················198
身上配慮義務················56,128
心神耗弱者················238,243
親族会················24,41-44
親族法定代理権〔独〕················228
親族申立て················136
制限行為能力者················236
成年後見················8,54

事項索引　　315

　　——の社会化……………………10,62
　　——の役割………………………76
　　——マニュアル…………………151
成年後見監督人……………………141
成年後見制度…………………………76
　　——〔独〕………………………207
　　——〔仏〕………………………174
成年後見人……………………………8
　　——の意思と医学的判断………270
　　——の権限………………………54
　　——の辞任………………………141
　　——の身上監護義務（見守り義務）
　　　　……………………………300
　　——親族後見人の場合…………301
　　——見守り義務の私法上の制度
　　　　としての限界………………301
　　——の報酬…………………131,149
成年後見法…………………………67,71
精神障害者福祉法とその沿革……292
責任無能力者と不法行為…………296
世話官庁〔独〕……………………218
世話協会〔独〕……………………218
世話に関する処分証書〔独〕……110
世話人〔独〕……………………9,154
　　——の権利〔独〕………………227
　　——の交代〔独〕………………219
　　——の選任〔独〕…………217,222
　　——の同意〔独〕………………223
　　——の任務〔独〕………………220
世話法〔独〕…………………210,213
選定後見監督人………………………38
即効型契約（任意後見）…………116

た　行

代弁人〔オ〕………………………194
　　——の資格〔オ〕………………198
　　——の選任〔オ〕………………196
　　——の任命〔オ〕………………200
代弁人制度〔オ〕…………………194
代弁人法〔オ〕……………………203
他益的後見………………………44,62

タンデム世話人〔独〕…………155,218
地域福祉権利擁護事業
　　………………………82,85,91,136,152
地域包括支援センター………………94
地域事業⇒地域福祉権利擁護事業
妻の制限能力制度………………13,16,46
同意権留保〔独〕…………………216
同意の法的性質と代理……………272
登記事項証明書……………………144
統合失調症（精神分裂病）………286
特定商取引法…………………251,253
取引の安全…………………………242

な　行

仲継ぎ相続……………………………12
名古屋地裁（平成25年8月9日）、
　名古屋高裁（平成26年4月）判決
　　………………………………295
日本国憲法……………………………45
任意後見……………………69,114,123
　　——のタイプ……………………115
　　——の優先………………………115
任意後見監督人………………………69
　　——の解任………………………117
　　——の欠格事由…………………117
　　——の職務………………………119
　　——の選任………………………123
任意後見契約……………………103,235
　　——の解除………………………117
　　——の登記………………………143
任意後見人……………………116,117
任意後見法……………………………68
人間の尊重と人権の尊重…………266
認知症…………………………105,281
　　——高齢者………………………281
　　——をめぐる私法上の問題……295
　　——とは…………………………281
　　——アルツハイマー型……281,283
　　——脳血管性認知症、多発硬塞性
　　　　認知症………………………281
　　——レビー小体型……………282,286

は 行

――前頭側頭型……282
年齢と判断応力……290
賠償義務者がいない(責任無能力)
　場合……298
パーキンソン症候群……286
判断能力
　……87,89,90,101,105,107,169,234,290
必要性の原則……57,127
――〔独〕……207,214
一人後見人……24
被保佐人……238
秘密証書遺言……100
平等、正義及び衡平や差別の禁止……269
夫婦間の監督義務……291
福祉サービス苦情解決事業……92
福祉事務所……95
複数後見……153
プライヴァシシーと守秘義務……269
法人後見……146,147
――人……147,151
法定監督義務者と現実の監督者……296
法定後見……46,51,168
――人……19,127
法律行為と代理・同意
　(特に医療同意)……271
保佐……274
――に付される成年者〔仏〕……188
保佐人……130
――〔仏〕……189
補充性(補足性)の原則……57,127
補充性の原則〔独〕……208
補助……129
――人……129
本人以外の者による医療同意(代諾)
　……266
本人意思の尊重……128
本人意思の尊重〔独〕……208

ま 行

未成年後見……19,54
――人……22,30
民事連帯規約〔仏〕……187
民生委員……95
民法752条の趣旨……292
民法714条と709条の責任……297
明治民法……13,44
名誉職世話人〔独〕……155,218
面靦……27,28

や 行

山田喜之助……16
要介護認定……73,78
要支援認定……81

ら 行

リヴィングウィル……110
療養看護義務……30
浪費者……243
老齢配慮代理権〔独〕……214,227

●著者紹介

田山　輝明（たやま　てるあき）

1944年生まれ
1966年　早稲田大学法学部卒業
1998年　早稲田大学法学部長（〜2002年）
現　在　早稲田大学名誉教授、法学博士（早大）
　　　　一般社団法人比較後見法制研究所理事長
　　　　一般社団法人多摩南部成年後見センター理事長
　　　　公益社団法人杉並区成年後見センター理事長等

【主要著書・論文（福祉関係のみ）】

『成年後見法制の研究』（成文堂、2000年）、『現場の成年後見』（共著）（有斐閣、2001年）、『高齢者財産管理の実務』（共著）（新日本法規、2001年）、『続・成年後見法制の研究』（成文堂、2002年）、『福祉と成年後見』（全国社会福祉協議会、2002年）、『成年後見制度と障害者権利条約』（三省堂、2012年）、『成年後見――現状の課題と展望』（新日本法規、2013年）、『成年後見人の医療代諾権と法定代理権』（三省堂、2015年）　など

成年後見読本　第2版

2016年3月4日　第1刷発行

　　著　者　　　田　山　輝　明
　　発行者　　株式会社　三　省　堂
　　　　　　　　代表者　北口克彦
　　印刷者　　三省堂印刷株式会社
　　発行所　　株式会社　三　省　堂
　〒101-8371　東京都千代田区三崎町二丁目22番14号
　　　　　　　電話　編集　（03）3230-9411
　　　　　　　　　　営業　（03）3230-9412
　　　　　　　振替口座　00160-5-54300
　　　　　　　http://www.sanseido.co.jp/
Ⓒ T. Tayama 2016　　　　　　　Printed in Japan

落丁本・乱丁本はお取替えいたします。　〈2版成年後見読本・336pp.〉
　　　　　　ISBN 978-4-385-36342-4

Ⓡ本書を無断で複写複製することは、著作権法上の例外を除き、禁じられています。本書をコピーされる場合は、事前に日本複製権センター（03-3401-2382）の許諾を受けてください。また、本書を請負業者等の第三者に依頼してスキャン等によってデジタル化することは、たとえ個人や家庭内での利用であっても一切認められておりません。